U0720192

工业互联网技术与应用丛书

计算机与工业互联网导论

黄春永 许桂秋 梁东确 ◎ 主 编

陆兴林 梁 博 ◎ 副主编

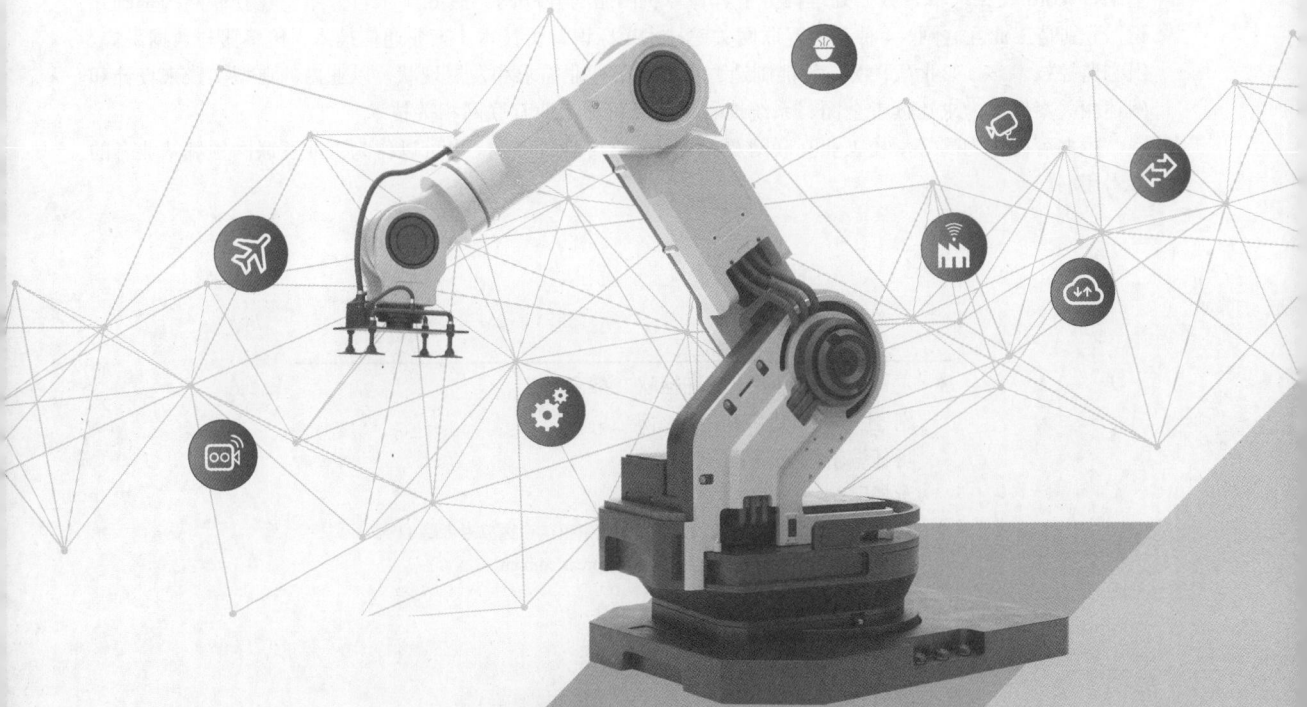

人民邮电出版社

北 京

图书在版编目（CIP）数据

计算机与工业互联网导论 / 黄春永，许桂秋，梁东
确主编. -- 北京：人民邮电出版社，2025. --（工业互
联网技术与应用丛书）. -- ISBN 978-7-115-65436-6

Ⅰ. F403-39

中国国家版本馆 CIP 数据核字第 20242GJ677 号

内 容 提 要

本书从实用角度出发，详细介绍计算机和工业互联网的基础知识。

本书包括 11 个项目。前 5 个项目介绍计算机的基础知识，分别是计算机基础知识概述、操作系统
基础、Word 文档编辑、数据处理与分析、计算机网络与互联网。后 6 个项目介绍工业互联网的基础知
识，分别是工业互联网、4 种工业互联网关键技术（标识解析技术、工业通信技术、传感器与数据采集、
组态监控技术）、工业互联网与智能制造。本书紧跟行业需求和发展现状，以业内的典型实践来设计和
阐述相关案例，力求让读者全面、系统地了解计算机和工业互联网相关技术。

本书可以作为高等学校工业互联网及其交叉融合专业的教材，也可以作为工业互联网领域从业者的
参考用书。

- ◆ 主　编　黄春永　许桂秋　梁东确
　　副主编　陆兴林　梁　博
　　责任编辑　张晓芬
　　责任印制　马振武
- ◆ 人民邮电出版社出版发行　北京市丰台区成寿寺路 11 号
　　邮编　100164　电子邮件　315@ptpress.com.cn
　　网址　https://www.ptpress.com.cn
　　北京隆昌伟业印刷有限公司印刷
- ◆ 开本：787×1092　1/16
　　印张：16　　　　　　　　　　2025 年 7 月第 1 版
　　字数：350 千字　　　　　　　2025 年 7 月北京第 1 次印刷

定价：69.80 元

读者服务热线：**(010)53913866**　印装质量热线：**(010)81055316**
反盗版热线：**(010)81055315**

前言

随着物联网、云计算、大数据和人工智能等新一代信息技术的迅猛发展，数字化催生了工业领域的又一次革命。继德国提出"工业4.0"和美国提出"工业互联网"之后，我国也推出了自己的工业互联网战略规划，促进制造业加速向数字化、网络化、智能化方向发展。

工业互联网是全面数字化建设的重要组成部分，也是关键基础设施，通过人、机、物的全面互联，实现全要素、全产业链、全价值链的数字化连通。工业互联网对各类数据进行采集、传输、分析，并支持智能管理决策的执行，有利于推动形成全新的生产制造和服务体系，优化资源要素配置效率，使工业领域实现万物互联、数据驱动、软件定义、平台支撑、服务增值、智能主导和组织重构。作为新基建的重要组成部分，我国工业互联网将迎来高速增长期，加速"中国制造"向"中国智造"转型，推动实体经济高质量、高效率发展。工业互联网的发展不能缺少专业人才的支撑，为此我们编写了这本工业互联网领域的入门级读物。

本书高度重视实践能力的培养，大部分项目配有相应的实操案例，并提供过程截图，为读者展示真实、详尽的应用场景，便于读者自学。

相信本书对工业互联网领域的学生及从事相关工作的工程技术人员都会有所帮助，对工业互联网普及和人才教育体系的完善也将发挥积极作用。

作者

2025年6月

目录

项目一 计算机基础知识概述

1.1 项目要求

（1）实现计算机软硬件信息的查询。

（2）实现操作系统的安装及简单使用。

1.2 学习目标

☑ **技能目标**

（1）了解计算机的基本概念。

（2）了解计算机的编码。

（3）了解冯·诺依曼体系结构。

（4）掌握计算机软硬件系统及计算机的工作原理。

（5）掌握微型计算机系统的组成。

（6）掌握操作系统的概念、作用、功能及分类。

☑ **思政目标**

（1）通过计算机发展史和我国"银河""曙光"超级计算机的自主研发案例，引导读者感悟科学家攻坚克难的创新精神，增强科技报国的使命感和民族自豪感。

（2）以汉字编码标准（GB2312→GB18030→GBK）的演进为例，突出我国在信息技术领域的自主创新成果，引导读者理解技术标准与国家文化主权的关系，增强文化自信。

（3）通过介绍我国自主研发的操作系统，引导读者认识核心技术自主可控的重要性，增强民族科技自信与使命感。

（4）结合冯·诺依曼体系结构的"长期主导性"，启发读者思考：在遵循科学规律的同时，如何实现创新突破。

（5）以计算机硬件精密协作和系统资源管理为例，诠释"细节决定效能"的工程哲学，培养读者严谨专注的职业态度。

☑　**素养目标**

（1）通过二进制运算规则、进制转换和基本逻辑运算的实践，培养读者抽象建模、算法设计和逻辑分析的核心素养。

（2）基于汉字编码处理流程和 Unicode 多语言支持，强调信息处理中编码规范的重要性，引导读者遵守技术标准、尊重文化多样性。

（3）在操作系统安装实验中，培养读者跨平台环境下的实操技能，包括命令行工具、图形界面管理及问题排查能力。

（4）通过 Java/Python 的"HelloWorld"编程实践，强化代码编写、编译调试的基础工程素养。

（5）通过"冯·诺依曼体系结构至今仍适用"的案例，帮助读者理解基础理论的持久价值与持续创新的辩证关系。

1.3　相关知识

1.3.1　计算机的产生与发展

1. 计算机的产生

1946 年 2 月，世界上第一台电子数字积分计算机（electronic numerical integrator and computer，ENIAC）宣告研制成功。从第一台电子数字积分计算机诞生至今，按计算机所采用的逻辑元件来划分，计算机的发展经历了以下 4 个阶段。

第一阶段为 1946 年至 20 世纪 50 年代中期，计算机采用的基本物理元件是电子管。此阶段的计算机又称第一代计算机，其特点是体积庞大、成本很高、可靠性低、能耗高、运算速度慢，运算速度一般为几千次每秒，甚至几万次每秒。软件方面仅仅初步确定了程序设计的概念，主要使用机器语言，使用者必须用二进制编码的机器语言来编写程序。该阶段计算机的应用领域仅限于军事和科学计算。

第二阶段为 20 世纪 50 年代后期到 60 年代中期,计算机采用的基本物理元件是晶体管。主存储器采用磁芯存储器。辅助存储器开始使用磁盘,并有较多的外部设备作为可选项。此阶段的计算机又称晶体管计算机、第二代计算机。与第一代计算机相比,第二代计算机的体积缩小了、重量减轻了、成本降低了、存储容量扩大了、功能增强了、可靠性大大提高了。该阶段的计算机的运算速度提高到几万次每秒,甚至几十万次每秒。软件方面出现了高级程序设计语言,并采用了监控程序管理计算机,提出了操作系统的概念。第二代计算机的应用领域扩大到数据处理、事务管理和工程设计等方面。

第三阶段为 20 世纪 60 年代后期到 70 年代初期,计算机采用了中小规模集成电路作为主要功能部件,使计算机的体积大大缩小、成本进一步降低、能耗更低、可靠性更高、功能更加强大。该阶段的计算机的运算速度已达到几十万次每秒,甚至几百万次每秒,而且内存容量大幅度增加。软件方面出现了多种高级程序设计语言,并开始使用操作系统,使计算机的管理和使用更加方便。这一阶段是计算机产品系列化、通用化、标准化的发展时期,这时的计算机被广泛用于科学计算、文字处理、自动控制与信息管理等方面。此阶段的计算机又称第三代计算机。

第四阶段从 20 世纪 70 年代中期至今,计算机采用大规模集成电路(large scale integration circuit,LSI)和超大规模集成电路(very large scale integration,VLSI)。计算机的存储容量、运算速度和功能都有极大的提高,其运算速度可达数亿次每秒,硬件和软件更加丰富和完善。软件方面发展出了数据库系统、分布式操作系统、面向对象技术和高效可靠的高级程序设计语言。在系统结构方面,计算机网络、并行处理技术和分布式计算机系统等都有了很大的发展。此阶段的计算机又称第四代计算机。第四代计算机的应用领域非常广泛,已深入社会生产和生活的各个方面。

2．计算机的分类

根据计算机硬件、软件的规模及功能大小等综合指标,计算机分为个人计算机、工作站、小型计算机、大型计算机、巨型计算机等几类。其中,个人计算机的使用最为普及,而且针对个人计算机上开发的软件也最为丰富。个人计算机已广泛渗透到社会的各个领域。

(1)个人计算机

个人计算机是以微处理器为中央处理单元(central processing unit,CPU)的计算机。个人计算机诞生于 20 世纪 70 年代，发展到现在已有 50 多年的历史。

1971 年，英特尔公司成功研制出世界上第一块微处理器 4004（其字长只有 4 位）并利用该微处理器制成了世界上第一台微型计算机 MCS-4。该公司于 1972 年推出了 8008 处理器，于 1973 年推出了 8080 处理器，它们的字长均为 8 位。此后，许多公司也相继推出了各自的微处理器产品，字长也从 8 位、16 位、32 位发展到 64 位。

（2）工作站

工作站是介于个人计算机与小型计算机之间的一种高性能计算机，其运算速度比个人计算机快。它最突出的特点是图形功能强，具有很强的图形交互与处理能力。工作站主要用于专业领域，如图像处理、计算机辅助设计（computer aided design，CAD）等。工作站采用开放式系统结构，各公司一般按照国际工业界流行标准进行设计和制造，并将机器的硬件、软件接口公开，以鼓励其他公司和用户开发相应的软件和硬件产品。多媒体技术的发展使工作站的应用领域扩展到商业、金融、办公自动化及网络服务器等领域。

（3）小型计算机

小型计算机的体积比大型计算机要小，具有结构简单、可靠性高、成本较低的特点。这类机器对运行环境的要求低，易于操作且便于维护，对中、小型企业用户有较大吸引力。

（4）大型计算机

大型计算机也称为大型通用机，这类机器的通用性强，有很强的综合处理能力，内存可达数吉字节，系统可以是单处理机、多处理机或多个子系统的复合体，整机处理速度可达到 30 亿次每秒。目前，大型计算机主要应用在大型企业及科研单位，因此，业内一般将大型计算机称为企业级计算机。

（5）巨型计算机

巨型计算机也称为超级计算机，其运算速度快（可达万亿次每秒级别）、性能强、技术复杂、价格高。研制巨型计算机是科学研究、尖端技术的需要。巨型计算机一般应用在核武器研究、航天技术研发、石油勘探等方面，其研制水平、生产能力及应用程度已成为衡量一个国家经济实力和科技水平的重要标志。

我国自行研制了"银河"系列、"曙光"系列巨型计算机。"银河-Ⅳ"为万亿次巨型计算机，它的整体性能优越、系统软件高效、网络计算环境强大、可靠性设计独特、工程设计优良、运算速度可达 10000 亿次/s，其系统综合技术达到当时的国际先进水平。

1.3.2　计算机中信息的表示

1．计算机为什么采用二进制编码

在现实生活中，人们计数时往往习惯使用十进制数，但电子计算机采用的是二进制数，其原因有很多。首先，受制于元件。我们知道组成电子计算机的基本元件是晶体管，它具有两种完全不一样的稳定状态（截止与导通或者高电平与低电平），因此只能表达出两种结果。其次，二进制的运算规则很简单，就加法运算而言，它只有 4 条规则。人们利用特殊的技术能把减法、乘法、除法等运算都转换成加法运算，这对简化 CPU 的设计非常有意义。如果采用十进制，那么 CPU 的设计将会变得非常复杂，这是因为十进制的运算规则远多于二进制的运算规则。再次，二进制在物理上很容易实现数据的存储。例如，磁极的取向、表面的凹凸、光照有无反射等，很容易用两种状态来表示。最后，二进制便于逻辑判断（是或非），这是因为二进制的两个数正好与逻辑命题中的"真（ture）"和"假（false）"或称为"是（yes）"和"否（no）"相对应。正是由于以上原因，人们在计算机中采用二进制数，而不是采用熟知的十进制数。

2．数据的存储单位

数据是信息的表达和载体，信息是数据的内涵，二者是形与质的关系。数据的存储单位有位、字节和字等。

（1）位

计算机中的位指二进制中的一个数字位，也是计算机中最小的信息计量单位（bit，它读作比特）。我们用"0"或"1"表示 1 bit 二进制信息。

（2）字节

一个字节（byte，B）由 8 个二进制数字位构成，1 个字节的表示形式为 1 B，即 1 B = 8 bit。字节是计算机中存储信息的基本计量单位。计算机的存储容量是指该计算机所能存储的总字节数。字节单位太小，通常使用 1 KB 或更大的单位作为存储信息的计量单位，具体如下。

$$1 \text{ KB（千字节）} = 1024 \text{ B（字节）} = 2^{10} \text{ B}$$
$$1 \text{ MB（兆字节）} = 1024 \text{ KB（千字节）} = 2^{20} \text{ B}$$
$$1 \text{ GB（吉字节）} = 1024 \text{ MB（兆字节）} = 2^{30} \text{ B}$$
$$1 \text{ TB（太字节）} = 1024 \text{ GB（吉字节）} = 2^{40} \text{ B}$$
$$1 \text{ PB（拍字节）} = 1024 \text{ TB（太字节）} = 2^{50} \text{ B}$$

$$1\text{ EB（艾字节）}= 1024\text{ PB（拍字节）}= 2^{60}\text{ B}$$
$$1\text{ ZB（泽字节）}= 1024\text{ EB（艾字节）}= 2^{70}\text{ B}$$
$$1\text{ YB（尧字节）}= 1024\text{ ZB（泽字节）}= 2^{80}\text{ B}$$

（3）字

计算机在存储、传输、处理信息时，将一个信息单元的二进制数码组称为字（word）。字是信息交换、加工、存储的基本单元。

（4）字长

一个字中的二进制数的位数称为字长，常用的字长有 8 位、16 位、32 位、64 位等。字长越大，计算机一次处理信息的能力就越强、精度就越高、运算速度就越快，所以字长是计算机硬件的一项重要技术指标。

3．数制及数制之间的转换

计算机在进行数据的加工处理时，内部使用的数制是二进制，这是因为电子元件所具有的两个稳定状态可用来模拟二进制数中的"0"和"1"，使数据处理在电子元件中容易实现。人们最熟悉的数制是十进制。此外，为了理解和书写方便，人们还常常使用八进制和十六进制。但是，这些数制最终都要转化为二进制，才能在计算机内部进行数据的存储和加工。

（1）进位计数制

无论哪种进位计数制，它都有两个共同点：①按基数来进位和借位；②用位权值来计数。

不同的进位计数制是以基数来区分的，若用 R 表示基数，则有以下情况。

$R = 2$：二进制，有 2 个数码，即 0 和 1。

$R = 8$：八进制，有 8 个数码，即 0、1、2、3、4、5、6 和 7。

$R = 10$：十进制，有 10 个数码，即 0、1、2、3、4、5、6、7、8 和 9。

$R = 16$：十六进制，有 16 个数码，即 0、1、2、3、4、5、6、7、8、9、A、B、C、D、E 和 F。

位权值是指同一个数码出现在不同数位所代表的值大小是不相同的，即一个数所代表的值由两个因素决定：数码本身及其所在的数位。例如十进制数 25 和 215，第一个数中 2 表示的值大小为 20，第二个数中 2 表示的值大小为 200。

（2）数制转换

1）十进制数转换成二进制数

将十进制数转换成二进制数时，需要对整数部分和小数部分分别进行处理，然后将各自得到的结果组合，获得最后结果，具体转换步骤如下。

步骤1：转换整数，采用除2取余法，将得到的余数按照其高低位顺序由后（下）向前（上）取。

步骤2：转换小数，采用乘2取整法，将得到的整数按照其高低位顺序由前（上）向后（下）取。

步骤3：将转换获得的整数和小数部分组合起来，即可得转换后的二进制数。

需要指出的是，一个十进制的小数不一定能完全准确地转换成二进制的小数。遇到这种情况，我们可以根据精度要求转换到小数点后的某一位即可。

2）二进制数转换为十进制数

二进制数转换成十进制数只需要采用按权展开乘幂求和的方法，例1-1展示了具体方法。

例1-1：将二进制数$(111010.101)_2$转换成十进制数。

解：将二进制数$(111010.101)_2$按权展开乘幂求和可得

$$
\begin{aligned}
(111010.101)_2 &= 1 \times 2^5 + 1 \times 2^4 + 1 \times 2^3 + 0 \times 2^2 + 1 \times 2^1 \\
&\quad + 0 \times 2^0 + 1 \times 2^{-1} + 0 \times 2^{-2} + 1 \times 2^{-3} \\
&= 32 + 16 + 8 + 0 + 2 + 0 + 0.5 + 0 + 0.125 \\
&= (58.625)_{10}
\end{aligned}
$$

3）二进制数转换成八进制数、十六进制数

二进制数虽然能被计算机直接接收和识别，但只有两个数码，在表示同等数值时比其他数制所占用的位数要长。例如，1位十进制数9用二进制表示则需要4位，即1001；2位十进制数99则需要用6位二进制数1100011表示。在日常书写或阅读时，使用二进制数不方便且易出错，因此除了十进制，人们也常常使用八进制数或十六进制数来代替二进制数。这两种进制数和二进制数的转换可参与十进制的转换。

例1-2和例1-3展示了二进制数转换成八进制数和十六进制数的方法。

例1-2：将二进制数$(111010.101)_2$转换成八进制数。

二进制数转换八进制数的规则为：每3位二进制数对应1位八进制数，其中，整数部分从右向左分组，小数部分从左向右分组，不足3位补0。

整数部分111010的转换步骤如下。

步骤1：从右向左分组，即010（最右3位）→2，剩余111→7

步骤 2：分组，即 111 010→111=(7)$_8$，010=(2)$_8$

步骤 3：得到整数转换结果(72)$_8$。

小数部分 101 的转换步骤如下。

步骤 1：从左向右分组，即 101。请注意，不足 3 位时末尾补 0。本数据已完整，不需要补 0。转换后的结果为 101=(5)$_8$

上述转换过程的等式形式为：

$$(111010.101)_2 = \underset{7}{\underline{111}}\,\underset{2}{\underline{010}}.\underset{5}{\underline{101}} = (72.5)_8$$

例 1-3：将二进制数(111010.101)$_2$转换成十六进制数。

二进制数转换为十六进制的转换规则为：每 4 位二进制数对应 1 位十六进制数，其中，整数部分从右向左分组，小数部分从左向右分组，不足 4 位补 0。

整数部分 111010 的转换步骤如下。

步骤 1：从右向左分组，即 1010（最右 4 位）→(A)$_{16}$，剩余 11→补 0 成 0011→(3)$_{16}$

步骤 2：分组，即 0011 1010→0011=(3)$_{16}$，1010=(A)$_{16}$。

步骤 3：得到整数转换结果(3A)$_{16}$。

小数部分 101 的转换步骤如下。

从左向右分组：101→补 0，变成 1010→A$_{16}$

上述转换过程的等式形式为：

$$(111010.101)_2 = \underset{3}{\underline{0011}}\,\underset{A}{\underline{1010}}.\underset{A}{\underline{1010}} = (3A.A)_{16}$$

4）十进制数与其他进制数间的相互转换

十进制数与任意进制数之间相互转换的方法如下。

十进制数转换成任意进制数：将十进制数的整数、小数分别进行转换。整数部分采用除基数取余法，小数部分采用乘基数取整法，最后将转换结果组合起来。

任意进制数转换成十进制数：写出以该进制数的基数为底的按权展开式，乘幂求和算出该多项式的结果。

（3）计算机系统中常用的进位计数制

计算机系统中常用的进位计数制主要有十进制、二进制、八进制和十六进制，其特点见表 1-1。

表1-1 计算机系统中常用进位计数制的特点

进位计数制	基数（R）	数码	位权值	规则	缩写字母
十进制	10	0、1、2、3、4、5、6、7、8、9	10^i	逢十进一	D（decimal）
二进制	2	0、1	2^i	逢二进一	B（binary）
八进制	8	0、1、2、3、4、5、6、7	8^i	逢八进一	O（octal）
十六进制	16	0、1、2、3、4、5、6、7、8、9、A、B、C、D、E、F	16^i	逢十六进一	H（hexadecimal）

4．计算机中的基本运算

计算机中的计算可以分为数值计算和非数值计算两大类。无论哪一种计算，也无论计算如何复杂，其本质都是通过一些基本运算来实现的，其中，重要的数值基本运算是四则运算，重要的非数值基本运算是基本逻辑运算。所有复杂的数值运算都可以用四则运算来实现，所有形式的逻辑运算都可以用基本逻辑运算（与、或、非）来实现。

（1）四则运算

在加、减、乘、除4种运算中，最基本的运算是加法。我们知道，乘法可以由加法实现，除法可以由减法实现。其实在计算机中，减法也是由加法实现的，具体方法是使用补码。既然如此，除法自然也可以由加法实现，因此，从原理上说，计算机只要做加法运算，就可以完成各种数值运算。

二进制数的加法运算规则如下。

```
0 + 0 = 0，1 + 0 = 1
0 + 1 = 1，1 + 1 = 10
```

二进制数的乘法运算规则如下。

```
0 × 0 = 0，1 × 0 = 0
0 × 1 = 0，1 × 1 = 1
```

（2）基本逻辑运算

任何复杂的逻辑运算都可以由3种基本逻辑运算来实现，即由逻辑与、逻辑或、逻辑非（简称与、或、非）来实现。因为是二值逻辑，所以逻辑变量的取值和运算的结果只有真和假两个值。在计算机中，我们可以用"0"表示"假"，用"1"表示"真"。

基本逻辑运算的规则如下。

1）逻辑与运算规则

通常用"and"或"&&"表示逻辑与运算。逻辑与运算规则如下。

```
0 and 0 = 0，0 and 1 = 0，1 and 0 = 0，1 and 1 = 1
```

从形式上看，以上规则类似于二进制数的乘法规则，但其语义是不同的。假设 A、B 分别表示一个命题，上面 4 条规则表示：只有当两个命题 A、B 都为真时，A 与 B 运算的结果才为真，其余情况运算结果皆为假。

2）逻辑或运算规则

通常用"or"或"||"表示逻辑或运算。逻辑或运算规则如下。

```
0 or 0 = 0, 0 or 1 = 1, 1 or 0 = 1, 1 or  1 = 1
```

从形式上看，以上规则类似于二进制数的加法规则。但实际上，上面 4 条规则表示：只有当两个命题 A、B 都为假时，A 或 B 运算的结果才为假，其余情况运算结果皆为真。

3）逻辑非运算规则

通常用"not"或"!"表示逻辑非运算，如 not A 或 ! A。逻辑非运算规则如下。

```
not 0 = 1, not 1 = 0
```

上面两条规则表示：当命题 A 为假时，非 A 运算结果为真；当命题 A 为真时，非 A 运算结果为假。

以上运算规则列成表则成为基本逻辑运算真值表，见表 1-2。该表表示逻辑变量取值与逻辑运算结果之间的关系。

表 1-2　基本逻辑运算真值表

A	B	A and B	A or B	not A
0	0	0	0	1
0	1	0	1	1
1	0	0	1	0
1	1	1	1	0

5．ASCII、汉字编码和其他编码

（1）ASCII

美国信息交换标准代码（American standard code for information interchange，ASCII）已被国际标准化组织（International Standards Organization，ISO）所采纳，成为国际通用信息交换标准代码。ASCII 在计算机内部占用一个字节，基本 ASCII 为 7 位（最高位为 0），扩充 ASCII 为 8 位。基本 ASCII 有 128 个编码，表示 128 个不同的字符，见表 1-3。在这 128 个字符中，95 个字符可以显示，其中包括大小写英文字母、阿拉伯数字、运算符号、标点符号等。另外的 33 个字符是不可显示的，它们是控制码，编码值为 0～31 和 127。

例如，"A"的 ASCII 表示为 01000001；"8"的 ASCII 表示为 00111000；回车符（CR）的 ASCII 表示为 00001101。

表 1-3　ASCII 码表

ASCII 值（十进制）	字符	ASCII 值（十进制）	字符	ASCII 值（十进制）	字符	ASCII 值（十进制）	字符
0	NUL	32	空格（space）	64	@	96	`
1	SOH	33	!	65	A	97	a
2	STX	34	"	66	B	98	b
3	ETX	35	#	67	C	99	c
4	EOT	36	$	68	D	100	d
5	ENQ	37	%	69	E	101	e
6	ACK	38	&	70	F	102	f
7	BEL	39	'	71	G	103	g
8	BS	40	(	72	H	104	h
9	HT	41	)	73	I	105	i
10	LF	42	*	74	J	106	j
11	VT	43	+	75	K	107	k
12	FF	44	,	76	L	108	l
13	CR	45	-	77	M	109	m
14	SO	46	.	78	N	110	n
15	SI	47	/	79	O	111	o
16	DLE	48	0	80	P	112	p
17	DC1	49	1	81	Q	113	q
18	DC2	50	2	82	R	114	r
19	DC3	51	3	83	S	115	s
20	DC4	52	4	84	T	116	t
21	NAK	53	5	85	U	117	u
22	SYN	54	6	86	V	118	v
23	ETB	55	7	87	W	119	w
24	CAN	56	8	88	X	120	x
25	EM	57	9	89	Y	121	y
26	SUB	58	:	90	Z	122	z
27	ESC	59	;	91	[	123	{
28	FS	60	<	92	\	124		
29	GS	61	=	93	]	125	}
30	RS	62	>	94	^	126	~
31	US	63	?	95	_	127	DEL

（2）汉字编码

ASCII 只解决了英文字母和相关符号在计算机内的表示问题。如果用计算机处理中文，那么就必须解决中文字符的编码问题。

1980 年，我国颁布了国家标准 GB/T 2312—1980《信息交换用汉字编码字符集：基本集》，该标准给出的汉字编码简称国标码。用国标码表示的汉字信息在计算机中用 2 个字节的二进制编码表示。例如，用 2 个字节的二进制编码"0011000000100001"表示汉字"啊"。由于在基本 ASCII 中用"00110000"表示数字符号"0"，用"00100001"表示标点符号"！"，为了使计算机能够识别汉字编码信息和 ASCII 信息，将汉字编码的最高位设置为"1"，因此，"啊"的二进制编码为 1011000010100001。

国标码收进的字符共有 7445 个，包括 6763 个汉字和 682 个数字、序号、拉丁字母、运算符号、希腊字母、汉语拼音、特殊字符等，其中，一级常用汉字有 3755 个，二级常用汉字有 3008 个。一、二级汉字约占近代文献汉字累计使用频度的 99.99%。据统计，使用频度不足 0.001%的汉字数量接近 1 万个。为了满足实际应用的需要，我国先后多次对汉字编码国家标准进行修订，扩充了收录的汉字。

汉字国标扩展码（Chinese character GB extended code，GBK）基本上采用了原国家标准 GB/T 2312—1980 中所有的汉字及码位，并涵盖了 unicode 中的 20902 个汉字，总共收录了 883 个符号、21003 个汉字，并提供了 1894 个造字码位。现有操作系统（如 Windows、Linux）的一些汉字环境中使用了 GBK 扩展标准字符集。该字符集与国家标准 GB/T 2312—1980 兼容，大量基于 GB/T 2312—1980 的文件和软件都可直接在 GBK 下使用和运行。同时，该字符集还包含了 ISO/IEC 10646 中已有的汉字，并自行扩充了 101 个汉字。

（3）其他编码

使用汉字的国家（地区），除了我国，还有日本和韩国（使用部分汉字）。为了解决多种内码并存所带来的问题，ISO 根据中日韩现有编码方案和汉字的使用情况，于 1992 年通过了包含中日韩三国文字的字符集，即 ISO/IEC 10646，也称为 unicode 或 CJK（Chinese、Japanese、Korean）字符集。这个字符集被简单地称为大字符集，其中收录基本多文种平面（basic multilingual plane，BMP）表意文字区的中、日、韩统一汉字，共计 20902 字。在新标准中，各国文字使用定长编码，英文字符和汉字都是 10 位编码，在这种码制下开发的软件不必经过艰难的转化即可较为简易地扩充用于其他文种。

6. 汉字信息处理

计算机处理汉字的基本步骤包括汉字信息的输入、汉字信息的加工、汉字信息的输出具体来说就是汉字的输入、汉字的处理、汉字的输出 3 个步骤。汉字信息的处理过程如图 1-1 所示。

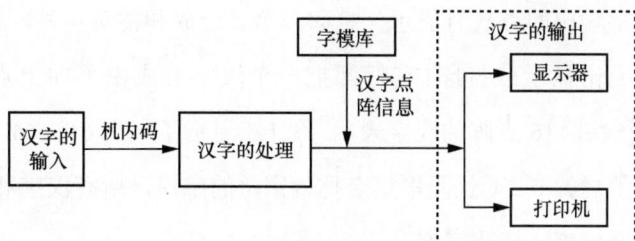

图 1-1　汉字信息的处理过程

（1）汉字信息的输入

要使用计算机处理汉字，就必须解决如何把汉字输入到计算机并在计算机中存储起来，即信息的输入问题。这涉及两方面，一方面要解决文字信息的编码问题，如前所述，英文字符的编码标准是 ASCII，汉字的编码标准有国标码；另一方面要解决如何按照编码标准将文字信息转换为计算机的机内码的问题。

计算机的键盘原本就是为输入英文而设计的，一个键对应一个或两个字符。只要按照字符按键，键盘的译码电路就会按照所按的键产生相应英文的 ASCII 表示，并输入到计算机的内存中。汉字的字符数目远远多于英文键盘按键的数目，因此要用几个键的组合来表示一个汉字，这种键的组合称为汉字输入编码。

目前国内外提出的汉字输入编码方案不下 500 种。编码长度、规则的复杂度、重码率等因素决定了不同编码方案的优劣。实际上流行的汉字编码输入方案只有十几种，它们对应于不同的输入法。无论哪一种汉字输入编码方案，在具体实现时都要有软件的支持。汉字输入软件按照汉字编码标准（国标码）将键盘输入的编码转换为机内码，计算机就可以存储和处理汉字了。汉字编码输入的研究还在继续，不过研究的重点已经从编码方案转向为通过更好的软件技术和设计来实现重码少、适应面广、学习负担轻。在汉字编码输入方面，我国已经走在世界的前列。

（2）汉字信息的加工

为了对输入的文字进行编辑加工，人们必须使用相关的文字处理软件，如 Word、写字板等。文字处理的工作主要有文本的增加、删除，以及字体、字号和版面布局设计等。

文字信息的处理是由人与机器共同完成的。文字信息加工的结果是编辑完成后的文本，它是输入的原始文本经过处理得到的。经过编辑的文本仍然以机内码表示。

（3）汉字信息的输出

汉字信息的输出是指将计算机内以数据形式表示的汉字在显示器、打字机等输出设备上输出的过程。汉字输出的方式有显示、打印、语音合成和传输4种。

输出汉字时，无论显示或打印，它们都把一个汉字看成由平面上点阵组成的图形。图1-12展示了一个16×16点阵的汉字表示，图1-3展示了一个64×64点阵的汉字表示。描述一个字符点阵信息的0、1代码串集合称为字符的字模，所有汉字和各种符号的点阵信息组成了汉字的字模库（简称字库）。

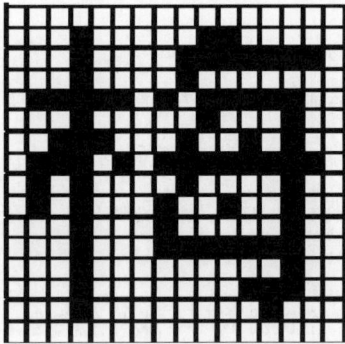

图1-2　16×16点阵的汉字表示

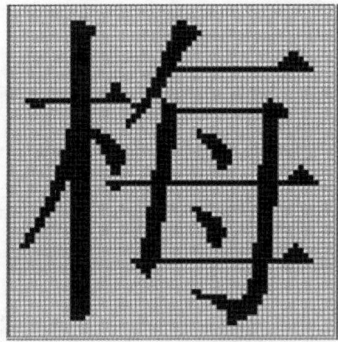

图1-3　64×64点阵的汉字表示

1.3.3　计算机系统的组成与工作原理

1. 冯·诺依曼体系结构

20世纪40年代，在研制计算机的过程中，美籍匈牙利数学家冯·诺依曼提出了一个通用电子计算机设计方案。该方案的设计思想主要体现在以下方面：

- 采用二进制计数制；
- 程序和数据都存储在存储器中，将程序指令作为数据进行处理；
- 计算机的硬件由控制器、运算器、存储器、输入设备和输出设备组成。

如今，现代数字电子计算机系统在制造材料、运算速度、性能指标、应用领域等方面均发生了巨大的变化，但迄今为止，数字电子计算机的基本结构大多数仍然属于冯·诺依曼体系结构。一个完整的冯·诺依曼体系结构的计算机系统是由硬件系统和软件系统两大部分组成的，二者互相支持，配合工作，缺一不可。计算机系统的组成如图1-4所示。

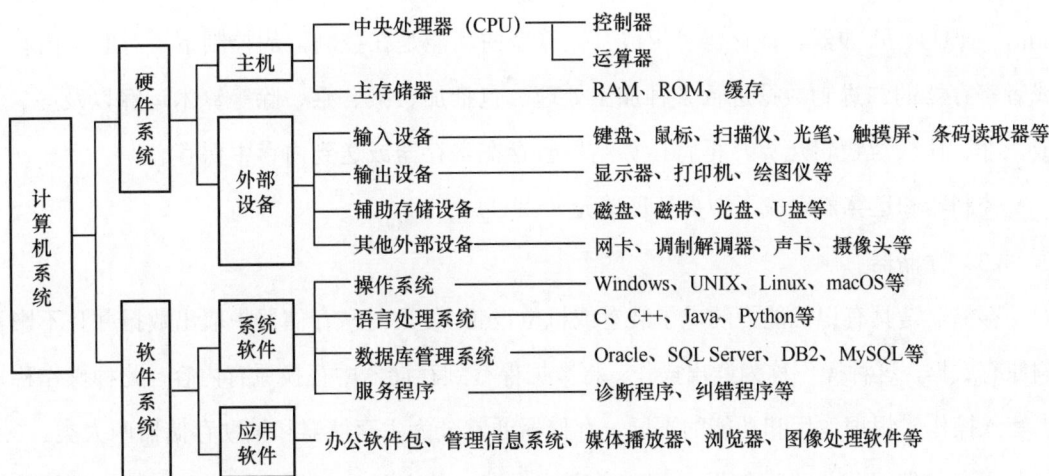

图 1-4　计算机系统的组成

2．计算机硬件系统

在计算机系统中，硬件系统是构成计算机系统各个功能部件（这些部件一般是由电子电路和机械设备构成的）的物理实体，是计算机能够工作的物质基础。一个计算机系统性能的高低在很大程度上取决于硬件的性能配置。

根据冯·诺依曼计算体系结构，计算机的硬件主要由五部分组成，具体如下。

（1）控制器

控制器是计算机系统的神经中枢和指挥中心，用于控制、指挥计算机系统各个部分协调工作。它的基本功能是从内存中取出指令，对指令进行分析，然后根据该指令的功能向有关部件发出控制命令，以完成该指令所规定的任务。

控制器主要由程序计数器、指令寄存器、指令译码器、操作控制电路和时序控制电路等组成，它们的主要功能如下。

程序计数器：用来对程序中的指令进行计数，使控制器能够按照一定的顺序依次读取指令。

指令寄存器：保存从内存中读取出来的指令。

指令译码器：用于识别、分析指令的功能，确定指令的操作要求。

操作控制电路：根据指令译码，产生各种控制操作命令。

时序控制电路：生成脉冲时序信号，以协调、控制计算机各部件的工作。

（2）运算器

运算器是对信息进行加工处理的部件，主要由算术逻辑部件（arithmetic and logic

unit，ALU）、累加器、寄存器等组成。运算器的功能是在控制器的控制下，对取自内存或者寄存器的二进制数据进行各种加工处理，包括加、减、乘、除等算术运算以及与、或、非、比较等逻辑运算，再将运算结果暂存在寄存器或送到内存中保存。

控制器和运算器组成了中央处理单元（CPU）。

（3）存储器

存储器是具有记忆能力的电子装置或机电设备。使用时从存储器中取出数据并且不影响原有数据，这种操作称为读出操作；将数据保存到存储器中替换原有内容，此种操作称为写入操作。根据作用和功能的不同，存储器通常分为主存储器和辅助存储器两大类。

主存储器又称为内存储器，简称主存或内存，其主要功能是存储 CPU 要执行的程序、要处理的原始数据、处理后的中间结果和最终结果。CPU 和主存储器构成了计算机的主机。主存储器的特点是工作速度快、容量较小、价格较高。根据信息保存和工作特点的不同，主存储器又分为只读存储器、随机存取存储器、高速缓冲存储器三类。

只读存储器（read-only memory，ROM）中的数据在制作时或者安装前已经写入并固定在存储器中，只能读出，一般不能修改（写入），设备断电后也不会丢失。ROM 通常用于存储不需要经常改变的程序或数据。

随机存储器（random access memory，RAM）中的数据可以根据需要随意地写入或读出，但只要断电，其中保存的所有数据就会丢失。RAM 主要用于存储要执行的程序和需要加工处理的数据。冯·诺依曼体系结构的重要设计思想之一就是程序和数据都必须存储到主存储器中，以便被 CPU 执行和加工处理。

高速缓冲存储器是介于 CPU 和 RAM 之间的一种可以高速存取信息的存储器芯片，是 CPU 和 RAM 之间交换信息的桥梁，用于解决 CPU 和 RAM 之间工作速度的冲突问题，以提高整个系统的工作效率。

辅助存储器又称为外存储器，简称外存，是主存储器的补充和后援，主要用于存储计算机当前不处理的程序和大量的数据。保存在辅助存储器中的程序和数据只有在需要时才会被调入到 RAM 中。辅助存储器不与计算机系统的其他部件直接交换数据，只与 RAM 交换数据。辅助存储器容量大，保存的程序和数据在断电后也不会丢失，弥补了主存储器中 RAM 容量小、断电会丢失数据的缺陷。

常用的辅助存储器主要有软盘、硬盘、光盘、磁带、USB 闪存等。辅助存储器的特点是容量很大，信息可长期保存，但数据的读/写速度较慢。

（4）输入设备

输入设备是向计算机（内存）中输入程序、数据等各种信息的设备，其功能是将要输入的程序和数据转换成相应的电信号，让计算机能够接收。输入设备有键盘、鼠标、扫描仪等。

（5）输出设备

输出设备是将计算机的处理结果从内存中输出，并以用户能够接受的形式表示出来的设备，如显示器、打印机、绘图仪等。

输入设备、输出设备和辅助存储器等统称为计算机外部设备。计算机硬件系统结构如图 1-5 所示。

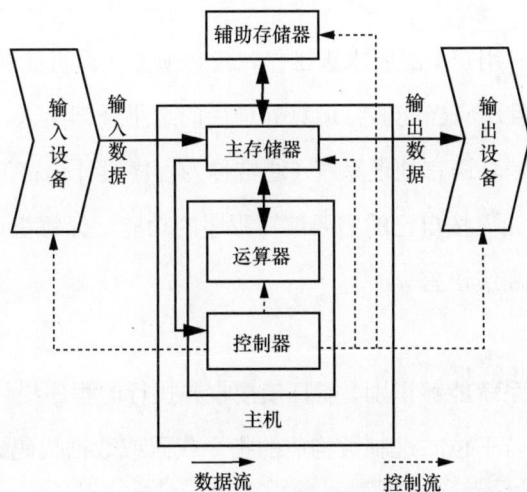

图 1-5　计算机硬件系统结构

3. 计算机软件系统

计算机的硬件系统（裸机）只有与软件系统密切配合，才能够正常工作和使用。计算机软件指的是操作、运行、管理、维护计算机所需的各种应用程序及其相关的数据和技术文档资料，其作用是方便用户使用计算机，充分且有效地发挥计算机的功能。软件系统性能的好坏会直接影响计算机的应用。

计算机软件系统内容丰富，人们通常将软件分为两大类：系统软件和应用软件。

系统软件指的是管理、监控、维护计算机的软硬件资源，使计算机系统能够高效率工作的一组程序及文档资料。它由计算机软件生产厂商研制和提供，主要包括操作系统、语言处理系统、数据库管理系统、服务程序等。

（1）操作系统

操作系统是管理、控制计算机系统的所有软硬件资源，提供用户与计算机交互的界面，方便用户操作、使用计算机系统的各种资源和功能，以最大限度地发挥计算机作用和效能的一组庞大的管理控制程序。操作系统具有包括四方面的管理功能：处理器管理、存储管理、设备管理和文件管理。

实际的操作系统根据应用对象、功能的侧重面和设计思想的不同，在结构和内容上存在很大的差别。操作系统一般可分为早期的多道批处理系统、多用户多任务的分时系统、进行自动控制和信息处理的实时系统、单用户操作系统、网络操作系统、分布式操作系统等。常见的操作系统有 Windows、Linux、macOS 等。

（2）语言处理系统

要使计算机按照人（用户）的要求去工作，就必须使计算机能够接收并懂得输送给它的各种命令和数据，而且还应当能够将运算处理后的结果反馈给人。人与计算机之间的这种信息交流同样需要语言。语言处理系统（通常称为程序设计语言）就是人与计算机交流信息的语言工具，提供让人按自己的需要编写程序的功能。计算机语言通常分为三大类：机器语言、汇编语言和高级语言。

① 机器语言

机器语言是计算机系统能够识别、能直接接收并执行的程序设计语言。机器语言中的每一条语句就是一条由若干位二进制数构成的指令代码或数据代码。例如，在某 16 位计算机操作系统中，机器指令"0000　0010　0000　0001"的功能是做加法运算，"0000　0011　0000　0001"的功能是做减法运算。

机器语言的二进制指令代码（称为计算机指令系统）随着 CPU 型号的不同而不同，因此机器语言程序在不同的计算机系统之间无法实现通用，故人们将其称为面向机器的语言。

② 汇编语言

汇编语言也是一种面向机器的程序设计语言，是一种把机器语言符号化的语言。它采用一些有意义的缩写字母及符号（称为助记符）来表示机器语言中的指令和数据。例如，用 ADD 表示加法，LD（load）表示取数据，MOV 表示传送数据，XXH 表示两位十六进制的数据等。

汇编语言的每一条汇编语句相当于若干条机器指令，因此使用汇编语言编写的程序要比机器语言编写的程序简洁得多，这是因为汇编语言的语句和机器指令有对应关系，从而保留了机器语言的优点——执行速度快。汇编语言也是面向机器的语言，因此不能在不同的计算机系统之间通用。

用汇编语言编写的程序（源程序）不能被计算机直接识别、接收和执行，需要用汇编程序将其翻译成机器指令（目标程序）才能执行。汇编程序是一种语言处理程序，其翻译的过程称为汇编过程。汇编语言程序的执行过程如图 1-6 所示。

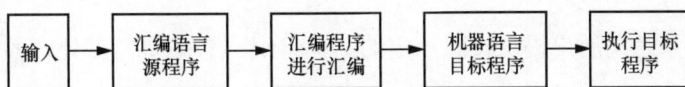

输入 → 汇编语言源程序 → 汇编程序进行汇编 → 机器语言目标程序 → 执行目标程序

图 1-6　汇编语言程序的执行过程

③ 高级语言

为了解决机器语言和汇编语言编程技术复杂、编程效率低、通用性差的问题，人们开发了高级语言。高级语言是面向解题过程或者面向对象的语言，采用命令关键字及表达式，按照一定的语法规则来编写程序，其语句比较接近自然语言和数学表达式。用高级语言编写的程序易读、易记、易维护且通用性强，便于推广和交流，从而大大提高了程序设计的效率。

常用的高级程序设计语言有 C、C++、Java、Python 等。用高级语言编写的程序（源程序）同样不能被计算机直接识别、接收和执行，需要用翻译程序将其翻译成机器指令程序（目标程序）才能执行。根据翻译方式的不同，翻译程序可分为两类：编译程序和解释程序。

编译程序的执行过程如图 1-7 所示。编译方式是一种先用编译程序将源程序完整地翻译成等价的目标程序，再执行该目标程序的方式。大部分高级语言采用编译方式，如 C、C++、Java 等。编译程序对源程序进行编译的过程比较长，程序的调试修改也比较麻烦，但编译后得到的目标程序的执行速度快，运行效率高。

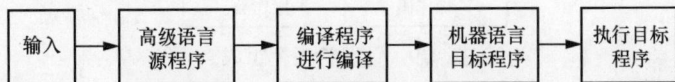

输入 → 高级语言源程序 → 编译程序进行编译 → 机器语言目标程序 → 执行目标程序

图 1-7　编译程序的执行过程

解释程序的执行过程如图 1-8 所示。解释方式是一种用解释程序将源程序逐句进行翻译，翻译一句执行一句，边翻译边执行的方式，它不产生目标程序。使用 Python 编写的程序就是以解释方式执行的。解释程序的运行速度慢、效率低，但提供了人-机会话方式，易于调试和修改程序。

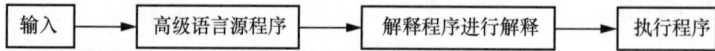

```
输入 → 高级语言源程序 → 解释程序进行解释 → 执行程序
```

图 1-8　解释程序的执行过程

编译程序和解释程序也都属于语言处理程序。

（3）数据库管理系统

数据库管理系统向用户提供按照一定的结构组织、管理、加工、处理各类数据的能力。常见的数据库管理系统有 Access、Oracle、SQL Server、MySQL 等。

（4）服务程序

服务程序是用于调试、检测、诊断、维护计算机软硬件的程序，如连接程序 Link，编辑程序 Editor，诊断测试程序 PCBench、WinBench、WinTest 等。

应用软件是在系统软件的支持下，针对某种专门的应用目的而设计编制的程序及相关文档。例如，文字处理软件 Microsoft Word、WPS、WordStar，电子表格软件 Microsoft Excel，图像处理软件 PhotoShop、CorelDraw、AutoCAD，媒体播放软件 RealPlayer、Windows Media Player，各种会计、财务、金融、人事、档案、图书、学籍、销售等管理信息系统，都是常见的应用软件。

4．计算机的工作原理

计算机的工作就是顺序执行存储在主存储器中的一系列指令。指令是一组能被计算机识别并执行的二进制数据代码，是让计算机完成某个操作的命令。一条指令通常由两个部分组成，前面部分是操作码，后面部分是操作数，如图 1-9 所示。操作码指明该条指令要完成的操作，如加、减、乘、除等运算以及逻辑运算。操作数是指参加运算的数据或者数据所在的存储单元地址。

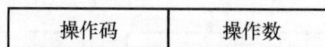

操作码	操作数

图 1-9　计算机指令组成

一台计算机的所有指令的集合称为该计算机的指令系统。指令系统与计算机的 CPU 密切相关，反映并决定了计算机硬件系统的基本功能和主要性能。不同厂商生产的 CPU 不同，其指令系统也不相同。无论是哪种类型的 CPU，其指令系统都应具有以下功能的指令。

数据传送指令：将数据在内存与 CPU 之间进行传送。

数据处理指令：对数据进行算术运算或逻辑运算。

程序控制指令：控制程序中指令的执行顺序，如条件转移、无条件转移、调用子程序、返回、暂停、终止等。

输入和输出指令：用于实现外部设备与主机之间的数据传输。

其他指令：对计算机系统的其他管理功能。

用户根据解决某项问题所需的步骤选择合适的指令，将它们一条一条地按照某种顺序进行排列，计算机依次执行这些指令序列便可完成预定的任务。按照一定要求组织构成的可完成若干项操作的指令序列就是程序。

计算机的工作过程实际上就是执行指令的过程。计算机在执行指令的过程中，有两种数据在计算机系统的各部件之间流动，它们分别是数据流和控制流。

数据流指的是计算机处理的原始数据、中间结果数据、最终结果数据、源程序代码等。控制流是控制器对指令代码进行分析、解释后向计算机系统的各部件发出的控制命令，其作用是指挥整个计算机系统协调地进行工作。

下面以指令的执行过程为例，介绍计算机的基本工作原理。指令的执行过程示例如图 1-10 所示。

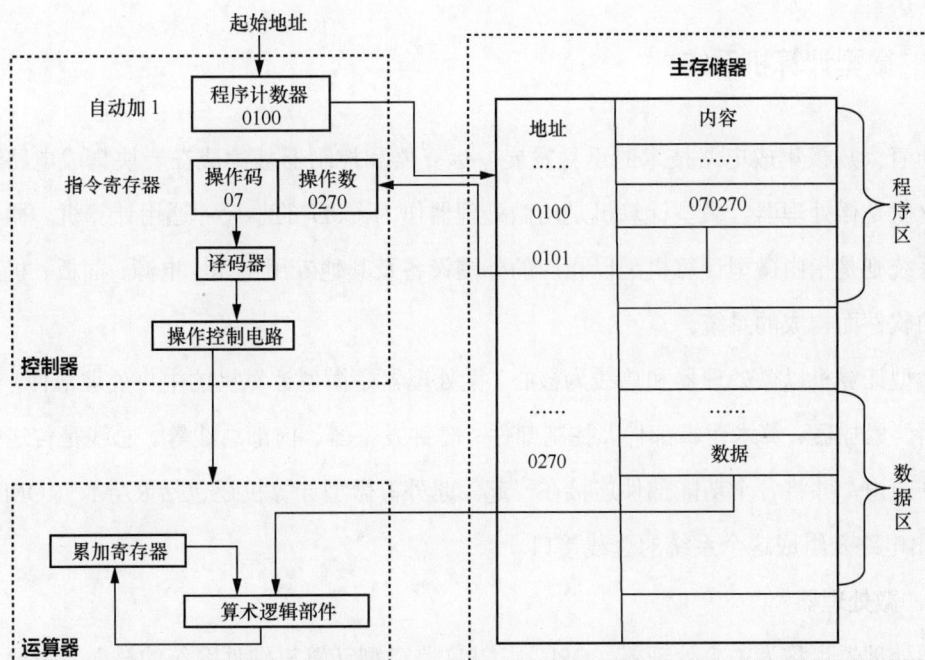

图 1-10 指令的执行过程示例

计算机对指令的执行可分为 4 个步骤，具体如下。

步骤 1：读取指令。根据控制器程序计数器中的地址（0100），计算机从主存储器中读取指令（070270），并将它传送到指令寄存器中。

步骤 2：分析指令。对送到指令寄存器的指令（070270）进行分析，由译码器对操作码（07）进行译码，判断该条指令要执行的操作，并将其转换成相应的控制电信号；操作数（0270）则确定了被操作数据的存储地址。

步骤 3：执行指令。操作控制电路根据译码结果向相关部件发出完成该项操作所需的一系列控制电信号，以完成该项指令所要求的操作。例如，若是做加法的指令，则将内存单元（0270）中的数据与累加器中的数据相加，所得结果仍然存储在累加器中。

步骤 4：更新计数器。一条指令执行完后，程序计数器自动加 1，或将转移地址码送入程序计数器后，返回到步骤 1，进入下一条指令的执行过程。如此周而复始，CPU 不断地读取指令、分析指令、执行指令，直到整个程序执行完毕为止。可以看出，计算机的工作过程其实就是程序的执行过程。

计算机执行一条指令所需的时间一般称为一个指令周期。指令周期越短，执行速度越快。计算机系统的所有操作都是在一个统一的脉冲信号的控制下进行的。脉冲信号的频率越高，执行指令的速度就越快。通常所说的计算机工作频率，指的就是同步脉冲信号的频率。

1.3.4　微型计算机系统

随着大规模集成电路技术的迅猛发展，运算器和控制器被集成在一块集成电路芯片上，这就是微处理器。微型计算机是用微处理器作为 CPU 的小尺寸通用计算机。微型计算机系统则是指由微型计算机配以相应的外围设备及其他专用电路、电源、面板、机架及足够的软件而构成的系统。

微型计算机以微处理器和总线为核心。微处理器是微型计算机的中央处理部件，包括寄存器、累加器、算术逻辑部件、控制部件、时钟发生器、内部总线等。总线是传送信息的公共通道，并将各个功能部件连接在一起。此外，微型计算机还包括 RAM、ROM、输入/输出电路及组成这个系统的总线接口。

1. 微处理器

微处理器也称为中央处理器（CPU）。CPU 是微型计算机硬件系统的核心，主要由运算器和控制器组成。CPU 性能的高低通常决定了一台计算机的档次，因此，人们在购买微型计算机时，常常将 CPU 的型号作为购买标准。

（1）CPU

世界上生产 CPU 芯片的公司主要有英特尔（Intel）、AMD、Cyrix、IBM 等，其中，英特尔公司是世界上最大的 CPU 生产厂家。目前，AMD 的 CPU 应用也较广泛。图 1-11 所示为两款常见的 CPU。

图 1-11　常见的 CPU

（2）CPU 的速度与主频

主频又称为时钟频率，是指 CPU 在单位时间（秒）内能够完成的工作周期数，单位为 MHz。主频决定着计算机的运算速度。主频越高表明计算机的运算速度越快。但是，主频不能直接表示计算机每秒的运算速度。

运算速度是指计算机每秒能够执行的指令条数。它是衡量计算机性能的一项主要指标，常以百万条指令每秒（million instructions per second，MIPS）或百万次浮点运算每秒（million floating-point operations per second，MFLOPS）为单位来描述。MIPS 用于描述计算机每秒钟能够执行的指令条数，反映了计算机的运算速度。

（3）高速缓存

高速缓存在逻辑上位于 CPU 和内存之间，主要用于处理内存和 CPU 之间数据传输速率的不同。高速缓存的容量有几千字节，也有几兆字节。高速缓存容量越大，计算机的访问速度越快。厂商一般把高速缓存与 CPU 集成在一个芯片上，因此，我们购买的 CPU 自带高速缓存。

2. 微型计算机的主板和总线结构

微型计算机的主机包括主机机箱及机箱内的硬件。主机机箱一般带有电源。机箱内的核心硬件是主板。主板的任务是完成计算机系统的管理和协调，支持 CPU、各种功能卡和各个总线接口的正常运行。主板包括 CPU 插槽、芯片组、内存、总线、扩展槽、接口板卡、电池等部件。硬盘驱动器、光盘驱动器、显示卡等插接在主板上。主板的芯片组对整个微型计算机系统的性能有十分重要的影响，如芯片组所能支持的 CPU 类型、是否支持 AGP 图形加速卡等。图 1-12 所示为一款微型计算机的主板。

图 1-12   一款微型计算机的主板

目前的微型计算机多采用总线结构。总线是指连接微型计算机系统中各个部件的一簇公共信号线。这些信号线构成了微型计算机各个部件之间相互传送信息的公用通道。CPU（包括内存）与外设、外设与外设之间的数据交换都是通过总线来进行的。总线是连接计算机系统各个部件之间的桥梁。总线通常分为地址总线、数据总线和控制总线 3 种类型。地址总线用于传送地址信号，其数量决定了微型计算机系统存储空间的大小。数据总线用于传送数据信号，其数量反映了 CPU 单次接收数据的能力。控制总线用于传送控制器的各种控制信号。

在微型计算机中，采用总线结构给微型计算机系统的设计、生产、使用和维护带来了许多便利。目前，微型计算机总线的结构特点是具有标准化和开放性。广义上通常把 AGP 接口、USB 接口称为 AGP 总线、USB 总线。不同的总线类型有不同的性能。不同的微机系统，适合采用不同的总线结构。

3. 微型计算机的存储设备

微型计算机的存储设备主要由主存储器、辅助存储器及管理这些存储器的软件组成。下面主要介绍主存储器和辅助存储器。

微型计算机的主存储器通常安装在主板上。主存储器与运算器和控制器直接相连，能与 CPU 直接交换信息，其存取速度极快。微型计算机中的主存储器包括 RAM、ROM、高速缓存等。

微型计算机的辅助存储器的容量通常很大，但存取速度比主存储器慢。辅助存储器只能与主存储器交换信息，不能直接与 CPU 交换信息。它既是输入设备，又是输出设备。微型计算机常用的辅助存储器有硬盘、USB 闪存盘、光盘等。

硬盘是微型计算机中最主要的外部存储器，用于存储系统文件、用户的应用程序及数据等。硬盘的最大特点就是存储容量大。微型计算机可配置不同数量的硬盘。当计算机工作时，用户可通过主机前面的指示灯来观察硬盘的工作情况。硬盘如图 1-13 所示。

光盘是通过光学方式读出和写入信息的，读出和写入都使用激光束来实现。光盘有 3 种基本类型：只读光盘、一次写入光盘和可擦写光盘。光盘如图 1-14 所示。

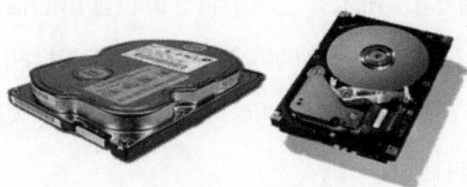

图 1-13　硬盘

图 1-14　光盘

USB 闪存盘（简称 U 盘）基于闪存芯片，采用 USB 接口即插即用，不需要额外的电源，使用非常方便。USB 闪存盘的优势在于防磁、防震、防潮，数据的安全性强；传输速度快、容量大；外观小巧，携带方便，使用寿命长。

4. 微型计算机的输入/输出设备

输入设备主要用于将各种信息输入到计算机中。键盘、鼠标、光笔、扫描仪和数字化仪是微型计算机中常用的输入设备。

输出设备是将计算机中的数据信息传送到外部介质上的装置。显示器、打印机、绘图仪都是常见的输出设备。

（1）键盘

键盘是计算机中最常用的输入设备，如图 1-15 所示。尽管手写和语音识别程序/设备可取代键盘，但现在它仍然是计算机输入文本的主要方式。

（2）鼠标

鼠标是一种用来移动光标和执行选择操作的输入设备，如图 1-16 所示。常见的鼠标有光电式鼠标、光机式鼠标和机械式鼠标 3 种。

图 1-15　键盘

图 1-16　鼠标

（3）显示器

显示器是计算机系统中非常重要的输出设备，如图 1-17 所示。人们不仅要通过显示器了解输入的内容，而且也要通过它了解输出的结果。一个计算机的显示功能由显卡和显示器两种设备实现。

（4）打印机

打印机是计算机系统的主要输出设备，如图 1-18 所示。它用于将计算机输出的信息打印出来，便于用户阅读、修改和存档。按其工作原理，打印机可分为击打式打印机和非击打式打印机两类。击打式打印机包括点阵式打印机和针式打印机。而激光打印机、喷墨打印机、静电打印机、热敏打印机等则属于非击打式打印机。

图 1-17　显示器

图 1-18　打印机

5．微型计算机的性能指标

微型计算机的种类繁多、性能各有不同，那么如何评价一台微型计算机的性能呢？计算机的性能指标有多种，衡量计算机的性能不应单看哪一条指标，而要全面综合地衡量。对于不同用途的计算机，衡量其性能的侧重面也有所不同。下面是微型计算机的一些主要的性能指标。

（1）CPU 类型及字长

CPU 的类型及字长是影响微型计算机性能的一个主要指标。计算机的字长直接影响着计算机的计算精确度。字长越长，用来表示数字的有效数位就越多，计算机的精确度也就越高。目前，CPU 的字长多为 64 位。

（2）主频

微型计算机的主频决定着其运算速度。人们习惯于通过主频来比较计算机的运算速度，主频的单位是兆赫（MHz）。

（3）内存容量

微型计算机主存储器的容量随着机型的不同而有着很大的差异。内存容量反映了主存储器存储数据的能力。内存容量越大，微型计算机的存储单元数越多，其"记忆"的功能越强，系统功能就越强大，能处理的数据量也就越大。

（4）辅助存储器及外部设备的配置

辅助存储器的容量通常指硬盘容量。辅助存储器容量越大，可存储的信息就越多，可安装的应用软件就越丰富。目前，微型计算机的硬盘容量一般为 500 GB、1 TB 或更高。

除了上述这些主要性能指标，我们还应考虑一些其他指标，如所配置的外围设备（如显卡、显示器等）、机器的兼容性、系统的可靠性、可维护性及所配置系统软件的情况等。此外，各项指标之间不是彼此孤立的，在实际应用时，应该综合考虑，以使微型计算机的性能最优。

1.3.5　操作系统概述

操作系统是计算机硬件之上的第一层系统软件，是对计算机硬件功能的首次扩充，它为应用程序提供基础，并且充当计算机硬件和计算机用户的中介。

本节主要介绍操作系统的概念、操作系统的作用和功能、操作系统的发展和分类，以及典型的操作系统。

1. 操作系统的概念

操作系统是一组控制和管理计算机硬件和软件资源，合理组织计算机工作流程，并向用户提供各种服务，方便用户使用计算机的管理控制程序。

操作系统在计算机系统中占据着非常重要的地位。在操作系统的支持下，计算机才能运行其他软件。可以说，操作系统是计算机硬件与其他软件的接口，也是用户和计算机之间的"接口"。整个计算机系统的层次结构如图 1-19 所示。

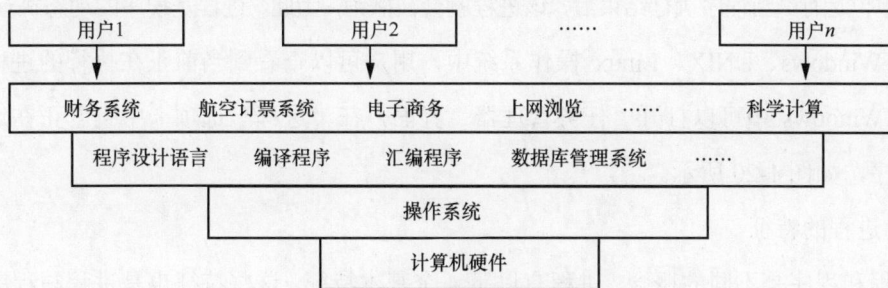

图 1-19　计算机系统的层次结构

2．操作系统的作用和功能

操作系统的作用可以从以下 3 个角度来理解。

① 从用户的角度，用户是通过操作系统来使用计算机的。操作系统合理地组织计算机的工作流程，协调各个部件有效工作，为用户提供了一个良好的应用软件运行环境。用户可以直接调用操作系统提供的各种功能，并不需要了解过多的硬件细节。对于用户来讲，操作系统是用户和计算机硬件之间的接口。操作系统扩充了硬件功能，为用户提供了一台功能显著增强，使用更加方便，安全可靠性更好，效率明显提高的机器。这台机器被称为虚拟计算机。

② 从系统的角度，操作系统可以看作资源管理器。计算机系统的资源分为两大类：硬件资源和软件资源。操作系统控制和管理这些资源，面对许多的资源请求，操作系统决定如何为各个程序和用户分配资源，以便计算机系统能高效运行。

③ 从资源管理的角度看，操作系统应具有 4 个管理功能：处理器管理、存储管理、设备管理、文件管理。

（1）处理器管理

在早期的计算机系统中，一旦某个程序开始运行，它就会占用整个系统的所有资源，直到运行结束为止，这就是所谓的单道程序系统。在该系统中，任何时刻内存中只有一个程序，只有该程序运行结束后才能运行下一个程序，因此系统资源的利用率不高。为提高系统资源的利用率，后来的操作系统都允许将多道程序加载到内存中，这些程序并发执行。这就是多道程序系统。

在多道程序系统中，处理器的分配和运行，都是以进程为单位的，因此处理器管理又称为进程管理。简单地说，进程就是一个正在运行的程序。或者说，进程是一个程序与其数据一道在计算机上执行时所发生的活动。当一个程序被加载到内存时，系统会创建一个进程，程序以进程为单位运行。当程序执行结束后，该进程就会被撤销，因此，进程是程序的动态执行过程。

在 Windows、UNIX、Linux 操作系统中，用户可以查看到当前正在执行的进程。例如，在 Windows 中可以打开"任务管理器"界面，在"进程"选项卡中查看正在运行的应用程序，如图 1-20 所示。

1）进程的特征

进程和程序是不同的概念。进程有以下 4 个基本特征，这些特征也是进程与程序的区别所在。

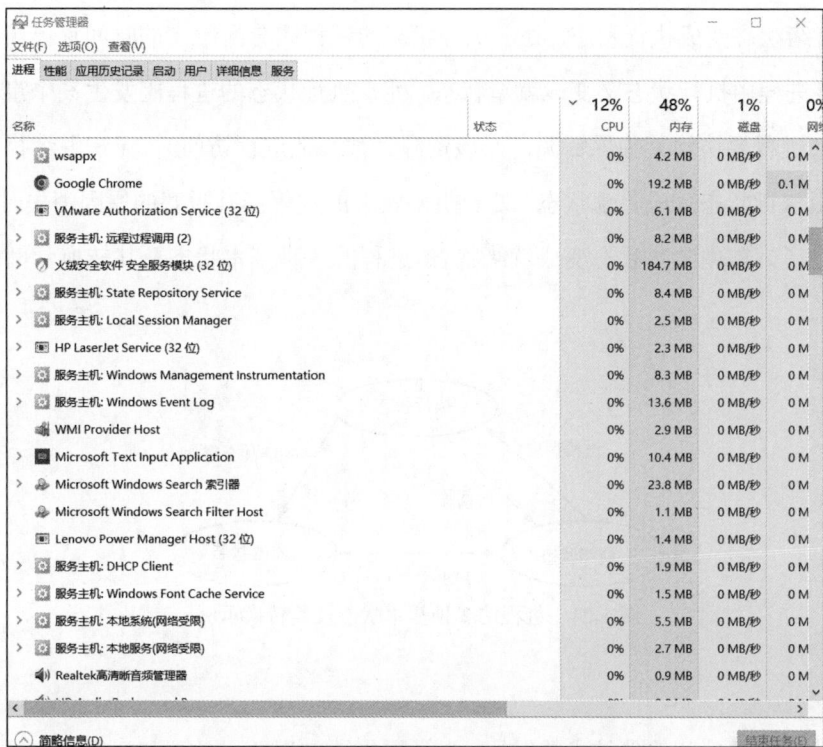

图 1-20 Windows "任务管理器"界面

动态性：进程是程序的一次执行过程，这是一个动态的概念；而程序是计算机的指令集合，这是一个静态的概念。进程的动态性还表现在它是由操作系统创建而产生的，由调度而执行的，会因得不到资源而暂停执行，也会因撤销而消亡。由此可见，进程是有生命周期的。

并发性：指系统中可以同时有几个进程在活动。并发性是现代操作系统的重要特征。引入进程的目的就是描述程序的并发执行。并发性提高了计算机系统资源的利用率。

独立性：进程是一个能够独立运行的基本单位，也是系统分配和调度资源的基本单位。

异步性：进程按各自独立的、不可预知的速度向前推进。也就是说，内存中的进程什么时候真正地在 CPU 上运行、执行多长时间都是不可知的，由操作系统负责各个进程之间的协调执行。

2）进程的状态和调度

进程执行时的间断性，决定了进程可能具有多种状态。事实上，运行中的进程有3 种基本状态：就绪状态、执行状态和阻塞状态。

处于就绪状态的进程，在调度程序为其分配了处理器（进程调度）后，该进程就可被执行，由就绪状态变成执行状态。处于执行状态的进程因分配给它的时间片已用完而暂停执行时，该进程由执行状态又变成就绪状态。处于执行状态的进程因发生某个事件而使执行受阻（如进程要访问某临界资源，而该资源又被其他进程访问），无法继续执行，那么该进程就由执行状态变成阻塞状态。处于阻塞状态的进程当其阻塞的原因消失时（如需要的资源满足了），就由阻塞状态变成就绪状态。进程的 3 种基本状态及其转换示例如图 1-21 所示。

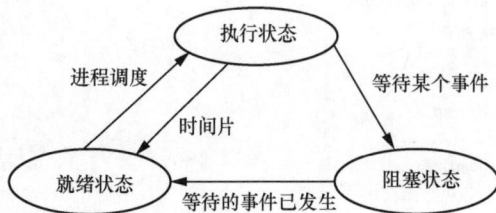

图 1-21　进程的 3 种基本状态及其转换示例

3）线程

随着计算机硬件和软件技术的发展，为了更好地实现并发处理和资源共享，提高 CPU 的利用率，目前很多操作系统引入了线程。

线程又称为轻量进程（lightweight process），是 CPU 使用的基本单元。它与属于同一个进程的其他线程共享进程的资源。一个传统的进程只有一个线程。如果进程有多个线程，那么它就能同时执行多个任务。例如，字处理器软件有一个线程用于显示图形，一个线程用于读取用户的键盘输入，还有一个线程在后台进行拼写检查。

在 Windows 中，线程是 CPU 分配的基本单位，进程是资源分配的单位，进程内的线程共享进程资源。把线程作为 CPU 的分配单位的好处有充分共享资源、减少内存开销、提高并发性、加快切换速度等。目前，大部分的应用程序采用的是多线程结构。

（2）存储管理

存储管理主要管理内存资源，为多道程序的运行提供良好的环境，方便用户使用存储器，提高存储器的利用率，以及从逻辑上扩充内存。为此，存储管理应具有内存分配、内存保护、地址映射、内存扩充等功能。

1）内存分配

内存分配的主要任务有：①当创建进程时，为进程分配内存空间；②当进程退出时，释放其所占用的存储空间；③提高内存的利用率，减少不可用的存储空间；④允许正在运行的进程申请附加的内存空间，以满足程序和数据动态增长的需要。

2）内存保护

内存保护的主要任务是确保每道程序都能在自己的内存空间运行，彼此互不干扰。操作系统采用硬件和软件相结合的方式来实现内存保护。

3）地址映射

一个应用程序（源程序）经编译后，通常会形成若干个目标程序。这些目标程序经过链接便形成了可装入程序。这些程序的地址是从 0 开始的，称为逻辑地址，由逻辑地址形成的地址范围称为地址空间。此外，由内存中一系列的内存单元所限定的地址范围称为内存空间，其中的地址称为物理地址。

当程序被调入内存运行时，是不可能从物理内存空间的 0 单元开始存储的，这就造成地址空间的逻辑地址和内存空间的物理地址不相一致。为使程序能正确执行，存储管理必须实现逻辑地址到物理地址的映射。

4）内存扩充

内存扩充是借助虚拟存储器技术，利用大容量的外存空间，从逻辑上扩充内存，给应用程序提供一个比物理内存大得多的存储空间，从而更好地实现多任务并发执行。在计算机的运行过程中，部分进程或进程的部分内容保留在内存中，其他暂时不运行的部分放在外存中。操作系统根据需要负责进行内存和外存的交换。

虚拟内存的最大容量与 CPU 的寻址能力有关。如果 CPU 的地址总线是 20 位的，那么虚拟内存最多是 1 MB。如果 CPU 的地址总线是 32 位的，那么虚拟内存可达 4 GB。

（3）设备管理

设备管理的主要任务包括对计算机系统中所有的输入/输出设备的管理，以及为用户提供良好的使用设备的界面和接口。具体来说，设备管理有以下 3 个主要功能。

① 缓冲区管理。为了缓解高速 CPU 和低速输入/输出设备之间因工作速度上的巨大差距而产生的矛盾，操作系统在内存中设置了缓冲区，用缓冲区来收集和存储输入/输出的数据，保证输入/输出操作的有序进行，同时提高 CPU 的利用率和系统的吞吐量。

② 设备分配。它的主要任务是根据用户进程的输入/输出请求、系统的现有资源及分配策略，为进程分配所需的资源及与其相连的控制器和输入/输出通道。

③ 设备驱动。它的主要任务是实现 CPU 和设备控制器之间的通信，完成输入/输出操作。用户在使用设备之前，必须安装该设备的驱动程序，因此，操作系统提供了一套设

备驱动程序的标准框架，由硬件厂商根据标准编写设备驱动程序，并随同设备一起提供给用户。

（4）文件管理

系统中的资源信息（如数据和程序等）是以文件的形式存储在辅助存储器（如磁盘、光盘等）上的。文件管理的任务是有效地支持文件的存储、检索和修改等操作，解决文件共享、保密和保护问题，使用户能方便、安全地访问文件。为此，文件管理应具有以下 3 个功能。

① 文件存储空间的管理。操作系统应设置相应的数据结构，用于记录文件存储空间的使用情况，以供分配存储空间时参考。操作系统还应具有对存储空间进行分配和回收的功能。

② 目录管理。为了使用户能方便地在辅助存储器上找到自己所需的文件，操作系统为每个文件建立了一个目录项。目录项包括文件名、文件属性、文件在磁盘上的物理位置等。若干个目录项可构成一个目录文件。目录管理的重要任务是为每个文件建立其目录项，并对众多的目录项加以有效的组织，以方便地实现按名存取，即用户只需提供文件名，就可对文件进行访问。

③ 文件的读/写管理和保护。文件的读/写管理是根据用户的请求，实现从辅助存储器中读取数据或将数据写入辅助存储器中。文件保护提供了文件的存取控制，以防止系统中的文件被非法窃取或破坏。

（5）用户接口

操作系统给用户提供了使用计算机的良好接口。用户接口有两种类型，具体如下。

① 命令接口和图形用户界面接口，让用户通过交互方式对计算机进行操作。

② 程序接口，又称为应用程序接口（application program interface，API）。该接口为编程人员而提供，应用程序通过 API 调用操作系统所提供的资源。

3. 操作系统的发展和分类

20 世纪 50 年代中期出现了第一个简单的批处理操作系统，20 世纪 60 年代中期产生了多道程序批处理系统，不久又出现了基于多道程序的分时系统。从 20 世纪 80 年代开始，微型计算机、多处理机和计算机网络得到了迅猛发展，同时出现了微型计算机操作系统、多处理机操作系统和网络操作系统，使操作系统得到了进一步发展。

操作系统有多种不同的分类标准。按与用户对话的界面分类，操作系统可分为命令行界面操作系统和图形用户界面操作系统。按能够支持的用户数量分类，操作系统可分为单用户操作系统和多用户操作系统。按是否能够运行多个任务为标准分类，操作系统可以分为单任务操作系统和多任务操作系统。

根据操作系统的功能、特点和使用方式，传统的操作系统有 3 种基本类型，分别是批处理操作系统、分时操作系统和实时操作系统。

（1）批处理操作系统

早期的计算机系统非常昂贵，为了能充分地利用它，人们尽量让系统连续运行，以减少其空闲时间。为此，通常是把一批作业以脱机方式输入到磁带（或磁盘）上，并在系统中配上监督程序，使这批作业能一个接一个地连续处理，直到全部完成为止。这便形成了早期的单道批处理操作系统。为了进一步提高资源的利用率和系统的吞吐量，计算机系统又引入了多道程序设计技术，由此形成了多道批处理操作系统。总之，批处理操作系统让用户将由程序、数据，以及说明如何运行该程序的作业说明书等组成的作业提交给系统管理员，由系统管理员将作业成批地输入，形成作业队列，再由操作系统控制作业一个接着一个地运行。在作业的运行过程中，用户无法干预程序的运行，即系统不具有交互性。

（2）分时操作系统

如果推动多道批处理操作系统形成和发展的主要动力是提高资源利用率和系统的吞吐量，那么推动分时操作系统形成和发展的主要动力是用户的需求。分时操作系统具有良好的交互性，便于用户使用计算机。

分时操作系统是将 CPU 的时间划分成时间片，允许多个用户通过自己的终端以交互方式同时使用计算机，共享计算机中的资源，计算机轮流接收和处理各个用户从终端输入的命令。计算机运算的高速性能和并行处理的特点让每个用户感觉不到其他用户的存在，好像独占一台计算机一样。典型的分时操作系统有 UNIX 和 Linux。

（3）实时操作系统

实时操作系统是指系统能及时（或即时）响应外部事件的请求，在规定的时间内完成对该事件的处理，并控制所有实时任务协调一致地运行。根据具体应用领域的不同，实时操作系统又分为两类：实时控制操作系统和实时信息处理操作系统。

如果一个操作系统兼有批处理、分时和实时处理的全部功能或部分功能，那么该操作系统称为通用操作系统。

随着计算机体系结构的发展，又出现了多种新型操作系统，如嵌入式操作系统、分布式操作系统等。

4．典型操作系统

为了让读者对操作系统有一定的感性认识，下面简要介绍 MS-DOS、Windows、UNIX 和 Linux 这种典型的操作系统。

（1）MS-DOS

MS-DOS 是微软公司为 16 位字长计算机开发的、基于字符界面的一种单用户、单任务的个人计算机操作系统。1981 年，IBM 公司首次推出了个人计算机，采用了微软公司的 MS-DOS 作为其操作系统。随着该机种及其兼容机的畅销，MS-DOS 也成了当时个人计算机的主流操作系统。

（2）Windows

Windows 是微软公司继成功开发了 MS-DOS 之后，为高档个人计算机（32 位）开发的又一个人计算机操作系统。Windows 是一个单用户、多任务的图形用户界面操作系统。Windows 的新一代操作系统是 Windows 11，应用于个人计算机和平板计算机等设备。

（3）UNIX

UNIX 是通用的、交互式、多用户、多任务的操作系统。凭借强大的功能和优良的性能，它已成为业界公认的工业化标准操作系统。UNIX 能够运行在各种类型的计算机硬件平台上，从微型计算机、工作站到巨型计算机，都能见到它的身影。

UNIX 于 1969 年由贝尔实验室的 Dennis-Ritchie 和 Ken-Thompson 在 PDP-7 小型计算机上开发，后来不断地向大中型计算机、微型计算机领域渗透，并获得巨大成功。进入 20 世纪 90 年代后，UNIX 又增添了一套可有效地支持计算机网络和互联网的网络软件，因而还可以将 UNIX 系统配置在企业网络中作为网络操作系统，以提供支持互联网和内联网的服务。

（4）Linux

Linux 是一套免费使用和自由传播的、与 UNIX 完全兼容的操作系统。Linux 最初是一个由芬兰赫尔辛基大学计算机系的学生 Linus Torvalds 开发的操作系统内核程序。Linux 以其高效性和灵活性著称，能够在个人计算机上实现 UNIX 的全部功能。它的最大特点表现为它是一个源代码公开的免费操作系统，因此吸引了越来越多的商业软件公司和 UNIX 爱好者加盟到 Linux 的开发行列中。目前，许多互联网服务提供商已把 Linux 作为主推操作系统之一。

Linux 现有的发布版本很多。Linux 的内核程序加上外挂程序，就演变成现在的各种版本，主要流行的有 Red Hat（Enterprise）Linux、Slackware Linux、Turbo Linux、Debain Linux、Fedora Linux、Ubuntu 等。

（5）macOS

macOS 是在苹果公司的 Macintosh 系列计算机上使用的操作系统。它也是一种图形用户界面的操作系统，具有较强的图形处理能力，广泛用于电影制作等领域。

（6）华为鸿蒙操作系统

华为鸿蒙操作系统（Huawei Harmony OS），是华为公司发布的分布式操作系统。

Harmony OS 是一种面向全场景的分布式操作系统，可将人、设备、场景有机地联系在一起，使用户在全场景生活中体验多种智能终端的无缝衔接，实现极速发现、极速连接、硬件互助、资源共享。

1.3.6 操作系统的安装

VMware Workstation 允许操作系统和应用程序在一台虚拟机上运行。虚拟机是独立运行主机操作系统的离散环境。在 VMware Workstation 中，用户可以在一个窗口中加载一台虚拟机。该虚拟机可以运行自己的操作系统和应用程序。用户可以在多台虚拟机之间切换，通过一个网络共享虚拟机（如一个公司的局域网）挂起和恢复虚拟机，以及退出虚拟机。虚拟机中的一切操作都不会影响用户的主机操作。本小节使用 VMware Workstation 来展示 Ubuntu 18.04 LTS 的安装方法。

1. 下载 VMware Workstation

下载 VMware Workstation 安装包的步骤如下。

步骤 1：首先进入 VMware 官网，其首页如图 1-22 所示。

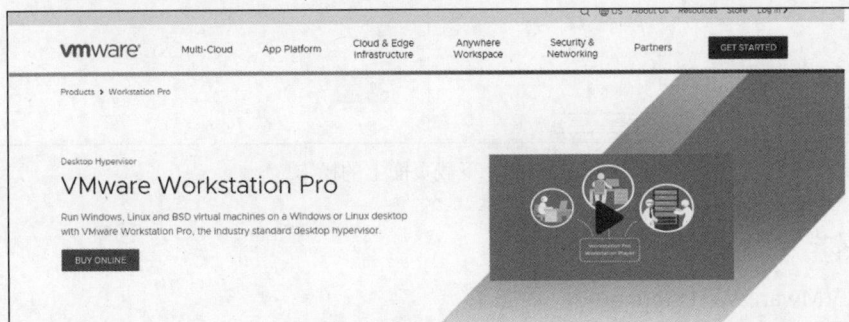

图 1-22 VMware 官网首页

步骤 2：单击"Anywhere Workspace"选项，进入"Anywhere Workspace"页面，单击"Workstation Pro"选项，如图 1-23 所示。

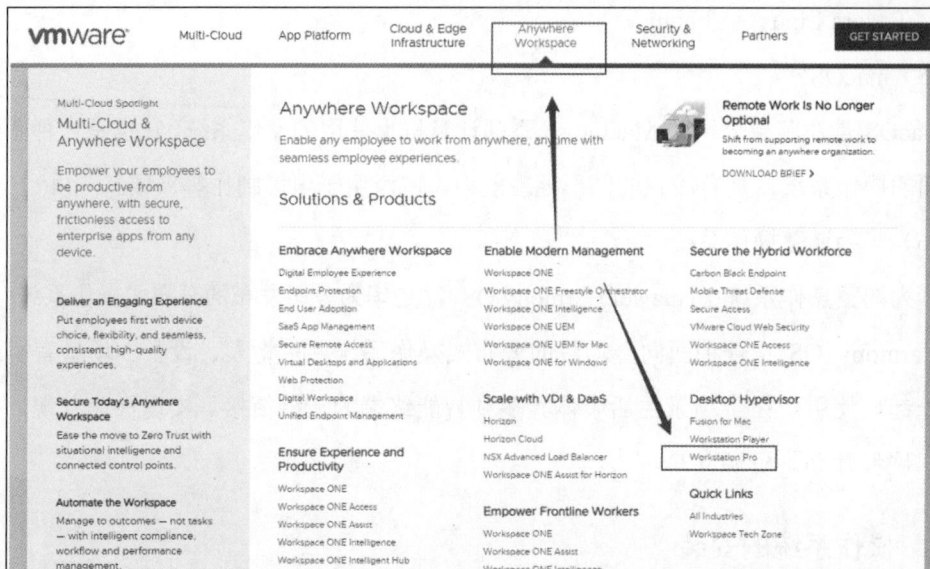

图 1-23　Anywhere Workspace 页面

步骤 3：按图 1-24 所示内容进行操作。

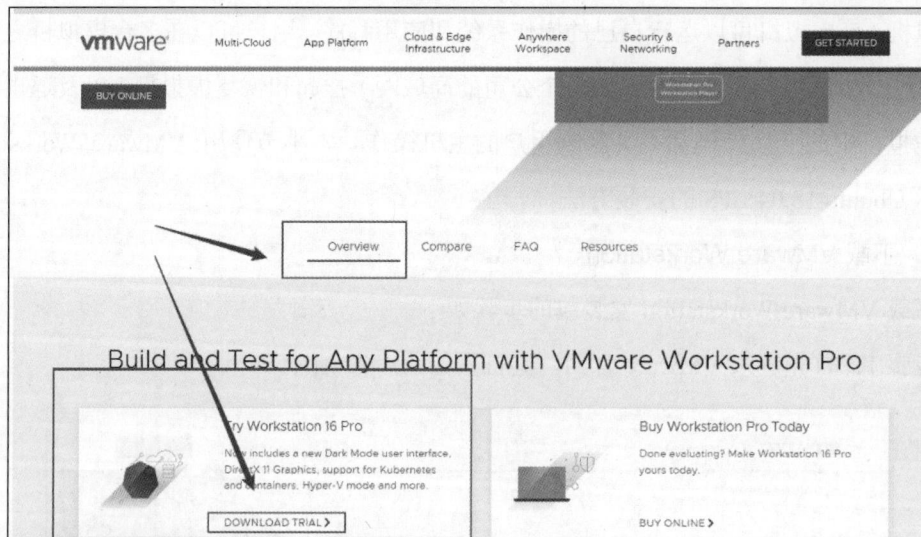

图 1-24　下载页面上的操作

2．安装 VMware Workstation

安装 VMware Workstation 的步骤如下。

步骤 1：双击图 1-25 所示安装文件进行安装。

图 1-25 安装文件

步骤 2：在安装向导界面（这里不展示）单击"下一步"按钮。勾选"我接受许可协议中的条款"选项。在"自定义安装"界面中勾选"将 VMware Workstation 控制台工具添加到系统 PATH"选项，如图 1-26 所示。安装完成后不用再另外修改环境变量，之后单击"下一步"按钮。

步骤 3：在"快捷方式"界面勾选"桌面"和"开始菜单程序文件夹"这两个选项，并单击"下一步"按钮，如图 1-27 所示。安装完成后系统会在桌面和开始菜单中添加快捷方式，安装完成界面如图 1-28 所示。

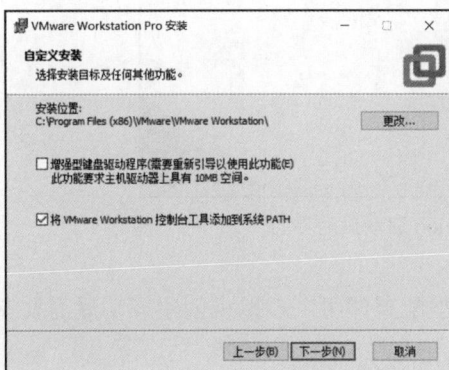

图 1-26 "自定义安装"界面

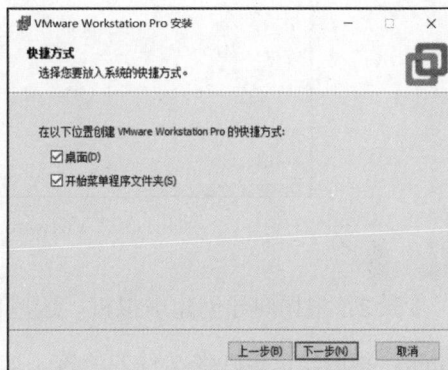

图 1-27 "快捷方式"界面

步骤 4：使用 VMware Workstation 需要授权，在图 1-29 所示界面输入许可密钥即可。

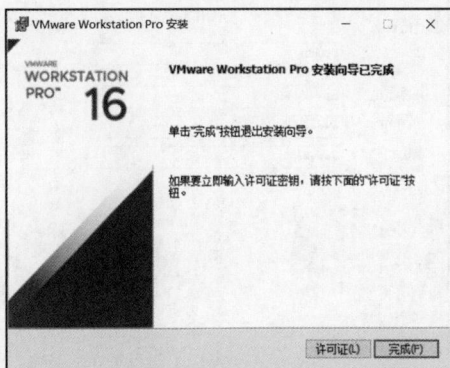

图 1-28 VMware Workstation 安装完成界面

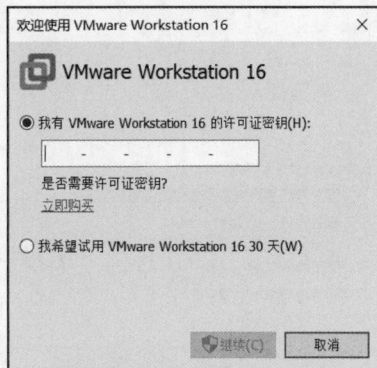

图 1-29 输入许可密钥界面

3．下载 Ubuntu 安装包

读者参考 VMware Workstation 的下载过程，这里不作介绍。请注意，下载的版本是 Ubuntu 18.04 LTS。

4．安装 Linux

步骤 1：安装 Linux 前，我们需要先打开 VMware Workstation，创建一台虚拟机。VMware Workstation 启动后的界面如图 1-30 所示。

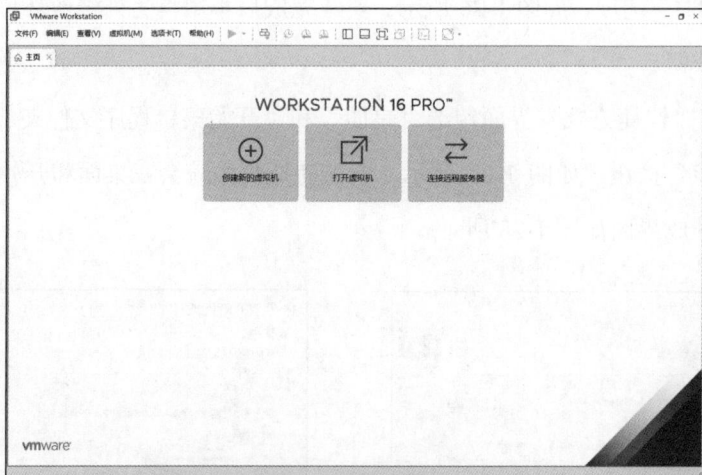

图 1-30　VMware Workstation 启动后的界面

步骤 2：根据向导创建虚拟机，这里使用典型配置即可。虚拟机创建成功后需要安装 Ubuntu。我们先指定映像文件的位置，如图 1-31 所示。

步骤 3：在"简易安装信息"界面填写用户名、密码等信息，如图 1-32 所示。

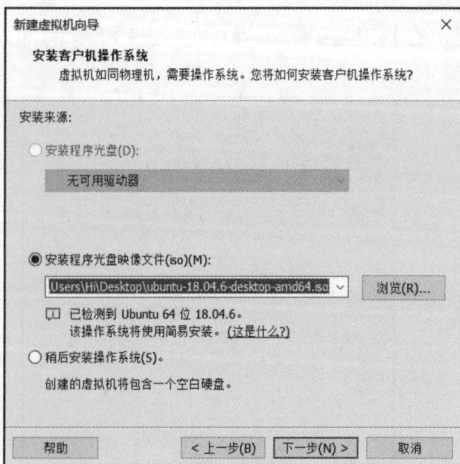

图 1-31　指定映像文件的位置

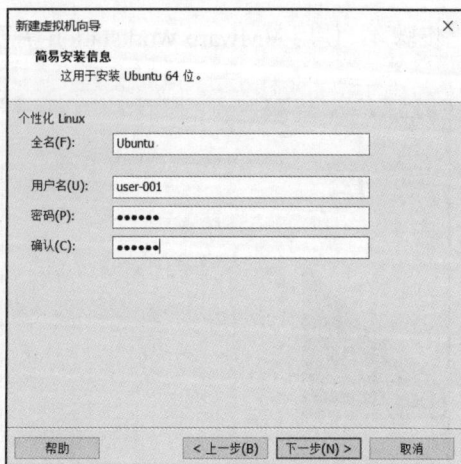

图 1-32　"简易安装信息"界面

步骤 4：指定虚拟机的名称和安装位置，如图 1-33 所示。

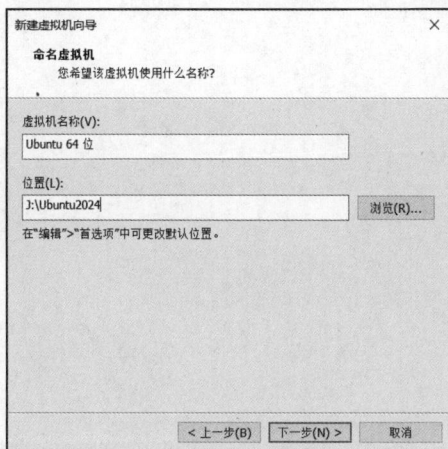

图 1-33　指定虚拟机的名称和安装位置

步骤 5：指定虚拟机的磁盘容量，并单击"下一步"按钮，如图 1-34 所示。

步骤 6：在"已准备好创建虚拟机"界面单击"完成"按钮，即可创建虚拟机，如图 1-35 所示。

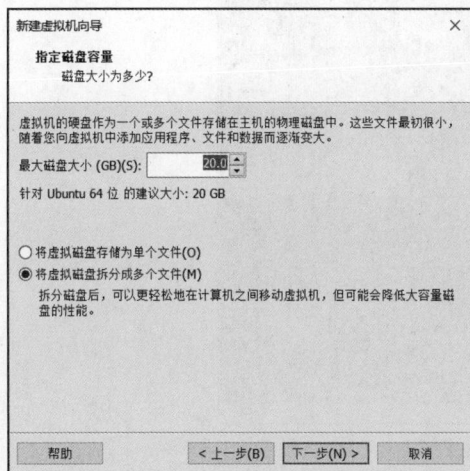

图 1-34　指定虚拟机的磁盘容量

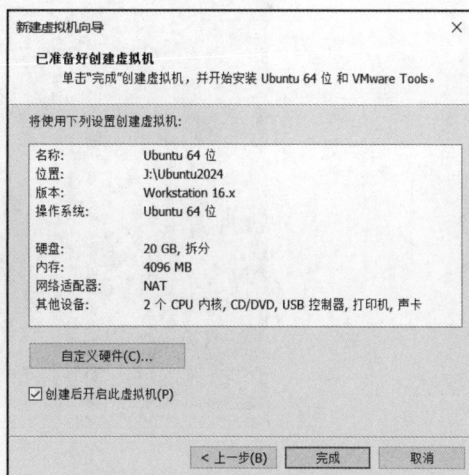

图 1-35　"已准备好创建虚拟机"界面

步骤 7：安装 Linux。Linux 的安装过程中不需要做任何配置，其安装界面如图 1-36 所示。

步骤 8：安装完成后，输入密码即可登录 Linux。登录后的 Ubuntu 界面如图 1-37 所示。

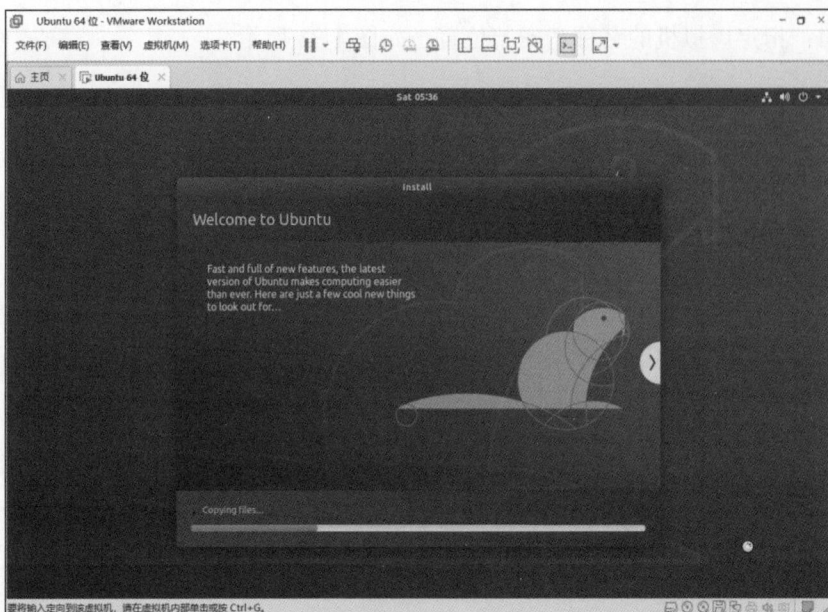

图 1-36　Linux 安装界面

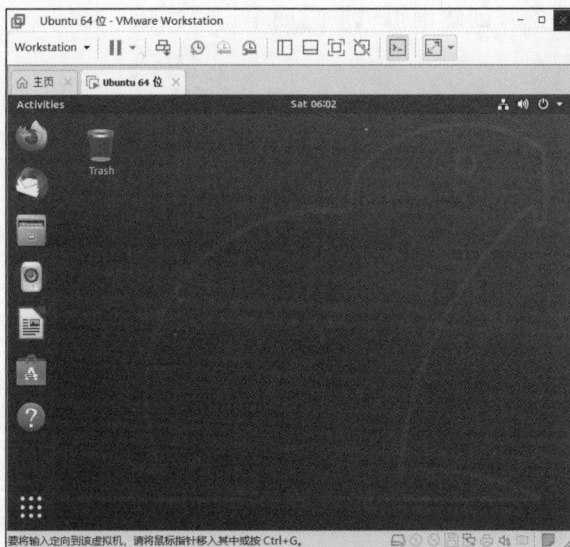

图 1-37　Ubuntu 界面

1.4　项目实验

1. 查看计算机参数

使用鼠标右键单击"此电脑"图标，在弹出的快捷菜单上选择"管理"选项，这时会弹出"计算机管理"界面，在该界面中选择"设备管理器"，然后选择需要查看的设备，如图 1-38 所示。

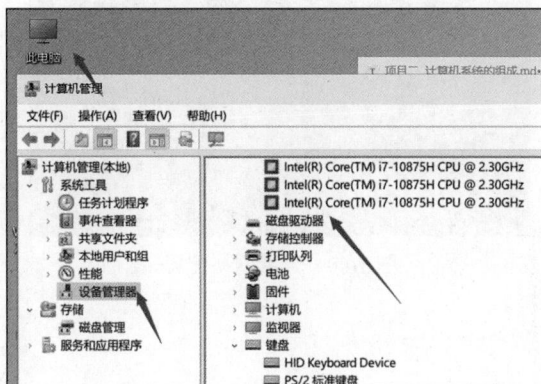

图 1-38 查看设备

使用鼠标右键单击"此电脑"图标，在弹出的快捷菜单上选择"属性"选项，即可查看系统信息，如图 1-39 所示。

图 1-39 查看系统信息

按组合键 Win + R，系统弹出"运行"界面，在其中输入 cmd 后单击"确定"按钮（或按回车键），即可进入"命令提示符"界面。在该界面中输入"ipconfig /all"就能查看网络配置了，如图 1-40 所示。

图 1-40　查看网络配置

2. 安全管理

在搜索框中输入"控制面板",选择"控制面板"选项,即可进入"控制面板"界面。接下来依次选择"系统和安全"→"Windows Defender 防火墙"→"启用或关闭 Windows Defender 防火墙",如图 1-41 和图 1-42 所示。

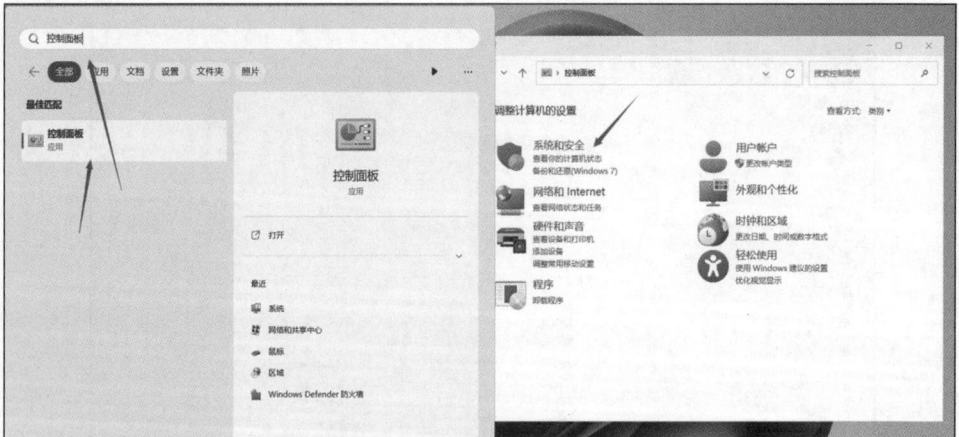

图 1-41　进入"控制面板"界面

图 1-42　防火墙设置

3. Windows 磁盘分区管理

使用鼠标右键单击"此电脑"图标，在弹出的快捷菜单中选择"管理"选项，以进入"计算机管理"界面，如图 1-43 所示。

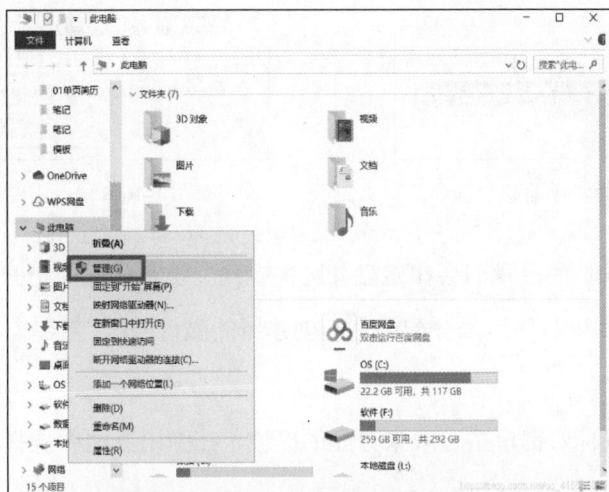

图 1-43　打开"计算机管理"界面的方法

打开"计算机管理"界面后，选择"磁盘管理"选项，如图 1-44 所示。

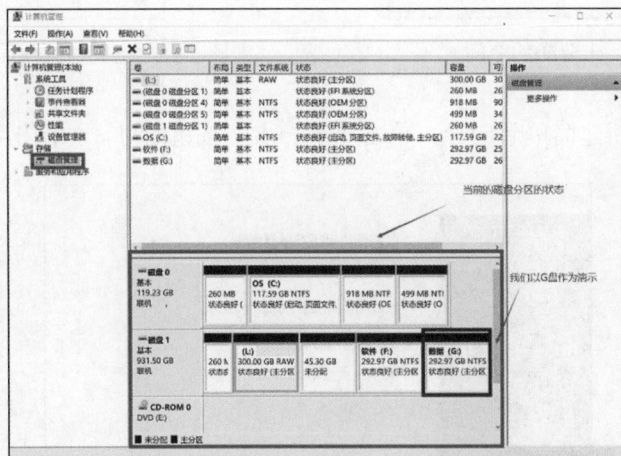

图 1-44　"计算机管理"界面

压缩卷的作用是获得更多的可用磁盘空间。压缩卷的具体操作步骤如下。

步骤 1：选择需要压缩的磁盘（以 G 盘为例）。

步骤 2：使用鼠标右键单击 G 盘，选择"压缩卷"选项，如图 1-45 所示。

步骤 3：输入需要压缩的大小（单位为 MB），单击"压缩"按钮，如图 1-46 所示。

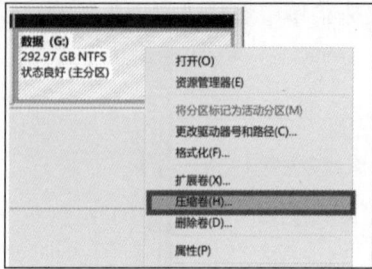

图 1-45　选择"压缩卷"选项

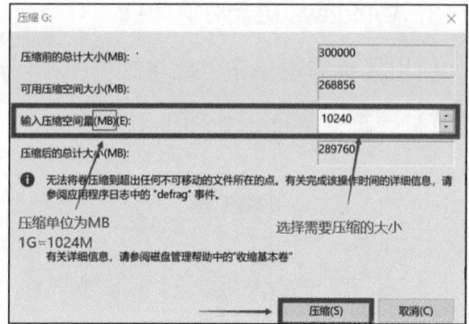

图 1-46　输入需要压缩的大小

步骤 4：压缩成功后，我们会在磁盘分区中看到一块未分配的空间，如图 1-47 所示。

新建简单卷的作用是使用未分配的空间创建新的磁盘分区。新建简单卷的具体操作步骤如下。

步骤 1：使用鼠标右键单击一块未分配的区域，在弹出界面中选择"新建简单卷"选项，如图 1-48 所示。

图 1-47　未分配的空间

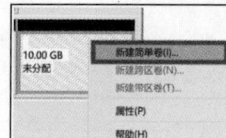

图 1-48　选择"新建简单卷"选项

步骤 2：根据新建简单卷向导，单击"下一步"按钮即可，如图 1-49 所示。

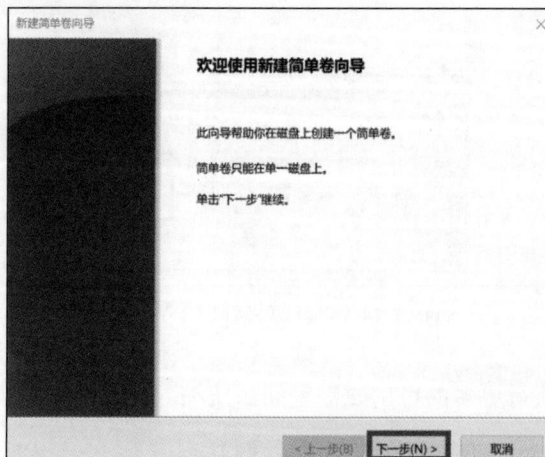

图 1-49　新建简单卷向导界面

步骤 3：在磁盘分区中查看新的分区，如图 1-50 所示。

步骤4：双击"此电脑"图标，在界面中可以看见新建磁盘，如图1-51所示。

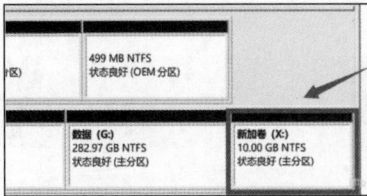

图1-50　查看新的分区

图1-51　新建磁盘

1.5　习题

1. 计算机的硬件由哪五部分组成？

2. 计算机软件指的是什么？通常将软件分为哪两类？

3. 计算机语言通常分为三大类，指的是哪些内容？

4. 在高级语言中，编译方式和解释方式有什么不同？

5. 微型计算机的存储设备由哪几部分组成？存储器的作用是什么？

6. 微型计算机中的输入/输出设备通常有哪些？

7. 衡量一台微型计算机的性能，通常需要看哪些指标？

8. 什么是操作系统？操作系统的功能是什么？

9. 根据操作系统的功能、特点和使用方式的不同，操作系统分为哪几类？

项目二 操作系统基础

本项目主要介绍 Windows（以 Windows 10 为例）的一些基础操作，包括账号管理、磁盘管理、任务管理、文件管理等内容。

2.1 项目要求

（1）了解 Windows 的基本操作。

（2）学会在 Windows 中进行文件管理。

（3）掌握 Windows 的系统管理操作。

2.2 学习目标

☑ **技能目标**

（1）了解 Windows 的基本使用方法。

（2）掌握 Windows 中账号管理、任务管理、文件管理的相关操作。

（3）掌握 Windows 中磁盘设置的方法。

☑ **思政目标**

（1）通过学习操作系统的基本管理功能，引导读者认识到在信息技术领域中，对系统的正确配置与安全管理是保障用户数据安全和系统稳定运行的重要责任。

（2）通过实践操作，如账户管理、磁盘管理等，培养读者的耐心、细致和精益求精的工匠精神，强调在 IT 工作中每一个细节都至关重要。

（3）讲解操作系统权限设置时，融入网络安全与隐私保护的法律知识，增强读者的法律意识，明白在处理用户数据时需遵守相关法律法规。

☑　**素养目标**

（1）读者能够熟练掌握 Windows 操作系统的基础操作，包括账户管理、磁盘管理、任务管理和文件管理等。

（2）通过实际操作中遇到的问题，培养读者独立分析和解决问题的能力，提升他们的技术实践素养。

（3）在实验环节中，鼓励学生读者分组合作，通过团队协作完成实验任务，培养沟通协调和团队合作能力。

2.3　相关知识

2.3.1　Windows 账号管理

1. 新增用户

在 Windows 中新增用户的步骤如下。

步骤 1：使用鼠标右键单击"此电脑"图标，在弹出的快捷菜单中选择"管理"选项，如图 2-1 所示。

步骤 2：在弹出的"计算机管理"界面中选择"本地用户和组"→"用户"，在右侧界面的空白位置单击鼠标右键，在弹出的快捷菜单中选择"新用户"选项，如图 2-2 所示。

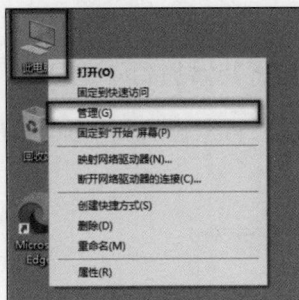

图 2-1　选择"管理"选项

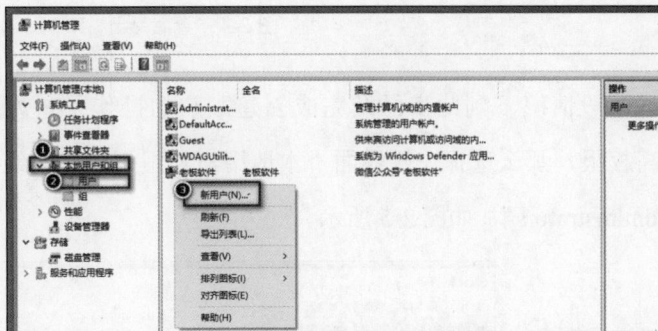

图 2-2　选择"新用户"选项

步骤 3：在弹出的新用户界面中输入用户名（必填项），下面的全名、描述、密码为可选项，勾选"密码永不过期"复选框，单击"创建"按钮，之后单击"关闭"按钮即可，如图 2-3 所示。

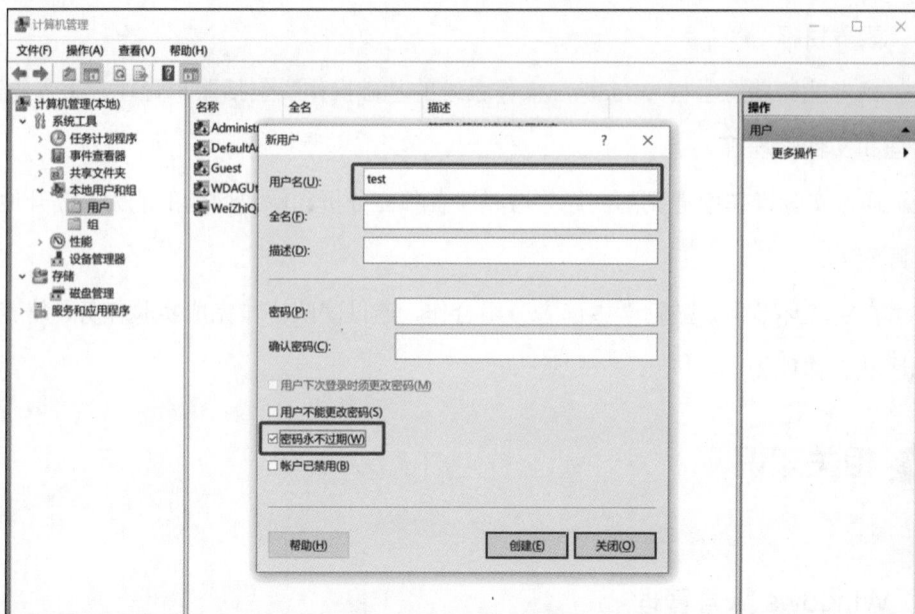

图 2-3　设置用户信息

此时，我们可以看到刚才创建的 test 用户，如图 2-4 所示。

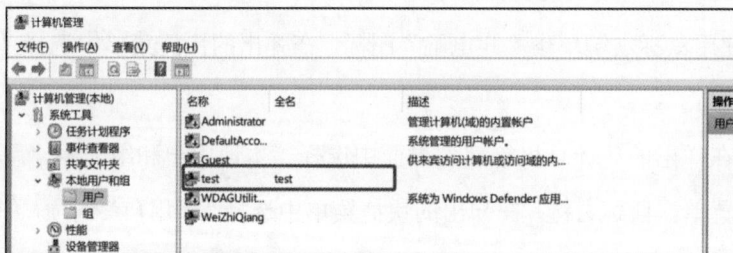

图 2-4　查看新建用户

一般情况下到此步已经完成创建账户的操作了。如果需要将其添加到管理员组，提高权限，那么选择左侧界面"本地用户和组"中的"组"选项，再双击右侧界面中的"Administrators"，如图 2-5 所示。

图 2-5　查看用户组

在"Administrators 属性"界面中单击"添加"按钮，如图 2-6 所示。

在"选择用户"界面的"输入对象名称来选择（示例）："下面输入刚才新建的账户"test"，然后单击"确定"按钮实现添加用户，如图 2-7 所示。

图 2-6　"Administrators 属性"界面

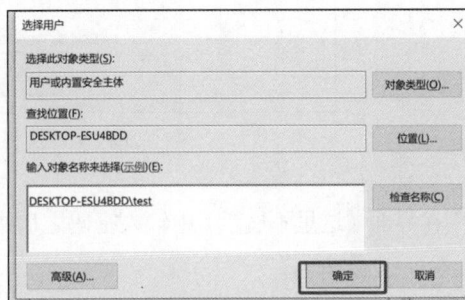

图 2-7　添加用户

在图 2-8 所示界面单击下方的"应用"按钮，成功将刚才新增的账户"test"添加到"Administrators"（管理员）组，单击"确定"按钮退出即可。

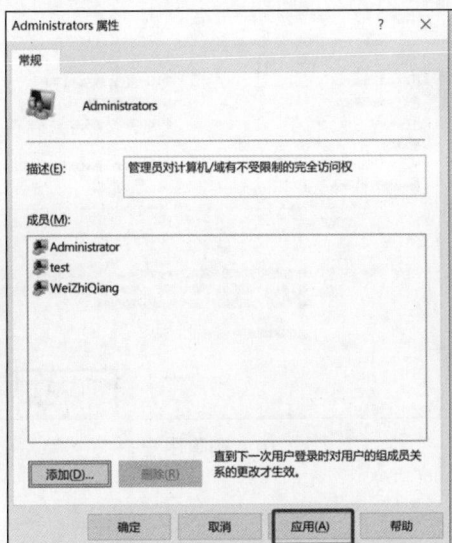

图 2-8　应用添加组操作

2．设置密码

在"本地用户和组"的"用户"中找到 test 用户，在其上单击鼠标右键，选择快捷菜单中的"设置密码"选项，在弹出的对话框中选择"继续"按钮，如图 2-9 所示。

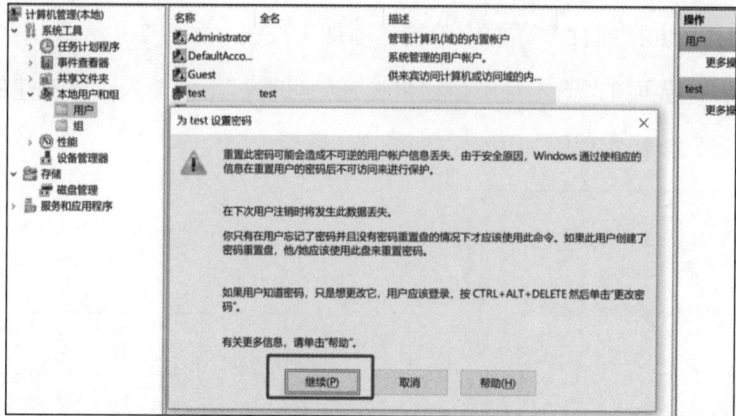

图 2-9　选择需设置密码的用户

在界面（这里不展示）中输入密码之后进行保存，单击"确定"按钮即可完成密码的设置。

3．删除用户

在"本地用户和组"的"用户"中找到要删除的用户，比如 test 用户，在其上单击鼠标右键，选择快捷菜单中的"删除"选项，在弹出的对话框中单击"是"按钮即可，如图 2-10 所示。

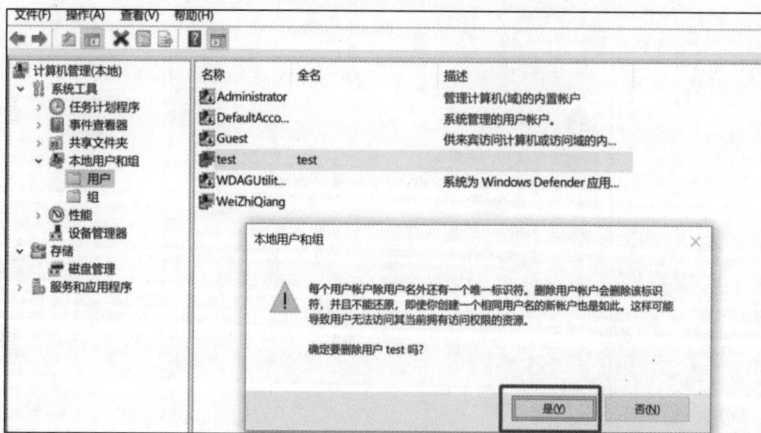

图 2-10　删除用户

2.3.2　磁盘管理

1．分区管理

（1）创建分区

创建分区的步骤如下。

步骤 1：双击桌面上的"此电脑"图标，打开"此电脑"界面，在"计算机"选项卡的"系统"组中单击"管理"按钮，打开"计算机管理"界面，选择"磁盘管理"选项，即可打开磁盘管理界面，如图 2-11 所示。

图 2-11　打开磁盘管理界面

步骤 2：单击要创建简单卷的动态磁盘上的可用空间（一般显示为绿色），然后执行"操作"→"所有任务"→"新建简单卷"命令，或在要创建简单卷的动态磁盘的可分配空间上单击鼠标右键，在弹出的快捷菜单中选择"新建简单卷"选项，即可打开"新建简单卷向导"对话框。在该对话框中指定卷的大小，并单击"下一步"按钮，如图 2-12 所示。

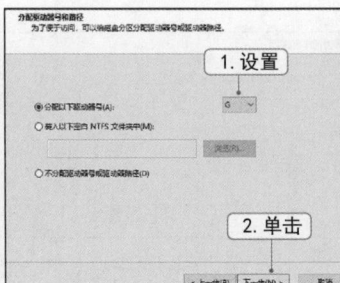

步骤 3：分配驱动器号和路径后，继续单击"下一步"按钮，如图 2-13 所示。

步骤 4：设置所需参数，勾选"执行快速格式化"选项，继续单击"下一步"按钮，如图 2-14 所示。

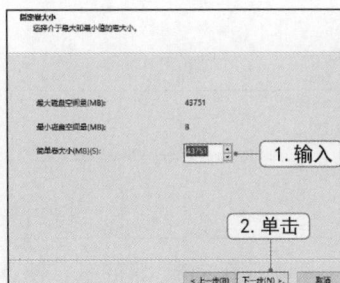

图 2-12　指定卷大小　　　图 2-13　分配驱动器号和路径　　　图 2-14　格式化分区

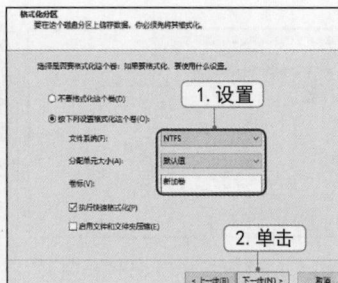

步骤 5：格式化完成后将显示设定的参数，单击"完成"按钮，即可完成创建新建卷的操作。

（2）删除分区

打开"磁盘管理"界面，在需要删除的简单卷上单击鼠标右键，在弹出的快捷菜单中选择"删除卷"选项或执行"操作"→"所有任务"→"删除卷"命令，系统将打开提示对话框，单击"是"按钮完成卷的删除，删除后原区域显示为可用空间，如图2-15所示。

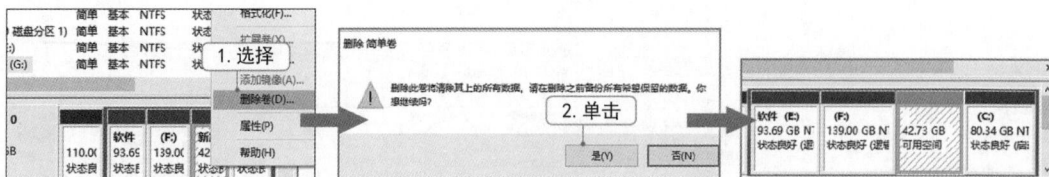

图2-15　删除分区

（3）更改驱动器号和路径

更改驱动器号和路径的步骤如下。

步骤1：打开"磁盘管理"界面，在要更改的驱动器号的卷上单击鼠标右键，在弹出的快捷菜单中选择"更改驱动器号和路径"选项或执行"操作"→"所有任务"→"更改驱动器号和路径"命令，打开更改该卷驱动器号和路径的对话框，然后单击"更改"按钮，如图2-16所示。

步骤2：打开"更改驱动器号和路径"对话框，从右侧的下拉列表中选择新分配的驱动器号，然后单击"确定"按钮，如图2-17所示。

步骤3：在弹出的"磁盘管理"提示对话框中单击"是"按钮，完成驱动器号的更改，如图2-18所示。

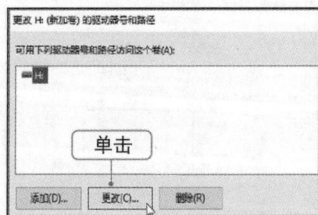

图2-16　更改驱动器号和路径　　图2-17　分配驱动器号　　图2-18　保存

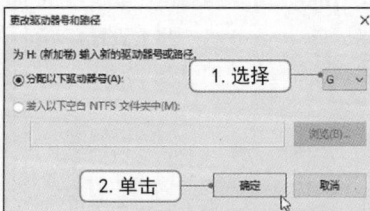

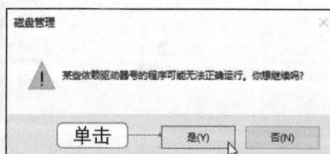

2．格式化磁盘

格式化磁盘有以下两种方法。

方法1：通过资源管理器格式化磁盘。在"资源管理器"界面中需要格式化的磁盘上，在弹出的快捷菜单中选择"格式化"选项，打开"格式化"对话框，进行格式化设置后单击"开始"按钮即可，如图2-19所示。

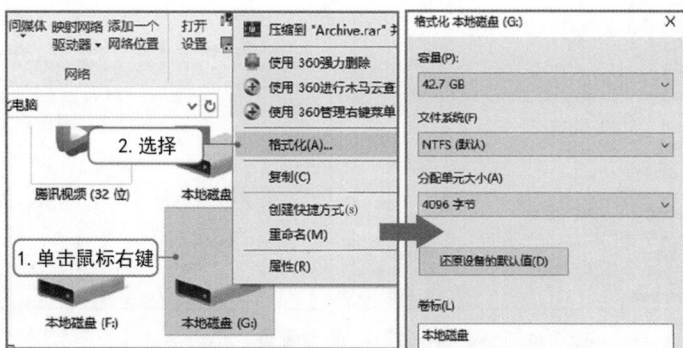

图 2-19　通过资源管理器格式化磁盘

方法 2：通过磁盘管理格式化磁盘。打开"磁盘管理"界面，在要格式化的磁盘上单击鼠标右键，在弹出的快捷菜单中选择"格式化"选项，或执行"操作"→"所有任务"→"格式化"命令，打开"格式化"对话框，在对话框中设置格式化限制和参数，然后单击"确定"按钮，完成格式化操作，如图 2-20 所示。

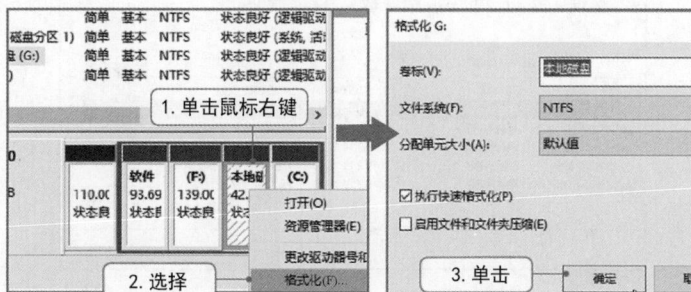

图 2-20　通过磁盘管理格式化磁盘

3. 清理磁盘

用户在使用计算机进行读/写与安装操作时，会留下大量的临时文件和没有用的文件。这些文件不仅占用磁盘空间，还会降低系统的处理速度，因此需要定期进行磁盘清理，具体步骤如下。

步骤 1：执行"开始"→"所有程序"→"Windows 管理工具"→"磁盘管理"命令，打开"磁盘清理：驱动器选择"对话框（这里不展示）。在对话框中选择需要进行清理的 C 盘，单击"确定"按钮，系统计算可以释放的空间后打开磁盘清理对话框。

步骤 2：在对话框的"要删除的文件"列表框中勾选"已下载的程序文件"和"Internet 临时文件"选项，然后单击"确定"按钮，即可开始进行磁盘清理，如图 2-21 所示。

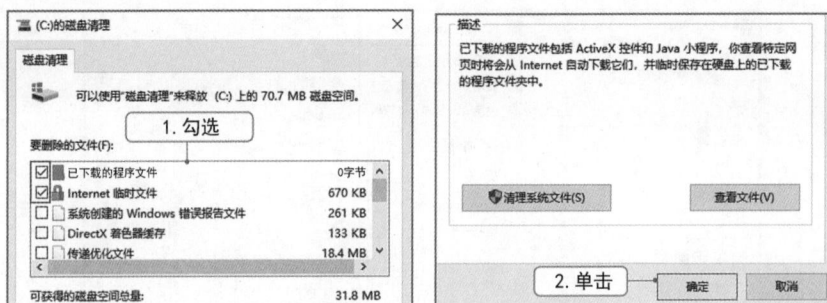

图 2-21　清理磁盘

4．整理磁盘碎片

整理磁盘碎片的步骤如下。

步骤 1：执行"开始"→"所有程序"→"Windows 管理工具"→"碎片整理和优化驱动器"命令，打开"优化驱动器"对话框，如图 2-22 所示。

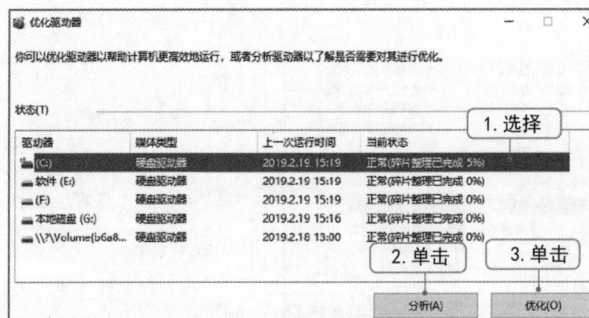

图 2-22　整理磁盘碎片

步骤 2：在对话框中选择要整理的 C 盘，单击"分析"按钮开始对所选的磁盘进行分析。分析结束后单击"优化"按钮，开始对所选的磁盘进行碎片整理。在"优化驱动器"对话框中，我们可以同时选择多个磁盘进行分析和优化。

2.3.3　任务管理

任务管理器是 Windows 中的一个重要工具，具有图形化的界面，提供了实时的系统和进程信息。通过任务管理器，用户可以查看运行中的应用程序、进程、服务等。此外，任务管理器还提供了结束进程、启动应用程序、监控系统性能等功能。

1．打开任务管理器

在 Windows 中，打开任务管理器有多种方式。最常用的方式是通过组合键 Ctrl+Shift+

Esc 快速打开任务管理器。除此之外，用户还可以通过鼠标右键单击任务栏，选择"任务管理器"选项这种方式来打开任务管理器。

2. 任务管理器的界面

任务管理器的界面主要由 7 个选项卡组成，分别是进程、性能、应用历史记录、启动、用户、详细信息、服务，如图 2-23 所示。下面重点介绍其中的 5 个选项卡。

进程选项卡：显示当前正在运行的进程，包括应用程序和系统进程。用户可以查看进程对 CPU、内存、磁盘等的占用情况，还可以结束不响应的进程。

性能选项卡：展示系统的性能信息，包括 CPU、内存、磁盘、网络等的使用情况。用户可以通过这个选项卡了解系统的资源状况，并找到可能的性能瓶颈。

应用历史记录选项卡：列出了正在运行的应用程序。用户可以通过这个选项卡查看应用程序的状态、CPU 的使用时间和网络活动的流量等，并且可以通过鼠标右键单击应用程序来进行操作，如关闭应用程序。

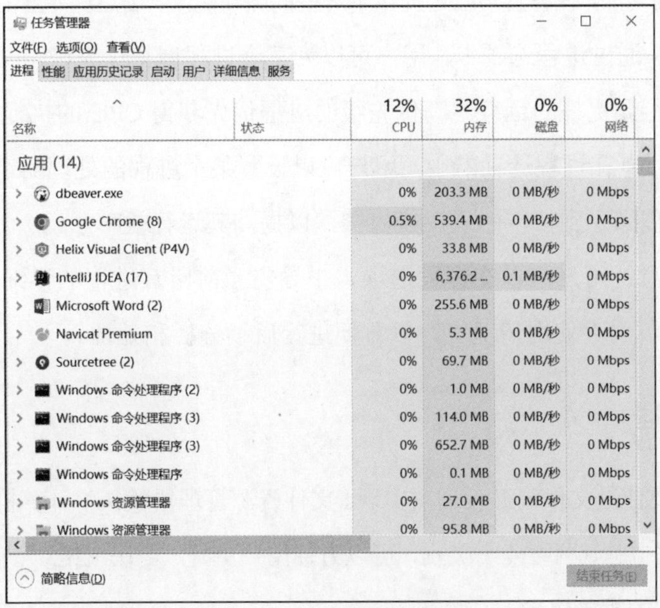

图 2-23　任务管理器界面

启动选项卡：列出了系统启动时自动运行的程序。用户可以在这个选项卡中禁用某些程序的自启动，以加快系统的启动速度。

服务选项卡：显示正在运行的系统服务。用户可以通过这个选项卡查看服务的状态和描述，并且可以通过鼠标右键单击服务来进行操作，如停止或启动服务。

3．任务管理器的常用功能

任务管理器提供的以下常用功能可以帮助用户更好地管理系统和进程。

结束进程：当一个程序不响应或占用过多系统资源时，用户可以通过任务管理器结束进程。只要选中需要结束的进程，然后单击"结束任务"按钮即可。

分析性能瓶颈：通过性能选项卡，用户可以查看系统资源的使用情况，找到可能导致系统性能下降的瓶颈。例如，CPU 占用率过高，用户可以通过性能选项卡下的"资源监视器"查看具体的占用情况，从而找到问题所在。

监控网络使用情况：在性能选项卡中，用户可以查看网络的使用情况，包括网络速度、时延等。这对诊断网络问题和监控网络状况非常有帮助。

禁用自启动程序：在启动选项卡中，用户可以禁用一些不必要的自启动程序，以加快系统的启动速度并减少系统资源的占用。

4．任务管理器的高级功能

除了上述常用功能，任务管理器还提供了一些高级功能，以满足更专业的需求，具体如下。

调整优先级：通过进程选项卡，用户可以为某个进程调整优先级，以确保其在系统资源有限的情况下得到更好的运行。高优先级的进程优先获得 CPU 的执行时间。

处理器亲和性：在进程选项卡中，用户可以设置某个进程的处理器亲和性。这样，用户可以将某个进程绑定到特定的处理器内核，以提高其运行效率。

导出进程信息：用户可以在进程选项卡中导出当前所有进程的详细信息，包括进程 ID、CPU 使用率、内存使用情况等，以方便进行后续分析和处理。

2.3.4　文件管理

文件管理主要通过文件资源管理器实现。文件资源管理器默认将计算机资源分为快速访问、OneDrive、此电脑、网络 4 个类别，可以方便用户更好、更快地组织、管理及应用资源。

1．文件系统的相关概念

（1）硬盘分区与盘符

硬盘分区是指将硬盘划分为几个独立的区域，这样可以更加方便地存储和管理数据。格式化可将分区划分成可以用来存储数据的一个个紧邻的小单位，操作系统在安装时会对硬盘进行分区。盘符是 Windows 系统对磁盘存储设备的标识符，一般使用 26 个英文字符加上一个英文冒号"："来标识，如"本地磁盘(C:)"，其中"C"就是该盘的盘符。

（2）文件

文件是指保存在计算机中的各种信息和数据。计算机中的文件类型有很多种，如文档、表格、图片、音乐、应用程序等。默认情况下，文件在计算机中是以图标形式显示的，由文件图标和文件名称两部分组成。

（3）文件夹

文件夹用于保存和管理计算机中的文件，它本身没有任何内容，却可包含多个文件和子文件夹，让用户能够快速地找到所需的文件。文件夹一般由文件夹图标和文件夹名称两部分组成。

（4）文件路径

在对文件进行操作时，除了要知道文件名，还需要指出文件所在的盘符和文件夹，即文件在计算机中的位置，人们称之为文件路径。文件路径包括相对路径和绝对路径两种。相对路径是以"."（表示当前文件夹）、".."（表示上级文件夹）或文件夹名称（表示当前文件夹中的子文件名）开头。绝对路径是指文件或目录在硬盘上存储的绝对位置。

2．文件管理界面

双击桌面上的"此电脑"图标或单击任务栏上的"文件资源管理器"按钮，打开文件资源管理器对话框，单击导航窗格中各类别图标左侧的图标，可依次按层级展开文件夹，选择某个需要的文件夹后，其右侧将显示相应的文件内容。

3．文件或文件夹操作

（1）选中单个文件或文件夹

使用鼠标直接单击文件或文件夹图标即可将其选中，被选中的文件或文件夹的周围将出现背景色。如图 2-24 所示，被选中的文件夹图标四周变暗，与周围其他未被选中的文件夹明显不同。

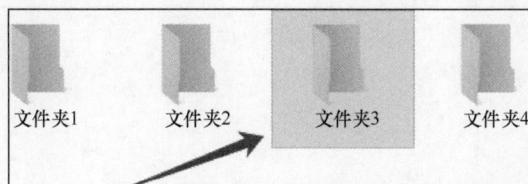

图 2-24　选中单个文件夹

（2）新建文件或文件夹

新建文件是指根据计算机中已安装的程序类别，新建一个相应类型的空白文件，新建后可以双击打开该文件并编辑文件内容。如果需要将一些文件分类整理在一个文件夹中以便日后管理，就需要新建文件夹。

（3）移动、复制、重命名文件或文件夹

移动文件或文件夹是将文件或文件夹移动到另一个文件夹中。复制文件或文件夹相当于为文件或文件夹做一个备份，原文件夹下的文件或文件夹仍然存在。重命名文件或文件夹即为文件或文件夹更换一个名称。

（4）删除和还原文件或文件夹

删除一些没有用的文件或文件夹，可以减少磁盘上的多余文件量，释放磁盘空间，同时也便于管理文件。删除的文件或文件夹实际上被移动到"回收站"中，若误删除文件或文件夹，还可以通过还原操作将其还原到原处。

（5）搜索文件或文件夹

如果用户不知道文件或文件夹在磁盘中的位置，可以使用 Windows 的搜索功能来查找。

（6）库的使用

在 Windows 中，库的功能类似于文件夹，但它只提供管理文件的索引，即用户可以通过库来直接访问，而不需要通过保存文件的位置来查找，因此文件并没有真正地被存储在库中。Windows 中自带了视频、图片、文档下载、音乐等多个库，如图 2-25 所示。用户可将这类常用文件添加到库中，根据需要也可以新建库文件夹。

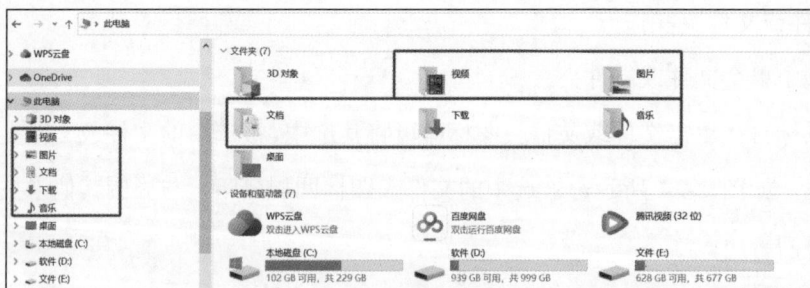

图 2-25　库

2.4　项目实验

2.4.1　账户管理

1. 创建用户账户

创建用户账户的步骤如下。

步骤 1：打开 Windows 10 中的"设置"界面。

步骤 2：选择"账户"选项。

步骤 3：选择"家庭和其他用户"选项。

步骤 4：在"其他用户"下，选择"将其他人添加到这台电脑"选项，如图 2-26 所示。

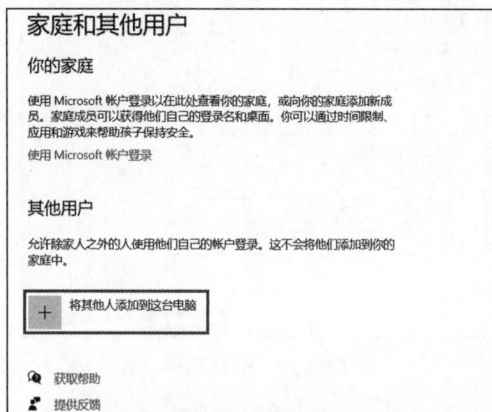

图 2-26 添加用户

步骤 5：选择"我没有这个人的登录信息"选项，如图 2-27 所示。

步骤 6：选择"添加一个没有 Microsoft 账户的用户"选项，如图 2-28 所示。

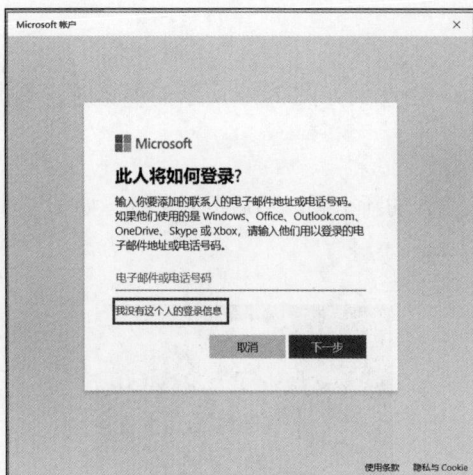

图 2-27 登录方式

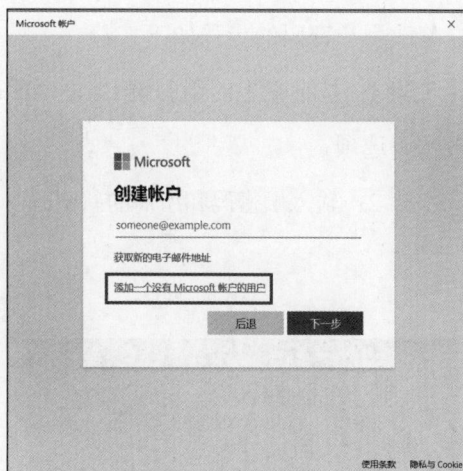

图 2-28 创建账户

步骤 7：在"为这台电脑创建账户"界面下设置新账户信息。如果密码丢失，那么可以通过创建的安全问题和答案恢复账户，如图 2-29 所示。

步骤 8：在图 2-29 所示界面上单击"下一步"按钮，完成新账户的创建。

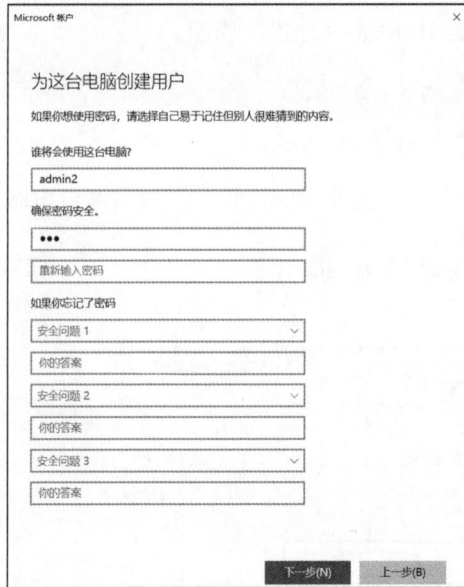

图 2-29　找回密码

完成这些步骤后，新的本地账户将显示在"其他用户"下。需要注意的是，出于安全原因，Windows 创建的每个新账户都具有限制 Windows 可用性的标准权限。如果希望用户拥有更多权限来安装应用程序和进行系统更改，那么需要更改其账户类型为"管理员"。

2. 修改用户密码

修改用户密码的步骤如下。

步骤 1：按键盘上的组合键 Ctrl + Alt + Delete，当看到如图 2-30 所示的屏幕时，单击更改密码选项。

步骤 2：输入旧密码和所需的新密码，并确认输入的新密码，然后按回车键，如图 2-31 所示。

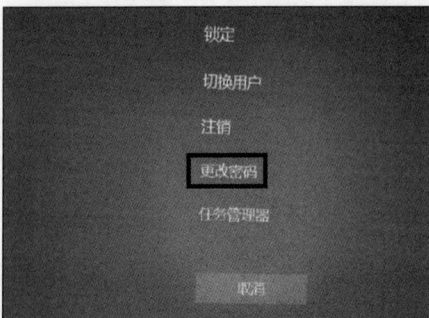

图 2-30　更改密码

图 2-31　设置新密码

步骤 3：密码修改成功后，单击确定按钮（箭头标志），即可返回 Windows 10。

3．删除用户账户

删除用户账户的步骤如下。

步骤 1：打开"设置"界面。

步骤 2：选择"账户"选项。

步骤 3：选择"家庭和其他人"选项。

步骤 4：在"家庭和其他用户"界面的"其他用户"区域，选择要删除的账户，如本地账户 admin2。单击"删除"按钮，如图 2-32 所示。

步骤 5：单击"删除账户和数据"按钮，确认删除账户，如图 2-33 所示。

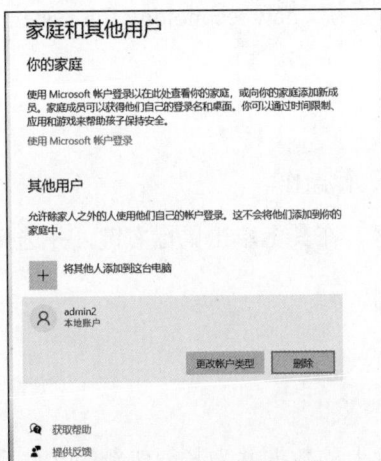

图 2-32　删除账户

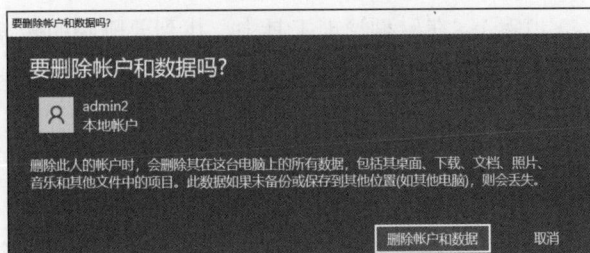

图 2-33　确定删除

完成这些步骤后，系统将删除相应的用户账户和数据。

2.4.2　磁盘管理

1．创建、格式化和删除磁盘分区

（1）磁盘分区的概念和原理

磁盘分区是指将物理硬盘划分为若干个逻辑部分的过程。每个磁盘分区都会视为一个独立的存储设备，可以独立进行管理和格式化。磁盘分区的主要目的是提高文件系统的效率，助益数据的组织和管理。

（2）打开磁盘管理工具

在 Windows 系统中，我们可以通过以下方法打开磁盘管理工具。

方法 1：按下组合键 Win+X，在弹出的菜单中选择"磁盘管理"选项，即可打开磁盘管理工具。

方法 2：打开控制面板，选择"系统和安全"选项，然后单击"管理工具"按钮，之后选择"磁盘管理"选项，即可打开磁盘管理工具。

（3）新建磁盘分区

在磁盘管理工具中，可以看到计算机上所有的硬盘和磁盘分区。要新建一个磁盘分区，可以按照以下步骤进行操作。

步骤 1：在硬盘的未分配空间上单击鼠标右键，选择"新建简单卷"选项。

步骤 2：在新建简单卷向导中，按照提示进行设置，包括选择分区大小、分配驱动器号等。

步骤 3：为新分区分配一个文件系统，如新技术文件系统（new technology file system，NTFS），并选择格式化选项。

（4）删除磁盘分区

如果要删除一个磁盘分区，那么可以按照以下步骤进行操作。

步骤 1：在磁盘管理工具中，找到要删除的磁盘分区，在其上单击鼠标右键，并选择快捷菜单的"删除分区"选项。

步骤 2：在确认删除分区对话框中单击"是"按钮。

（5）格式化磁盘分区

格式化是指对磁盘分区进行初始化的过程，清除磁盘上的数据并为其创建新的文件系统。在格式化之前必须确保备份了分区上的所有重要数据，这是因为格式化会使分区上的所有数据丢失。格式化的步骤如下。

步骤 1：在磁盘管理工具中，找到要格式化的磁盘分区，在其上单击鼠标右键，并选择快捷菜单的"格式化"选项。

步骤 2：在格式化对话框中，我们可以选择文件系统类型（如 NTFS、FAT32 等）和分配单位大小。

步骤 3：填写新卷标（可选），并单击"开始"按钮。

2．管理文件系统

（1）文件分类与整理

使用文件夹和子文件夹进行分类和整理：将文件按照不同的类别放入不同的文件夹，这样可以更方便地查找和管理文件。

使用标签和关键字进行标记：给文件添加标签和关键字，这样可以通过搜索功能快速找到需要的文件。

使用文件名规范：给文件命名时可以采用一定的规范，如使用日期、项目名称等，这样便于快速识别和排序。

（2）快速访问和搜索

使用快速访问功能：将常用的文件和文件夹固定在快速访问栏中，以便快速打开和访问。

使用搜索功能：在文件资源管理器中使用搜索功能，可以根据文件名、标签、关键字等快速找到需要的文件。

使用筛选功能：在文件夹中根据文件属性（如大小、日期等）进行筛选，从而快速找到符合条件的文件。

（3）文件备份和恢复

使用云存储服务：将重要的文件备份到云存储服务中，这样可以避免文件丢失和损坏。

定期备份文件：定期将重要的文件备份到外部存储设备，这样可以防止因计算机故障而丢失数据。

使用文件历史功能：Windows 提供了文件历史功能，这样可以自动备份文件的不同版本，方便恢复误操作或丢失的文件。

（4）文件共享和协作

使用共享文件夹：将需要共享的文件放入共享文件夹中，这样可以方便他人访问和编辑文件。

使用云存储协作：将文件上传到云存储服务中，并与他人共享，这样可以实现多人协作编辑和版本控制。

使用远程桌面功能：通过远程桌面功能，人们可以远程访问其他计算机，方便文件共享和协作。

3. 磁盘清理和磁盘碎片整理

（1）磁盘碎片

随着计算机硬盘使用时间的增长，磁盘上会产生大量的碎片。这些碎片分布在磁盘的各个角落，严重影响磁盘的响应速度。为了在一定程度上提高系统性能，定期使用 Windows

磁盘碎片整理工具来进行碎片整理是非常有必要的。通过整理碎片，磁盘上的数据可以得到重新组织，变得更加紧凑和有序。

磁盘碎片整理前后的对比如图 2-34 所示。Windows 磁盘碎片整理工具的作用就是将分布散乱的数据整理到一起，以更方便地进行读/写操作。碎片整理可以看作将项目分散的数据片段重新整合，让它们连续地存储在一起，这样读取和写入数据时会更加高效。通过磁盘碎片整理，硬盘的数据存储布局得到了优化，提高了系统的响应速度和整体性能。

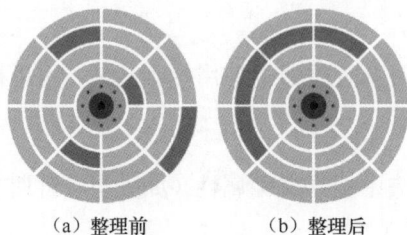

（a）整理前　　　（b）整理后

图 2-34　磁盘碎片整理前后的对比

（2）磁盘碎片整理

打开 Windows 磁盘碎片整理的方法有以下几种。

方法 1：在搜索框中输入"碎片整理和优化驱动器"，并在搜索结果中选择"打开"选项，如图 2-35 所示。

方法 2：单击左下角"开始"菜单，在"Windows 管理工具"下找到并打开"碎片整理和优化驱动器"，如图 2-36 所示。

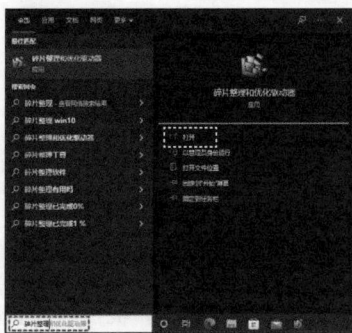

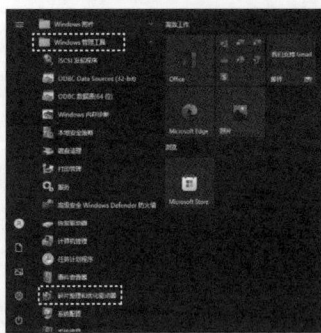

图 2-35　"碎片管理和优化驱动器"搜索结果　图 2-36　找到并打开"碎片整理和优化驱动器"选项

方法 3：在 Windows 文件资源管理器或磁盘管理中选择需要优化的分区，如 C 盘，使用鼠标右键单击该盘，在弹出的快捷菜单中选择"属性"选项，在属性界面中切换到"工具"选项卡就可以看到"对驱动器进行优化和碎片整理"，单击"优化"按钮即可打开 Windows 磁盘碎片整理界面。

方法 4：按组合键 Win + R 打开运行框，输入"dfrgui.exe"，单击"确定"按钮或按回车键即可打开"优化驱动器"界面，如图 2-37 所示。在该界面选择需要进行碎片整理的卷，单击下方的"优化"按钮即可。

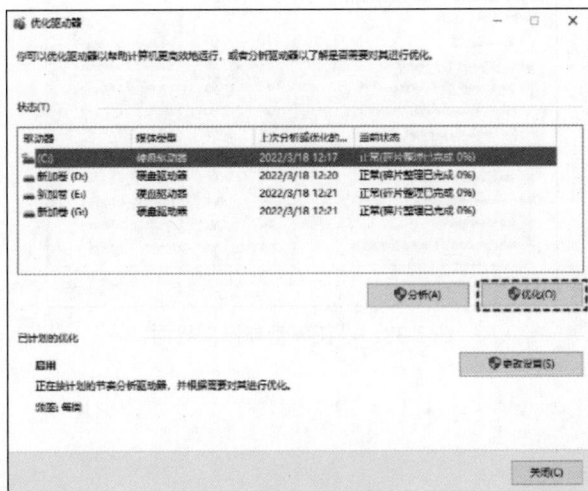

图 2-37　"优化驱动器"界面

如果用户希望取消磁盘碎片定期整理，那么需要单击图 2-37 中的"更改设置"按钮，在弹出的界面中将"优化计划"下边的"按计划运行"前的选项框取消勾选。

2.4.3　任务管理

在 Windows 中，打开任务管理器可以通过以下几种方法，并根据需要执行相应的操作。

方法 1：使用组合键。按下组合键 Ctrl + Shift + Esc，可以直接打开任务管理器界面。

方法 2：使用"开始"菜单搜索。单击"开始"菜单按钮（通常是左下角的 Windows 图标），然后在搜索框中输入关键字"任务管理器"。从搜索结果中选择"任务管理器"应用程序，即可打开任务管理器界面。

方法 3：使用运行对话框。按下组合键 Win + R 打开运行对话框，在对话框中输入"taskmgr"（不带引号），并单击"确定"按钮或按下回车键，即可打开任务管理器界面。

"任务管理器"界面如图 2-38 所示，在其中可以查看运行中的进程。当需要结束一个进程时，只需要使用鼠标右键单击该进程，在弹出的快捷菜单中选择"结束任务"选项就可以了。同时，任务管理器也可以监控各个进程占有的资源量。

图 2-38 "任务管理器"界面

2.5 习题

1．练习执行 Windows 10 的基本操作。

2．练习使用 Windows 10 的资源管理，如文件管理、文件和文件夹的基本操作、回收站的管理、资源管理器的使用、资源搜索。

3．练习在 Windows 10 上安装硬件与管理驱动，如安装新硬件、安装硬件驱动程序、管理已安装的硬件设备、使用驱动程序管理工具。

4．练习在 Windows 10 上安装与管理应用软件。

5．练习在 Windows 10 上设置个性化系统环境。

项目三　Word 文档编辑

在实际的工业互联网项目中，Word 经常被用来进行编辑资料。例如，流程控制、操作步骤、项目说明书等常见的项目文档大多采用 Word 来编写。学习 Word 文档的创建、编辑、排版、设置等操作方法，并熟练应用 Word，成为工业互联网项目必学且必会的知识及技能。Word 欢迎界面如图 3-1 所示。

欢迎使用 Word

可以进行编辑、共享和打印的说明

图 3-1　Word 欢迎界面

本项目要求掌握 Word 的文本编辑、图表应用、页面设置等技能，并将这些知识和技能应用于实操项目。

3.1　项目要求

（1）能够独立新建、保存、打开和关闭文档。

（2）能够独立完成简单的文档格式设置。

（3）能够独立完成文档页面的简单设置。

（4）能够独立完成文档表格的基本操作。

（5）能够独立完成文档图文并排的基本操作。

3.2　学习目标

☑　技能目标

（1）认识 Word 相关的功能。

（2）能够创建、保存及管理 Word 文档。

（3）能够了解 Word 的基本操作与使用技巧，并能灵活运用于实际工作中。

（4）掌握 Word 的文本编辑、格式设置、表格制作、打印文档。

（5）熟练 Word 文档的图文混排的操作。

☑ **思政目标**

（1）通过简历排版、文档格式规范等实操内容，引导读者理解细节决定专业品质，培养精益求精的职业态度和严谨的文档处理习惯。

（2）结合"春节习俗"主题，鼓励读者用现代化工具展现传统文化，强化文化保护与创新的责任感。

（3）在图文素材使用、模板引用等环节，强调原创性与版权合规，培养尊重知识成果、规范引用资源的职业伦理。

☑ **素养目标**

（1）掌握页边距、分栏、页眉/页脚等排版方法，能独立完成简历、报告等专业文档的规范化编辑与输出。

（2）熟练运用表格、图文混排、样式模板等功能，实现复杂信息的逻辑组织与清晰呈现。

（3）根据需求灵活选用艺术字、文本框、页面边框等工具，适配求职简历、文化宣传等多元场景的文档设计需求。

3.3 相关知识

本项目使用的软件为 Microsoft Word 2016，它主要用于文档处理，可制作具有专业水准的文档，能轻松、高效地组织和编写文档。

3.3.1 Word 的启动

1. 打开 Word

通过"开始"菜单启动：单击桌面左下角的"开始"菜单按钮，在弹出的"开始"菜单中选择"所有程序"→"Word"选项，即可打开 Word 软件。

2. Word 的操作界面

启动 Word 后，打开的界面中将显示最近使用的文档信息，并提示用户创建一个新文档。选择要创建的文档类型后即可进入 Word 操作界面，如图 3-2 所示。

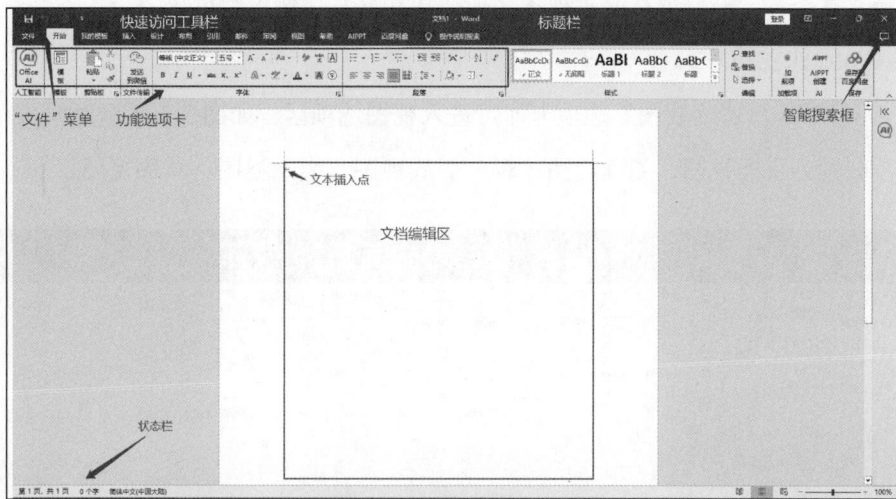

图 3-2　Word 操作界面

标题栏：位于 Word 操作界面的顶端，包括文档名称、"功能区显示选项"按钮（可对功能选项卡和命令区进行显示和隐藏操作）和"窗口控制"按钮组（可最大化、最小化和关闭界面）。

快速访问工具栏：显示了一些常用的工具按钮，默认按钮有"保存"按钮、"撤销"按钮、"恢复"按钮。用户还可自定义按钮，只需要单击该工具栏右侧的"自定义快速访问工具栏"按钮，在打开的下拉列表中选择相应选项即可。

"文件"菜单：主要用于执行文档的新建、打开、保存、共享等基本命令，菜单下方的"选项"命令可打开"Word 选项"对话框，在其中可对 Word 组件进行常规、显示、校对、自定义功能区等多项设置。

功能选项卡：单击功能选项卡中的任一选项卡，即可打开对应的功能区，单击其他选项卡可分别切换到相应的选项卡，每个选项卡中分别包含了相应的功能集合。

智能搜索框：通过该搜索框，用户可轻松找到相关的操作说明。例如，用户需要在文档中插入目录，便可以直接在搜索框中输入目录，此时会显示一些关于目录的信息，将鼠标指针定位至"目录"选项上，在打开的子列表中就可以快速选择自己想要插入目录的形式。

文档编辑区：对文本进行的各种操作都显示在该区域中。新建一个空白文档后，在文档编辑区的左上角将显示一个闪烁的光标，它所在的位置也被称为文本插入点。在新文档中，该光标所在位置便是文本的起始输入位置。

状态栏：位于操作界面的底端，主要用于显示当前文档的工作状态，包括当前页数、字数、输入状态等，右侧依次显示视图切换按钮和显示比例调节滑块。

3．Word 的视图方式

在 Word 中，单击"视图"选项卡即可进入视图选项区，如图 3-3 所示。Word 中有 5 种视图，分别为页面视图、阅读视图、Web 版式视图、大纲视图、草稿视图。

图 3-3　视图选项区

页面视图：默认的视图模式，在该视图中文档的显示与实际打印效果一致。

阅读视图：单击阅读视图选项可切换至阅读视图模式，该模式通过隐藏编辑工具、调整页面布局来提升阅读舒适度。

Web 版式视图：单击 Web 版式视图选项可切换至 Web 版式视图。在该视图中，文本和图形的显示与在 Web 浏览器中的显示一致。

大纲视图：单击大纲选项可切换至大纲视图。在该视图中，根据文档的标题级别显示文档的框架结构，单击"关闭大纲视图"按钮可关闭大纲视图，返回页面视图。

草稿视图：单击草稿选项可切换至草稿视图。该视图简化了页面的布局，主要显示文本及其格式，适合对文档进行编辑。

4．Word 的文档操作

（1）新建文档

新建文档的方法主要有 3 种，用户可根据需求选择合适的方法。

方法 1：直接通过组合键 Ctrl＋N 创建文档。

方法 2：执行"文件"→"新建"命令，界面右侧会显示空白文档和带模板的文档样式，这里直接选择"空白文档"选项来新建文档，如图 3-4 所示。

图 3-4　新建文档

方法 3：根据模板新建文档，执行"文件"→"新建"命令，在界面右侧选择"精美简历"选项，在打开的提示对话框中单击"创建"按钮，如图 3-5 所示。

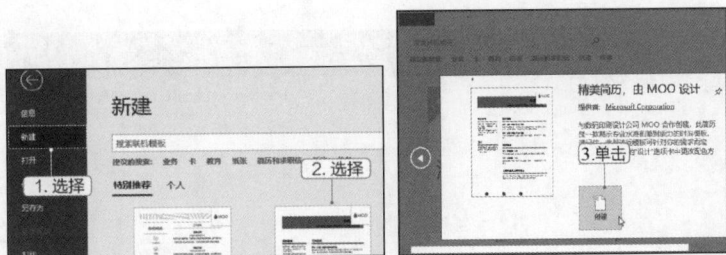

图 3-5　选择模板新建文档

（2）保存文档

保存新建的文档时，可直接单击"保存"按钮，也可执行"文件"→"保存"命令。

另存文档：执行"文件"→"另存为"命令，在打开的"另存为"界面中按保存文档的方法操作即可，如图 3-6 所示。

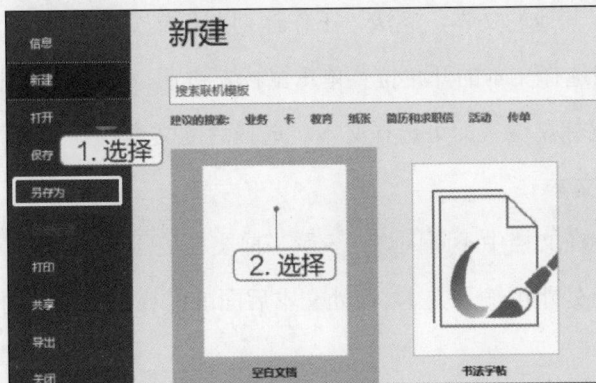

图 3-6　另存文档

5. Word 的退出

关闭当前正在编辑的文档，可执行"文件"→"关闭"命令，也可单击标题栏右侧的"关闭"按钮。

3.3.2　Word 的文本编辑

文本编辑是指对内容进行编辑，如输入与选择文本、插入与删除文本、复制与移动文本、查找与替换文本、撤销与恢复等操作。

1. 输入与选择文本

输入标题：将鼠标指针移至文档上方的中间位置，当鼠标指针变成囗形状时双击，将文本插入点定位到此处。输入文档标题"工作计划"文本，如图 3-7 所示。

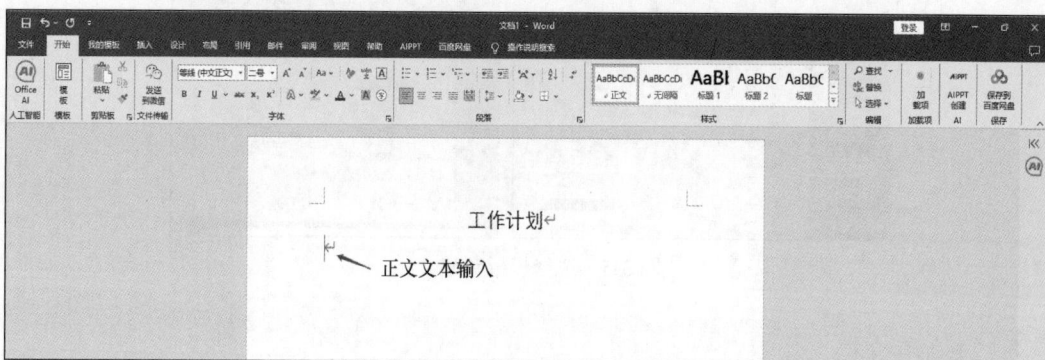

图 3-7　输入文本

输入文本：将光标移至文档标题下方左侧需要输入文本的位置，此时鼠标指针变成囗形状，双击将文本插入点定位到此处，即可输入正文文本，如图 3-7 所示。换行按回车键。使用相同的方法输入其他的文本，完成"工作计划"正文文本的输入。

选择文本：在待选择文本的开始位置单击鼠标左键后，按住鼠标左键不放并拖动到文本结束位置再放开鼠标左键，即可选择文本。选择后的文本背景为灰色。

2. 插入与删除文本

插入文本：光标在文档中不断闪烁，表示当前文档处于插入状态，如图 3-8 所示。直接将光标放在插入点处即可输入文本，该处文本后面的内容将随插入内容的增加自动向后移动。

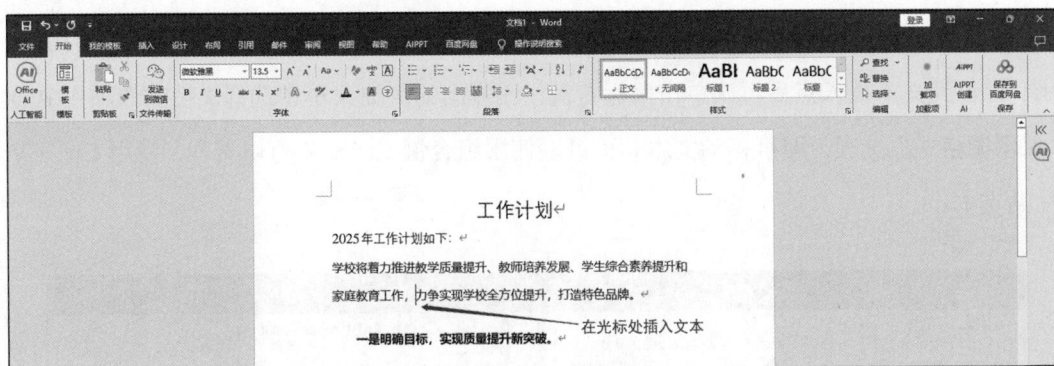

图 3-8　插入文本

删除文本：如果文档中输入了多余的文本，那么可使用删除操作将不需要的文本从文档中删除。删除文本主要有两种方法：①按 Backspace 键删除文本；②按 Delete 键删除文本。如果一次性删除的文本量大，那么可以先选中待删除文本，再按 Backspace 键或 Delete 键。

3．复制与移动文本

复制文本是指在目标位置为原位置的文本创建一个副本，复制后，原位置和目标位置都将存在该文本。复制文本的方法：选择所需文本后，在"开始"→"剪贴板"组中单击复制图标复制文本，定位到目标位置后在"开始"→"剪贴板"组中单击"粘贴"图标粘贴文本，如图 3-9 所示。也可以使用组合键 Ctrl + C 复制文本，使用 Ctrl + V 粘贴文本。

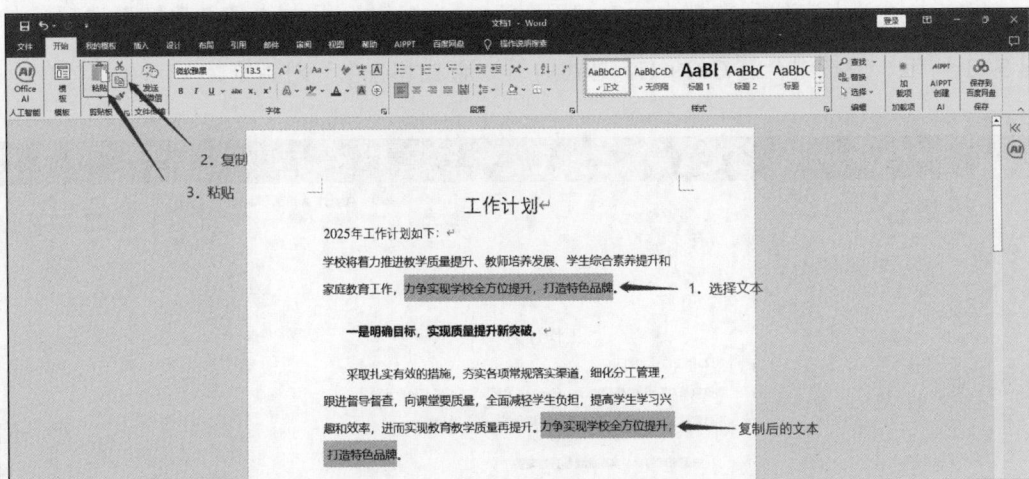

图 3-9　复制文本

移动文本是指将文本移动到他处，原位置文本将被删除。移动文本的方法是选择要移动的文本后在其上单击鼠标右键，在弹出的快捷菜单中选择"剪切"选项，如图 3-10 所示。定位到文本插入点后再次单击鼠标右键，在弹出的快捷菜单中选择"粘贴选项"中的"保留源格式"选项，即可移动文本。也可以使用组合键 Ctrl + X 剪切文本，使用 Ctrl + V 粘贴文本。

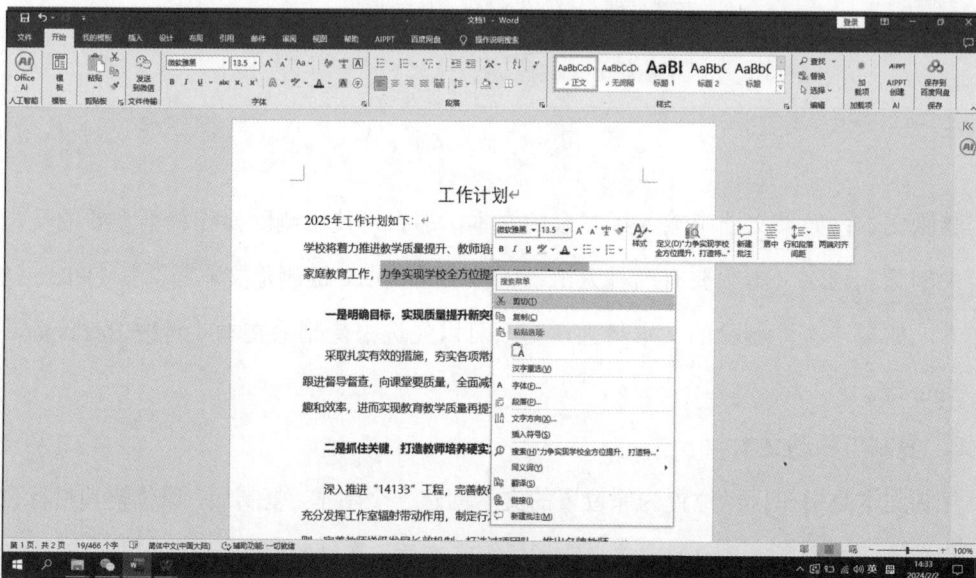

图 3-10　移动文本

4. 查找与替换文本

将文本插入点定位到文档中，在"开始"→"编辑"组中选择"替换"选项，如图 3-11 所示。或按组合键 Ctrl + H，即可打开"查找和替换"对话框。

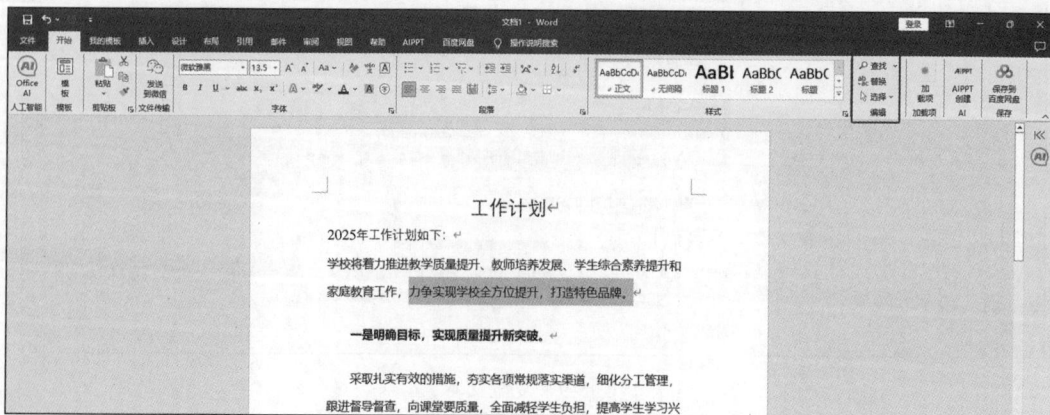

图 3-11　查找与替换

5．撤销与恢复

单击快速访问工具栏中的"撤销"按钮，即可撤销操作，恢复文档之前状态。单击"恢复"按钮，便可以恢复到撤销操作前的文档状态，如图 3-12 所示。

图 3-12　恢复与撤销

3.3.3　Word 的文档排版

文档排版是指对文档内容的字符、段落、边框与底纹、项目符号等进行设置。对于同类内容，我们还可以使用格式刷进行批量设置。

1．设置字符格式

（1）通过浮动工具栏设置

选择一段文本后，所选文本的右上角将会自动显示一个浮动工具栏，如图 3-13 所示。该浮动工具栏最初为半透明状态显示，将鼠标指针指向该工具栏时会清晰地完全显示。浮动工具栏包含常用的设置选项，选择相应选项即可对文本的字符格式进行设置。

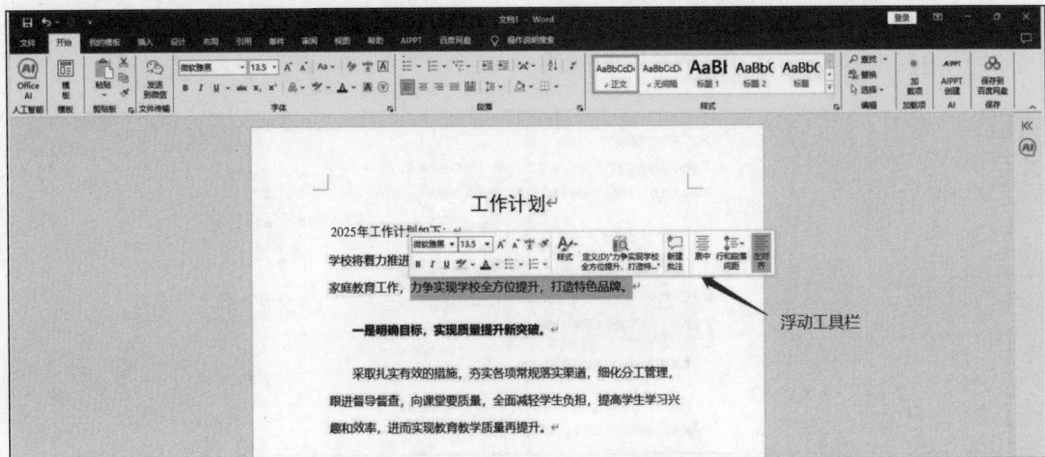

图 3-13　在浮动工具栏设置字体

（2）通过功能区设置

在 Word 默认功能区的"开始"→"字体"组中可直接设置文本的字符格式，如字体、字号、颜色、字形等，如图 3-14 所示。

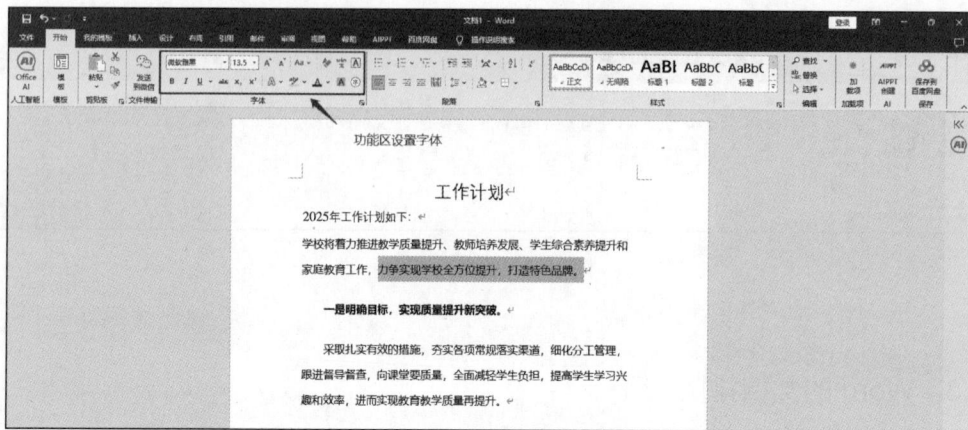

图 3-14　功能区的字体设置选项

2. 设置段落格式

（1）设置段落对齐方式

设置段落对齐方式有两种方法。

方法 1：选择要设置的段落，在浮动工具栏中单击相应的对齐按钮，便可以设置段落对齐方式，如图 3-15 所示。

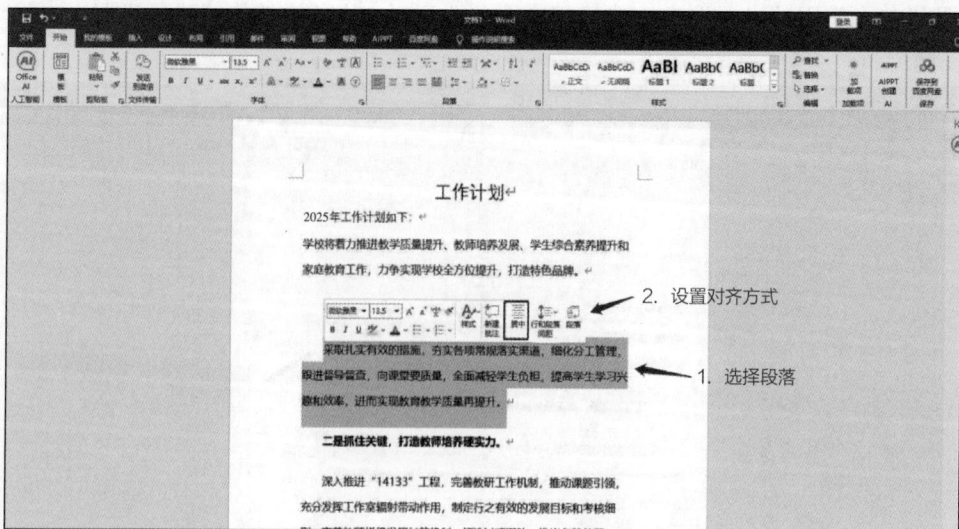

图 3-15　利用浮动工具栏设置段落

方法 2：选择要设置的段落，选择"段落"组已有对齐方式，如图 3-16 所示。或单击段落组右下方的"展开"按钮，打开"段落"对话框，在该对话框中的"对齐方式"下拉列表中设置段落对齐方式。

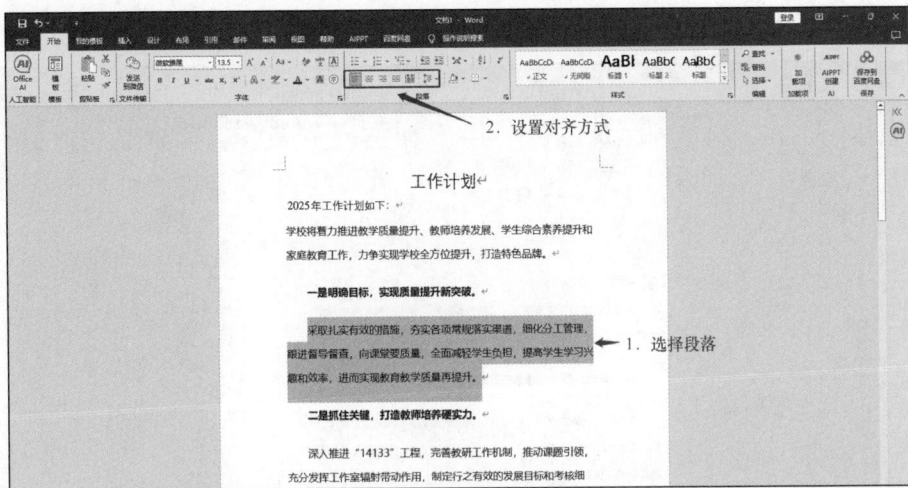

图 3-16　设置段落

（2）设置段落缩进和间距

选择要设置的段落，单击"段落"组右下方的"展开"按钮，打开"段落"对话框，在该对话框中的"缩进"栏中设置段落的缩进方式，在"间距"栏中的"段前"和"段后"数值框中输入值，在"行距"下拉列表框中选择相应的选项，即可设置段落的间距和行距，如图 3-17 所示。

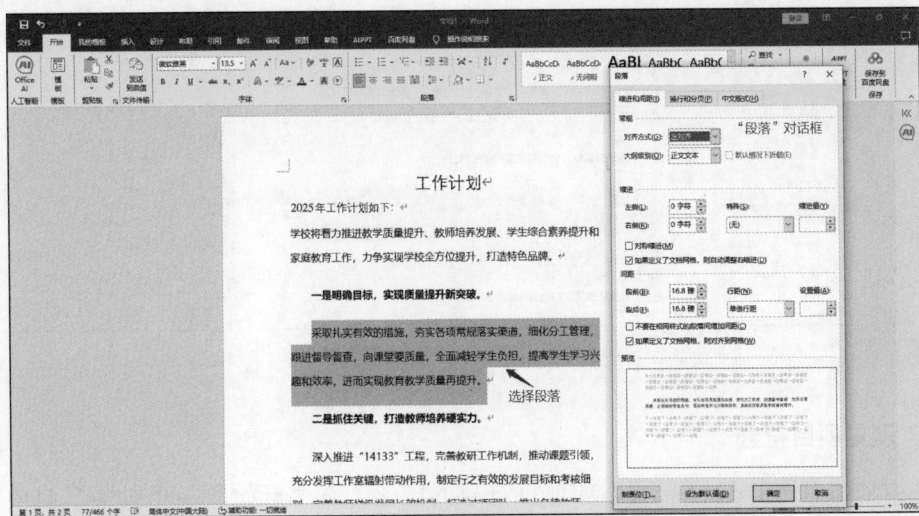

图 3-17　设置段落缩进和间距

3．设置边框与底纹

为字符设置边框和底纹：在"开始"→"字体"组中单击"字符边框"按钮 ，即可为选择的文本设置字符边框；在"字体"组中单击"字符底纹"按钮，即可为选择的文本设置字符底纹，如图 3-18 所示。

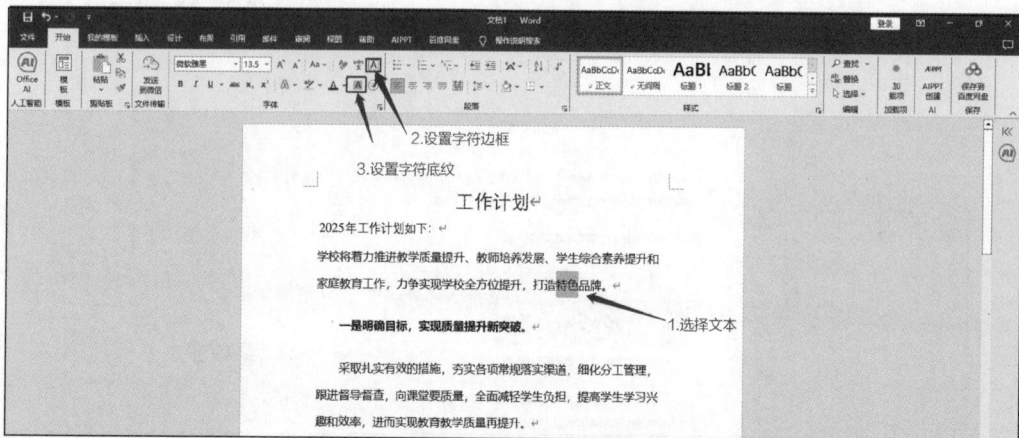

图 3-18　设置字符边框与底纹

为段落设置边框和底纹：选择段落，在"段落"组中，单击"边框"按钮右侧的下拉按钮即可选择边框样式；单击"底纹"按钮右侧的下拉按钮即可选择底纹样式，如图 3-19 所示。

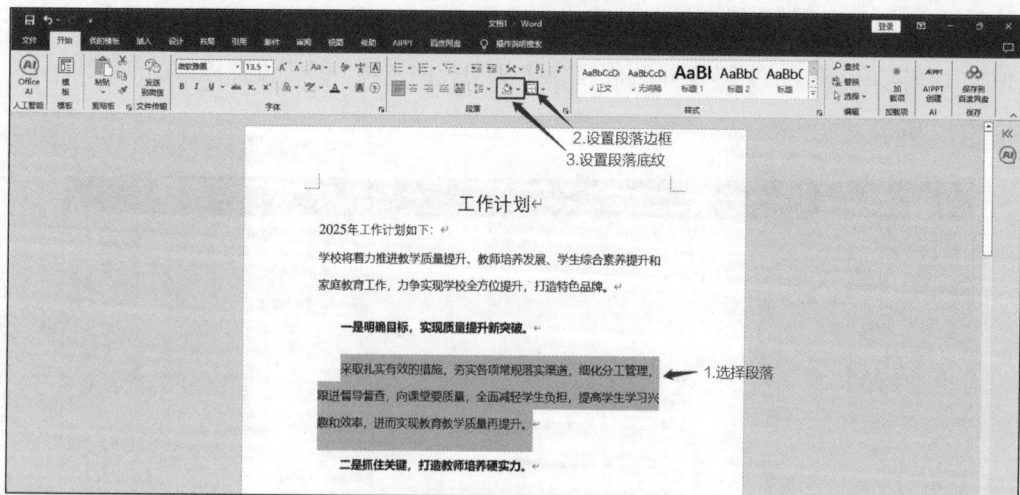

图 3-19　设置段落边框和底纹

4．设置项目符号

添加项目符号：选择需要添加项目符号的段落，在"开始"→"段落"组中单击"项目符号"按钮右侧的下拉按钮，在打开的下拉列表中选择一种项目符号样式即可，如图 3-20 所示。

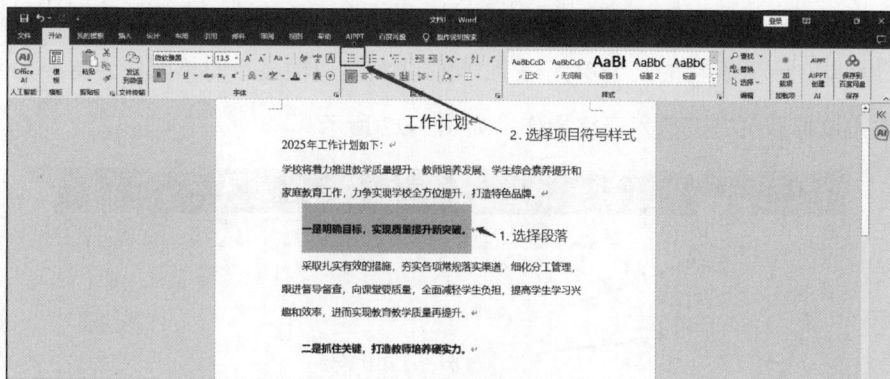

图 3-20　设置项目符号

5．应用格式刷

选择已设置好格式的文本，在"开始"→"剪贴板"组中单击"格式刷"按钮，将鼠标指针移动到文本编辑区，当鼠标指针呈刷子图形（🖌）时，按住鼠标左键并拖动，便可为选择的文本应用设置好的格式，如图 3-21 所示。

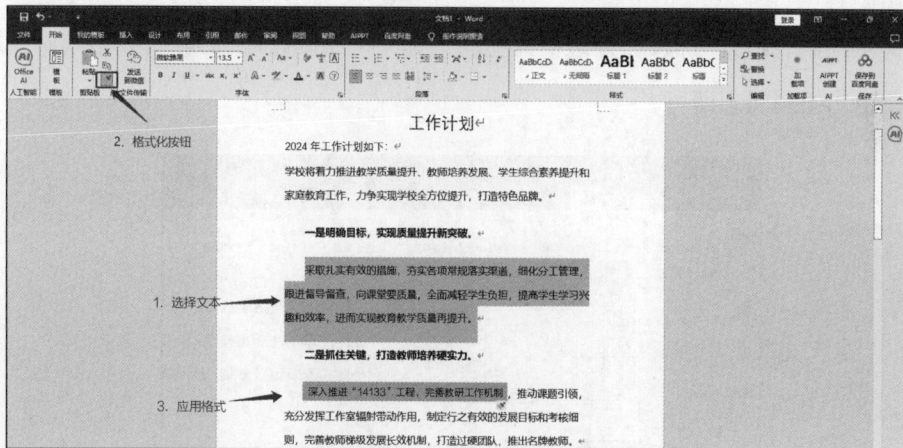

图 3-21　应用格式刷

3.3.4　Word 的表格应用

表格应用是将文本和内容以表格形式插入 Word 文档中，并成为 Word 文档中的一部分，在很多 Word 文档中我们都能找到表格的使用。本小节就表格的创建、编辑和设置等内容进行展开，具体内容如下。

1．创建表格

插入表格：在"插入"→"表格"中单击"表格"下拉按钮，在打开的下拉列表中将鼠标指针移动到示例表格的某个单元格上，此时呈黄色边框显示的单元格为将要插入的单元格，单击鼠标即可完成插入表格操作，如图 3-22 所示。

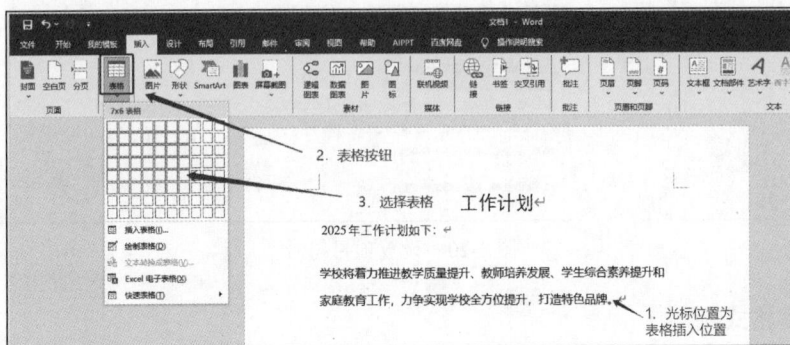

图 3-22　插入表格

绘制表格：在"插入"→"表格"组中单击"表格"下拉按钮，在打开的下拉列表中选择"绘制表格"选项，如图 3-23 所示。此时光标变为一支笔的形状，在文档编辑区拖动鼠标即可绘制表格外边框，在外边框内拖动鼠标即可绘制行线和列线。表格绘制完成后，按 Esc 键退出绘制状态即可。

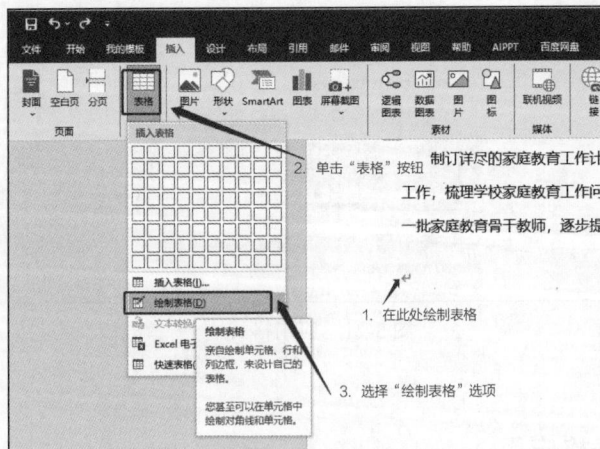

图 3-23　绘制表格

2．编辑表格

选择单个单元格：将光标移动到所选单元格靠近左边框的位置，当光标变为 ➹ 形状时，单击即可选择该单元格，如图 3-24 所示。

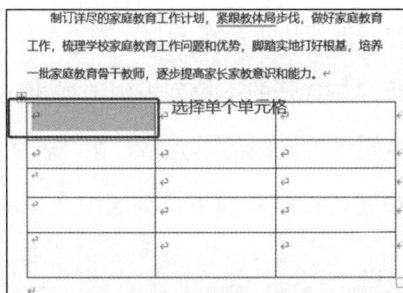

图 3-24　选择单元格

布局表格：选择表格中的单元格、行或列，在"表格工具"的"布局"选项卡中利用"行和列"组与"合并"组中的相关参数进行设置即可，如图 3-25 所示。

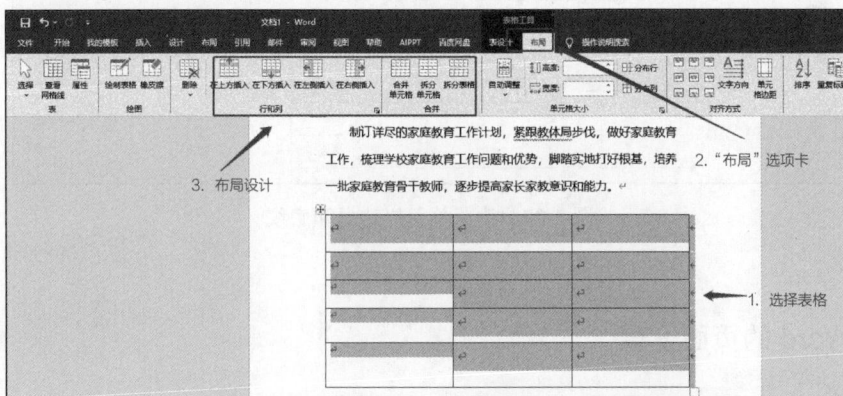

图 3-25　布局表格

3．设置表格

设置数据对齐：选择需要设置对齐方式的单元格，在"表格工具"→"布局"→"对齐方式"中单击相应按钮，如图 3-26 所示。

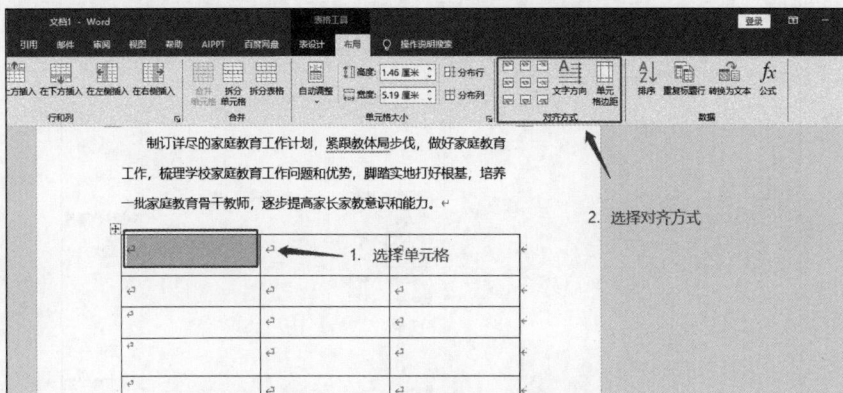

图 3-26　设置单元格数据对齐方式

设置单元格边框：选择需要设置边框的单元格，在"表格工具"→"设计"→"边框"中单击"边框样式"下拉按钮，在打开的下拉列表中选择相应的边框样式。

设置单元格底纹：选择需要设置底纹的单元格，在"表格工具"→"设计"→"表格样式"中单击"底纹"下拉按钮，在打开的下拉列表中选择所需的底纹颜色，如图 3-27 所示。

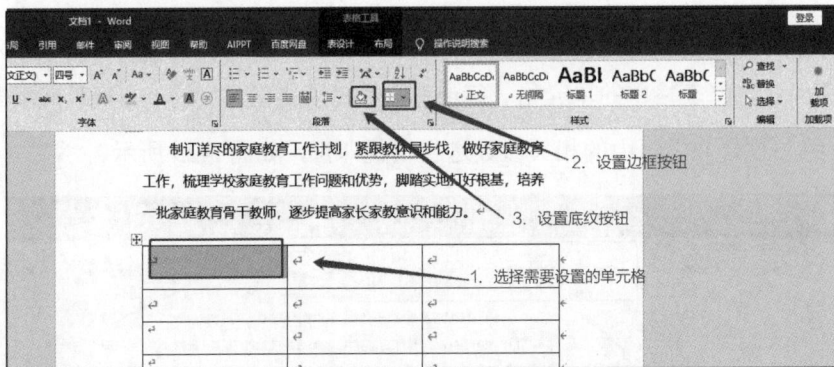

图 3-27　设置单元格边框和底纹

3.3.5　Word 的页面设置

1. 设置页面大小、页面方向和页边距

默认情况下，Word 页面大小为 A4（21 厘米×29.7 厘米），页面方向为纵向，页边距为普通。在"布局"→"页面设置"组中单击相应的按钮便可修改相关选项，如图 3-28 所示。

图 3-28　页面设置

　　单击"纸张大小"下拉按钮，在打开的下拉列表框中选择一种页面选项，或选择"其他纸张大小"选项，在打开的"页面设置"对话框中输入页面宽度和高度的值。

　　单击"纸张方向"下拉按钮，在打开的下拉列表中选择"横向"选项，可以将页面设置为横向。

　　单击"页边距"按钮，在打开的下拉列表框中选择一种页边距选项，或选择"自定义页边距"选项，在打开的"页面设置"对话框中设置上、下、左、右页边距的值。

2. 设置页眉、页脚和页码

　　创建页眉：在"插入"→"页眉和页脚"组中单击"页眉"下拉按钮（如图 3-29 所示），在打开的下拉列表中选择一种预设的页眉样式，然后在文档中按所选的页眉样式输入所需的内容即可。

　　创建页脚：在"插入"→"页眉和页脚"组中单击"页脚"下拉按钮（如图 3-29 所示），在打开的下拉列表中选择一种预设的页脚样式，然后在文档中按所选的页脚样式输入所需的内容即可。

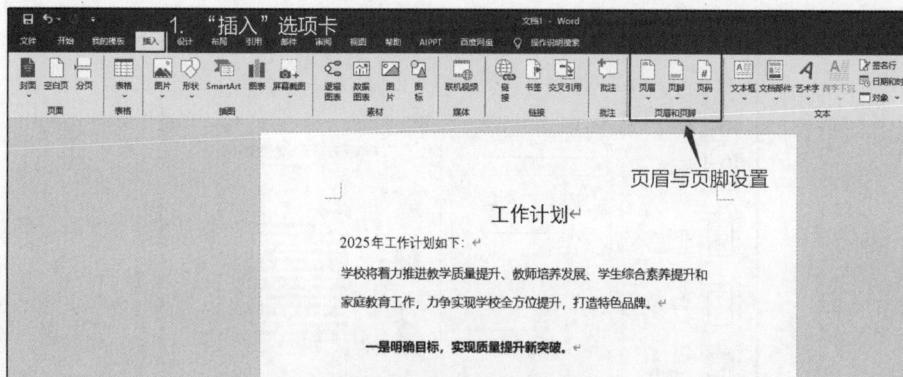

图 3-29　创建页眉与页脚

　　创建页码：在"插入"→"页眉和页脚"组中单击"页码"下拉按钮，在打开的下拉列表中选择"设置页码格式"选项，打开"页码格式"对话框，即可进行页码的设置。

3. 设置水印、页面颜色和页面边框

　　添加页面水印：在"设计"→"页面背景"组中单击"水印"下拉按钮，在打开的下拉列表中选择一种水印效果即可，如图 3-30 所示。

　　设置页面颜色：在"设计"→"页面背景"组中单击"页面颜色"下拉按钮，在打开的下拉列表中选择一种页面背景颜色即可。

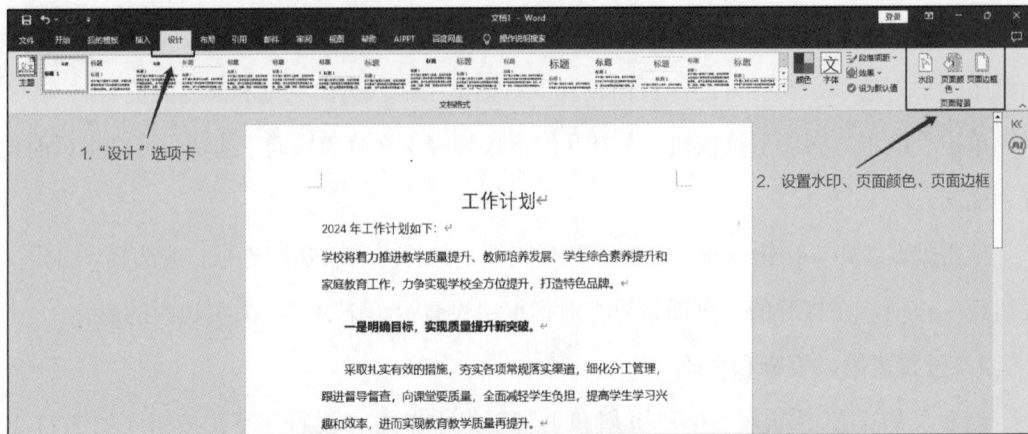

图 3-30　设置页面背景

设置页面边框：在"设计"→"页面背景"组中单击"页面边框"下拉按钮，打开"边框和底纹"对话框，如图 3-31 所示。在"页面边框"选项卡的"设置"栏中选择边框的类型，在"样式"下拉列表中选择边框的样式，在"颜色"下拉列表中设置边框的颜色，之后单击"确定"按钮应用设置。

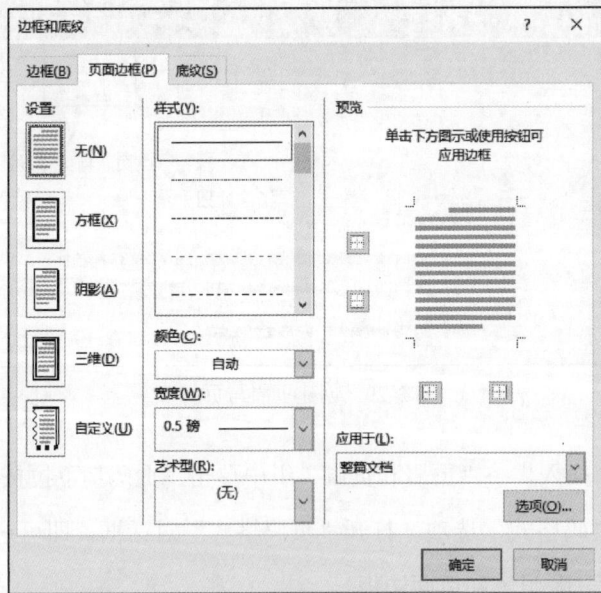

图 3-31　设置页面边框

4．打印预览与打印

打印预览：选择"文件"→"打印"选项，在右侧的界面中即可显示文档的打印效果，如图 3-32 所示。

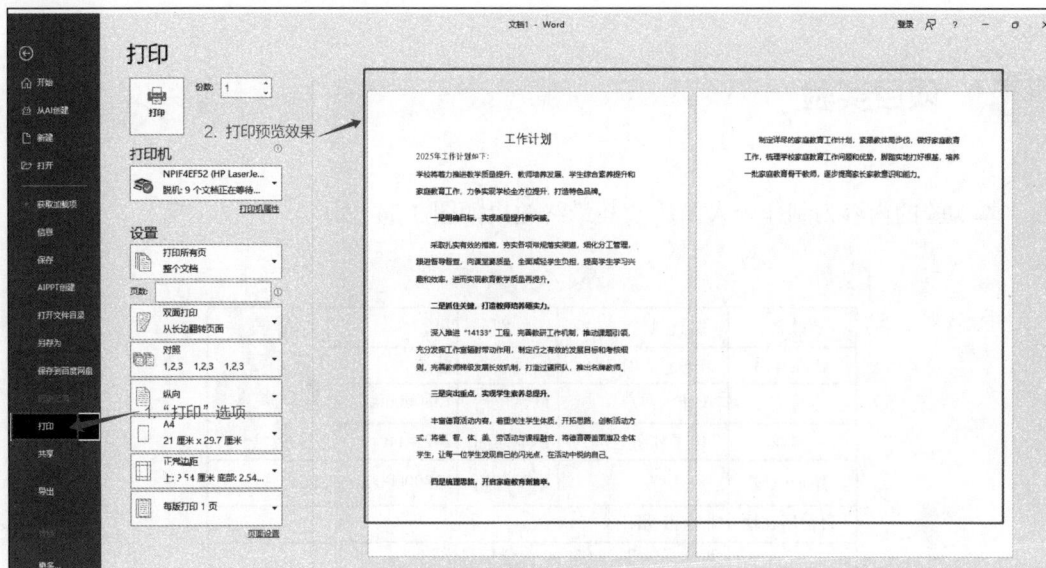

图 3-32　打印预览

打印文件：选择"文件"→"打印"选项，在右侧的"份数"数值框中设置打印份数，在"设置"栏中分别设置打印方向、打印纸张的大小、单面或双面打印、打印页数等参数，如图 3-33 所示。

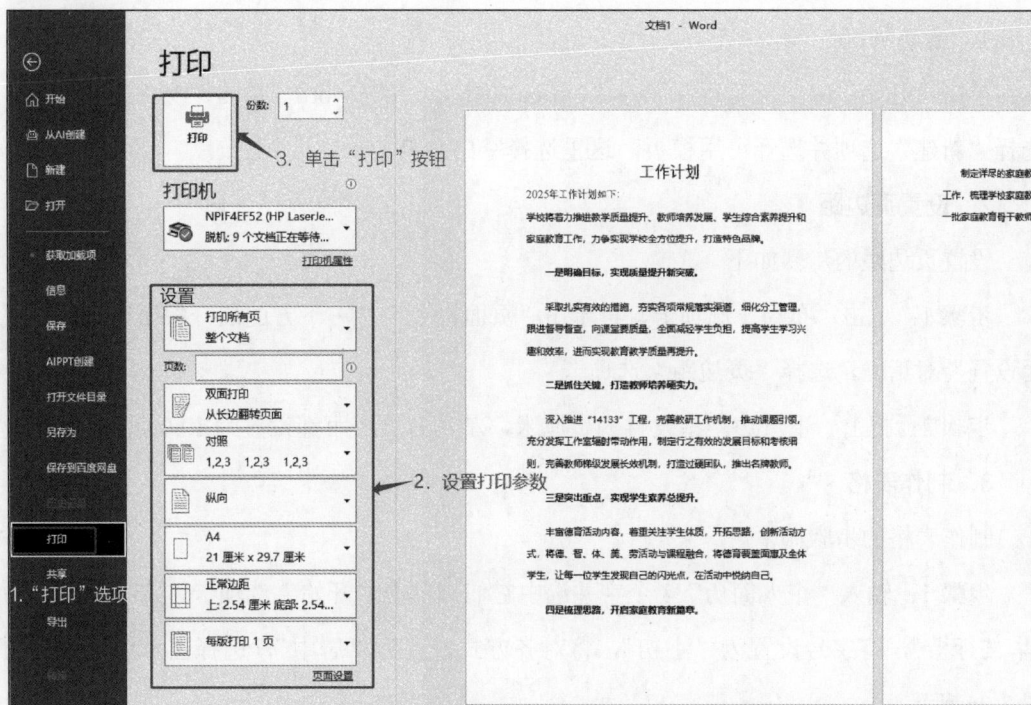

图 3-33　打印设置

3.4 项目实验

本实验的内容为制作个人简历，其最终效果如图 3-34 所示。

个人简历

姓名	路远风	性别	男	
出生年月	1995.05.01	民族	壮族	
籍贯	B市	联系电话	13800000011	
专业	电子商务	毕业时间	2022–06	
毕业学校	××大学	电子邮箱	13800000@163.com	
目前所在地	北京市朝阳区			
教育经历	2018.09—2022.06 ××大学信息学院 主修课程：客户服务管理，电子商务概论，营销策划，电子商务网站建设等课程			
工作经历	2022.01—2024.04 某电子商务科技有限公司运营策划，负责官网、公众号、线上网店等资源的维护，能根据栏目及活动要求撰写推广文案			
技能及特长	大学英语六级、计算机二级(C语言)，优秀毕业生，能熟练使用Office办公软件			

图 3-34　个人简历最终效果

1．启动 Word

单击"开始"→"所有程序"→"Office 2016"，启动 Word。单击"文件"选项卡，选择"新建"选项并选择可用模板，这里选择空白文档。

2．设置页边距

设置页边距的步骤如下。

步骤 1：单击"布局"选项卡，再单击"页面设置"栏右下方的展开按钮，打开"页面设置"对话框，选择"页边距"选项卡 。

步骤 2：把上、下页边距都设置为 2 厘米，左、右页边距都设置为 1.80 厘米。

3．制作表格

制作表格的步骤如下。

步骤 1：输入"个人简历"4 个字并选中它们，单击"开始"选项卡，将字体设置为"华文行楷"，将字号设置为"小初"，将对齐方式设置为"居中"，选择艺术字样式，如图 3-35 所示。

图 3-35　设置标题格式

步骤 2：单击"插入"选项卡，单击"表格"下拉按钮，用鼠标箭头选择 8 行 5 列，之后单击即可插入表格，如图 3-36 所示。

图 3-36　插入表格

步骤 3：修改表格的字体格式，让表格变小。选中表格并在其上单击鼠标右键，在弹出的快捷菜单中选择"宋体"和"四号"，如图 3-37 所示。

步骤 4：在对应单元格输入基本信息，如姓名、性别、出生年月、民族等，图 3-38 所示。

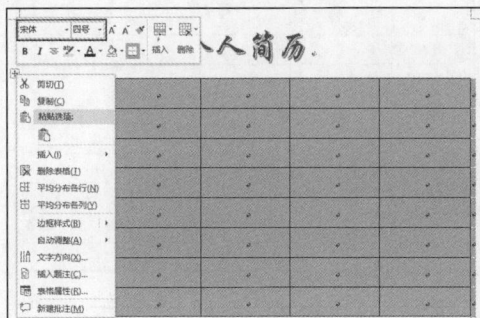

图 3-37　设置表格字体格式

图 3-38　输入基本信息和合并单元格

步骤 5：已经输入文字的单元格太宽了，尚未填写的单元格可能宽度不够，我们把输入文字的单元格调窄一些。先把鼠标指针移到第一列的右边线上，鼠标变成一个双竖线双箭头图标，按住鼠标左键往左移即可调整列宽，并用同样的方法调整第三列列宽。

步骤 6：表格的右上角要放个人照片，需要把右上角的 4 个单元格（选中状态）合并为一个单元格。选中这 4 个单元格并在其上单击鼠标右键，在弹出的快捷菜单中选择"合并单元格"选项，如图 3-38 所示。

采用同样的方法，合并"电子邮箱"右侧的 2 个单元格和"目前所在地"右侧的 4 个单元格，如图 3-39 所示。

步骤 7：设置单元格对齐方式。设置第 2 列和第 4 列的对齐方式为左对齐。选中第 2 列并在其上单击鼠标右键，在弹出的快捷菜单中单击左对齐图标，如图 3-40 所示。第 4 列使用同样的方法进行设置。

图 3-39 合并单元格

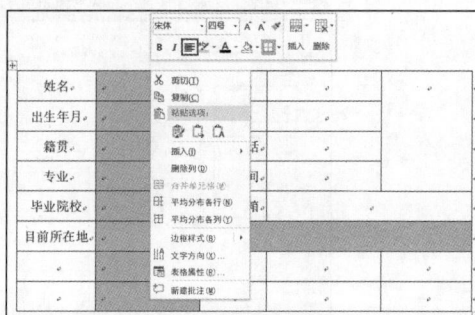

图 3-40 设置单元格对齐方式

步骤 8：插入行。表格此时只剩 2 行了，但还有 3 项内容要展示，因此我们需要再插入 1 行。把鼠标指针移到最后一行下边线左端点处，鼠标指针变成一个圆圈与加号图标，如图 3-41 所示，单击该图标即可增加 1 行，如图 3-42 所示。

图 3-41 插入行前的效果

图 3-42 插入行后的效果

步骤 9：在最后 3 行左侧的单元格中分别输入"教育经历""工作经历""技能及特长"。

步骤 10：设置单元格文字对齐方式。从上到下选中最后 3 行左侧的单元格单击"布局"选项卡"对方方式"栏中的"垂直居中"按钮，设置文字的对齐方式，如图 3-43 所示。

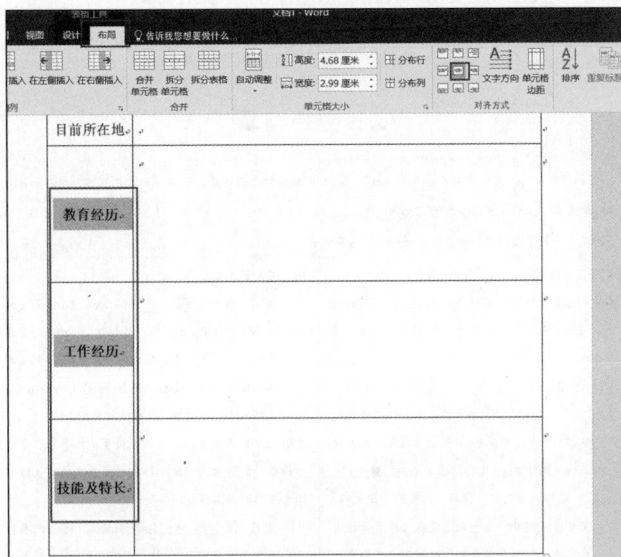

图 3-43　设置单元格文字对齐方式

步骤 11：插入图片。把光标移到插入图片的单元格，单击"插入"选项卡→"图片"按钮，如图 3-44 所示。找到图片所在路径，单击"插入"按钮（这里未展示界面，读者按系统提示操作即可）。

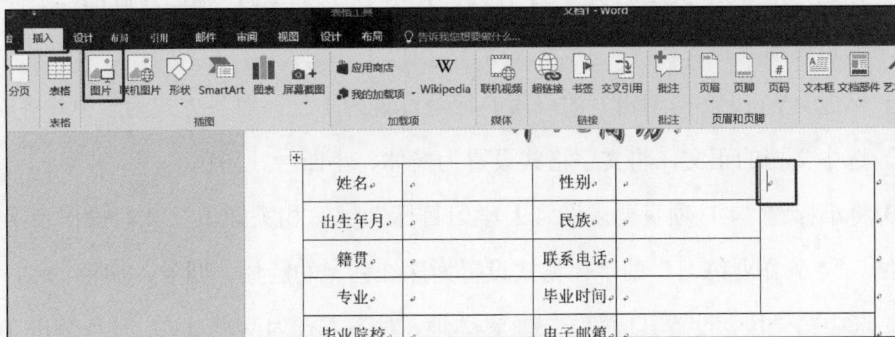

图 3-44　插入图片

步骤 12：修改图片格式。选中图片，单击"格式"选项卡，在"环绕文字"下拉列表中选择"嵌入型"，并修改图片的高度和宽度。

步骤 13：补全表格内容，达到图 3-34 所示效果。

3.5 习题

1. 文档页面设置，其基本效果如图 3-45 所示，要求如下。

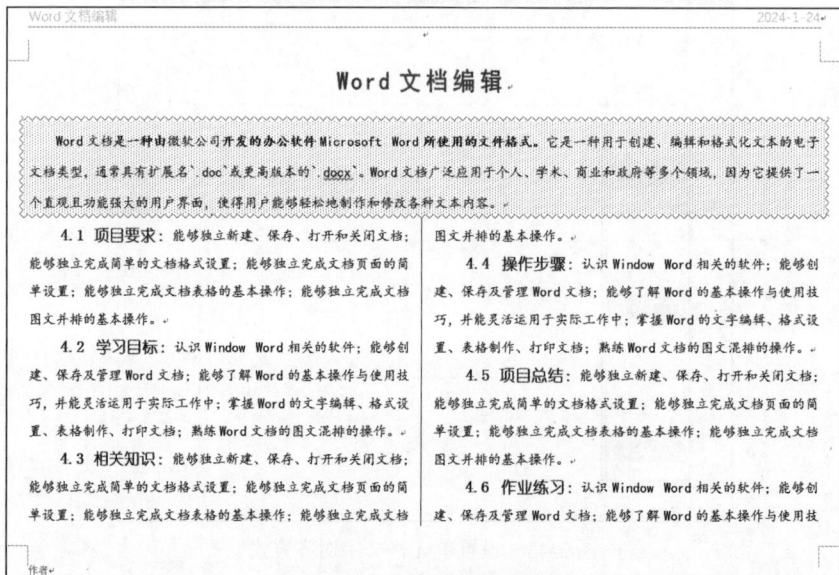

图 3-45 文档页面设置效果

（1）页边距的上、下边距设置为 2.6 厘米，左、右边距设置为 3.5 厘米，纸张方向为横向。

（2）标题为"Word 文档编辑"，字体为黑体，字号为二号，颜色为蓝色，字体加粗，文字效果为蓝色渐变填充。

（3）标题"Word 文档编辑"的段落的行距设置为 1 行，对齐方式为居中对齐。

（4）选中文档的正文，将文字格式设置为楷体、小四号、黑色。

（5）将小标题"4.1 项目要求""4.2 学习目标""4.3 相关知识""4.4 操作步骤""4.5 项目总结""4.6 作业练习"的字体格式设置为深红色、幼圆体、四号、加粗。

（6）选中第一段，设置其段落格式。具体地，对齐方式为两端对齐、首行缩进 2 字符，行距为固定值 26 磅。

（7）选中文档后面的段落，设置其段落格式。具体地，对齐方式为两端对齐、首行缩进 2 字符，行距设置为固定值 24 磅。

（8）将"4.1 项目要求"到"4.6 作业练习"的内容进行分栏，分成两栏。

（9）第 1 自然段加上边框和背景。

（10）增加页眉和页脚。

2．表格制作，其效果如图 3-46 所示，要求如下。

姓名＼科目	文化课				专业课			总分
	语文	数学	英语	计算机基础	Python程序设计	Java程序设计	大数据导论	
张三	87	88	86	90	77	98	87	613
李四	78	87	76	78	70	88	78	555
王五	90	89	87	86	78	80	88	598
李雷	87	86	85	90	87	88	89	612
李莉	90	92	90	89	88	89	90	628
赵十	88	93	90	92	89	88	87	627
平均分	86.67	89.17	85.67	87.5	81.5	88.5	86.5	605.5

图 3-46　表格制作

（1）新建一个 Word 文档，文件名设置为"成绩表"并进行保存。

（2）插入 9 行 9 列的表格。

（3）改变第 2 行单元格的行高和列宽，单元格的"行"标签勾选指定高度，设置为 1.5 厘米；单击"列"标签，勾选指定宽度，设置为 1.6 厘米。

（4）合并第 1 行的 2～5 列单元格和 6～8 列单元格、第 1 列 1～2 行单元格，以及最后一列第 1～2 行单元格。

（5）绘制斜线表头。

（6）在表格中输入对应的文字和数字，并利用公式计算平均分和总分。

（7）将单元格文字的对齐方式设置为居中对齐。

项目四 数据处理与分析

本项目使用的数据处理与分析的软件是 Microsoft Excel 2016，简称 Excel。Excel 广泛应用于管理、统计、金融等众多领域。通过 Excel，用户可以轻松制作各种统计报表、工资表、考勤表等，还可以灵活对各种数据进行整理、计算、汇总、查询、分析等操作。

工业互联网中各种数据报表和数据分析通常需要用 Excel 进行处理，因此，掌握 Excel 的操作技能并将这些技能熟练地应用于工业互联网项目是非常有必要的。

4.1 项目要求

（1）能应用 Excel 实现数据的输入、修改、删除等简单的编辑操作。

（2）能对 Excel 的数据进行过滤、排序、分组、合并等数据管理操作。

（3）掌握 Excel 公式与函数的设置和使用方法。

（4）掌握 Excel 数据图表的创建、设置及应用方法。

4.2 学习目标

☑ 技能目标

（1）了解 Excel 的基础知识。

（2）掌握 Excel 的数据与编辑操作。

（3）掌握 Excel 公式与函数的使用方法。

（4）熟悉 Excel 的数据管理操作。

（5）掌握 Excel 中图表的使用方法。

☑　**思政目标**

（1）通过数据输入规范和相关性分析案例，强调数据真实性与准确性在商业决策中的重要性，引导读者树立诚信意识，抵制数据造假行为。

（2）结合数据隐私保护和图表应用场景，探讨数据使用边界，培养读者对数据安全的敏感性和合规使用数据的责任感。

（3）以 WPS 表格兼容 Excel 功能为切入点，引导读者关注国产软件发展，理解核心技术自主可控的意义，鼓励通过 Excel 技能解决实际问题，服务产业发展。

☑　**素养目标**

（1）通过公式计算、函数应用和图表可视化，锻炼读者从数据中提取规律、验证假设的能力，培养基于数据的决策思维。

（2）依托完整项目流程，掌握表格的核心操作，提升利用工具高效处理复杂任务的能力，理解"规范操作→精准输出"的工作逻辑。

（3）通过图表标题设置、数据标签优化及报表布局调整，培养读者清晰呈现分析结果的能力；结合分组汇总操作，强调团队协作中数据标准化传递的重要性。

4.3　相关知识

Excel 主要用于文本处理，可创建和制作具有专业水准的文档，能轻松、高效地组织和编写文档。

4.3.1　Excel 操作界面

本小节的主要内容是介绍 Excel 的操作界面、工作簿、工作表等基础知识。

1. 认识界面

Excel 的操作界面由快速访问工具栏、标题栏、文件选项卡、功能选项卡、功能区、编辑栏和工作表编辑区等部分组成，这里主要介绍编辑栏和工作编辑区，如图 4-1 所示。

编辑栏：主要用于显示和编辑当前活动单元格中的内容。在默认情况下，编辑栏中会显示列名、"插入函数"按钮、编辑框等部分，但在单元格中输入数据或插入公式与函数时，编辑栏中的"取消"按钮和"输入"按钮也将显示出来。

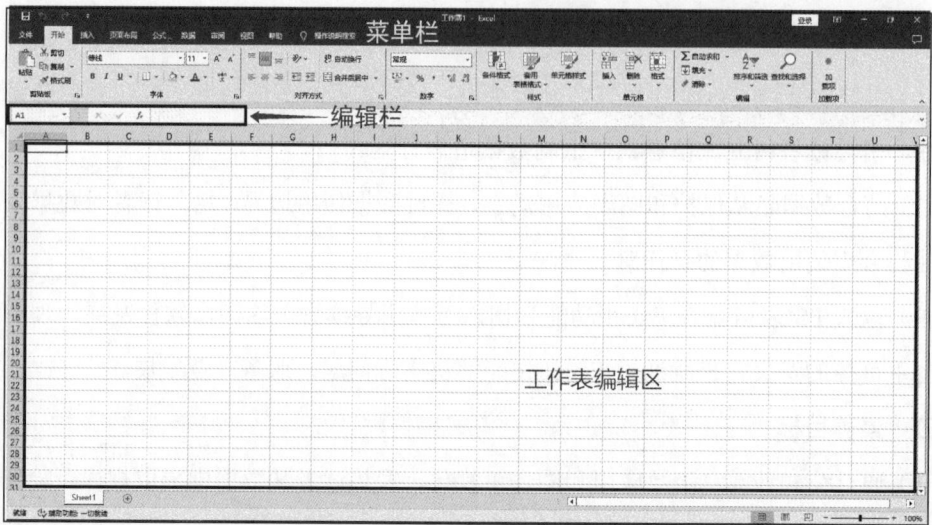

图 4-1　Excel 操作界面

编辑框：显示单元格中的内容。在选择单元格后，我们可以直接在编辑框中进行输入和编辑操作。

工作表编辑区：表格中的内容通常都显示在工作表编辑区中，用户的大部分操作也需要通过工作表编辑区进行。工作表编辑区主要包括行号与列标、单元格和工作表标签等部分。

2. 工作簿及其操作

工作簿即 Excel 文件，也称为电子表格。在默认情况下，新建的工作簿以"工作簿 1"命名，其名称一般会显示在 Excel 操作界面的标题栏中。

新建工作簿：启动 Excel，选择"文件"→"新建"选项，在打开的"新建"列表框中选择"空白工作簿"选项即可新建一个空白工作簿，如图 4-2 所示。

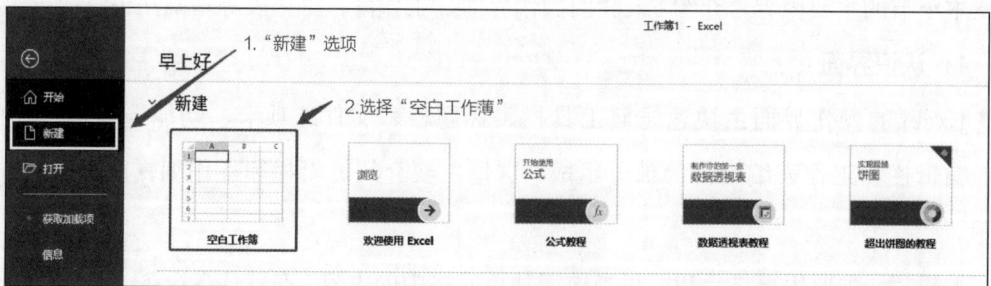

图 4-2　新建工作簿

打开已有工作簿：打开工作簿所在的文件夹，双击工作簿，可直接将其打开。

保存工作簿：在快速访问工具栏中单击"保存"按钮，如图 4-3 所示。或按组合键 Ctrl + S，或选择"文件"→"保存"选项，在打开的"另存为"对话框中进行保存。

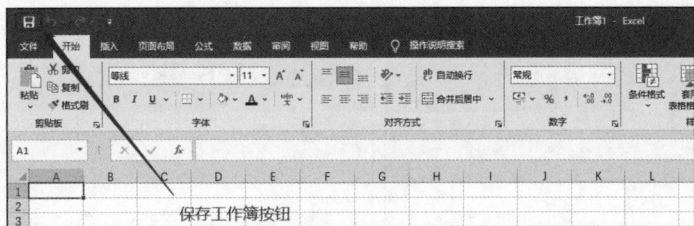

图 4-3　保存工作簿

关闭工作簿：在 Excel 中，常用的关闭工作簿的方式有两种：①单击右上角的关闭按钮；②按组合键 Ctrl + W。

3．工作表及其操作

新建工作表：在打开工作簿的工作表标签中单击"新建工作表"按钮，如图 4-4 所示，即可新建一个空白的工作表。

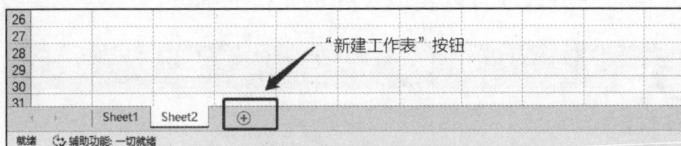

图 4-4　新建工作表

删除、重命名、保护工作表：可以在工作表标签上单击鼠标右键，弹出的快捷菜单中有"删除""重命名""保护工作表"等命令，如图 4-5 所示，按需选择对应选项即可。

选择工作表：选择一个工作表可以通过单击相应的工作表标签来实现；选择一个工作表的同时按住 Shift 键，再选择不相邻的另一个工作表，即可同时选择这两个工作表之间的所有工作表。被选择的工作表的底色为白色，如图 4-6 所示。

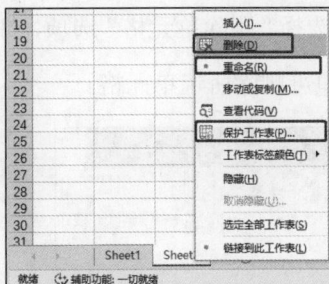

图 4-5　编辑工作表

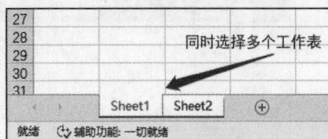

图 4-6　选择工作表

4. 单元格及其操作

选择单元格：单击要选择的单元格即可。选择一个单元格，然后按住鼠标左键不放并拖动鼠标，可选择多个连续的单元格（被选择的单元格组成单元格区域），如图 4-7 所示。

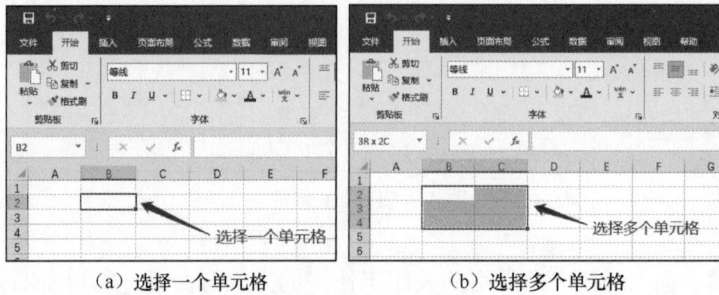

（a）选择一个单元格 　　　　（b）选择多个单元格

图 4-7　选择单元格

合并与拆分单元格：选择需要合并的多个单元格，在"开始"→"对齐方式"组中选择"合并后居中"选项。我们也可以单击"合并后居中"按钮右侧的下拉按钮，在打开的下拉列表中选择"跨越合并""合并单元格""取消单元格合并"等选项，如图 4-8 所示。这里的"取消单元格合并"选项可以实现合并单元格的拆分。

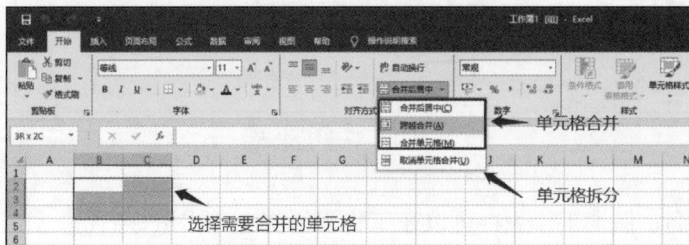

图 4-8　合并与拆分单元格

插入与删除单元格：选择要插入单元格所显示的位置，比如在 B2 单元格所在位置插入单元格，然后在"开始"→"单元格"组中单击"插入"下拉按钮，在打开的下拉列表中选择"插入单元格"选项，如图 4-9 所示。选中要删除的单元格，单击"开始"→"单元格"组中的"删除"下拉按钮，在打开的下拉列表中选择"删除单元格"选项，打开"删除"对话框，选中相应的单选项后单击"确定"按钮即可删除所选单元格。

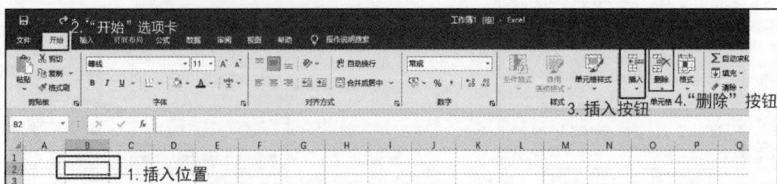

图 4-9　插入和删除单元格

4.3.2　数据与编辑

Excel 的数据编辑功能包括数据的输入、修改、复制、移动、查找、替换，以及撤销等，而数据管理功能包括数据排序、筛选、分类、汇总、分组及合并等。

1．输入与填充数据

输入普通数据：选择单元格直接输入数据，按回车键。或者选择单元格，将鼠标指针移到编辑栏中并单击，将文本插入点定位到编辑栏中，这时输入数据并按回车键即可，如图 4-10 所示。

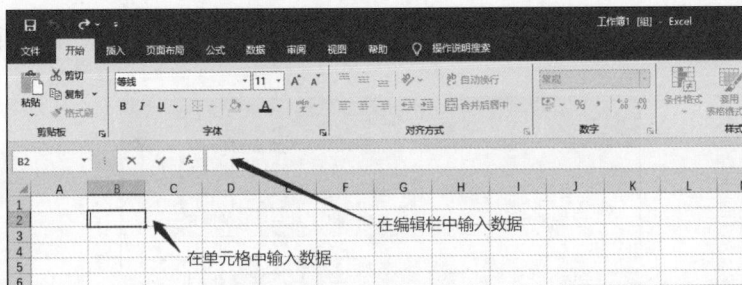

图 4-10　输入数据

快速填充数据：对于有规律的数据，Excel 提供了快速填充功能。在起始单元格中输入起始数据，将鼠标指针移至该单元格右下角的控制柄上，当其变为十字形状时，按住鼠标左键不放并拖动至所需位置释放鼠标，即可在选择的单元格区域中按规律填充数据，其示例如图 4-11 所示。

图 4-11　快速填充数据示例

2．编辑数据

修改和删除数据：双击需要修改或删除数据的单元格，在单元格中定位文本插入点，修改或删除数据，然后按回车键完成操作；或选择单元格后先按 Delete 键删除所有数据，然后输入需要的数据，按回车键快速完成修改。

复制或移动数据：先选择需要移动或复制数据的单元格，在"开始"→"剪贴板"组中单击"剪切"按钮或"复制"按钮，然后选择目标单元格，单击"剪贴板"组中的"粘贴"按钮。也可以通过组合键 Ctrl+C（复制）和 Ctrl+V（粘贴）实现此功能。

查找和替换数据：在"开始"→"编辑"组中单击"查找和选择"按钮，在打开的下拉列表中选择"替换"选项，打开"查找和替换"对话框，按对话框提示操作即可。

3. 数据管理

数据排序：选择要排序的列中的任意单元格，单击"数据"→"排序和筛选"组中的"升序"按钮或"降序"按钮，即可实现数据的升序或降序排列，如图 4-12 所示。

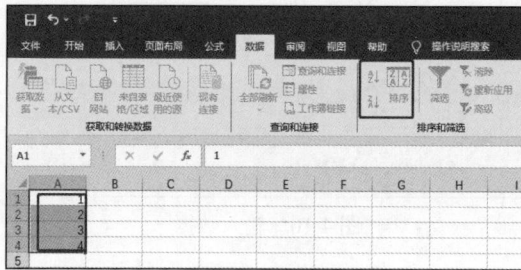

图 4-12　数据排序

数据筛选：筛选功能可根据用户设定的筛选条件自动显示符合条件的数据，隐藏其他数据。用户可以通过"数据"→"排序和筛选"组中的"筛选"按钮进行自动筛选，如图 4-13 所示。

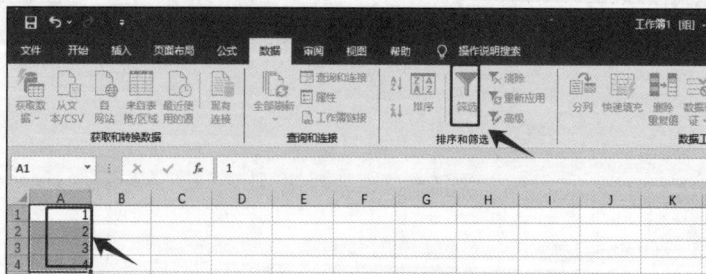

图 4-13　数据筛选

分类汇总：在创建分类汇总之前，应先对需要分类汇总的数据进行排序，然后选择排序后的任意单元格，单击"数据"→"分级显示"组中的"分类汇总"按钮，如图 4-14

所示。这时系统会打开"分类汇总"对话框，在其中对"分类字段""汇总方式""选定汇总项"等进行设置，完成后单击"确定"按钮。

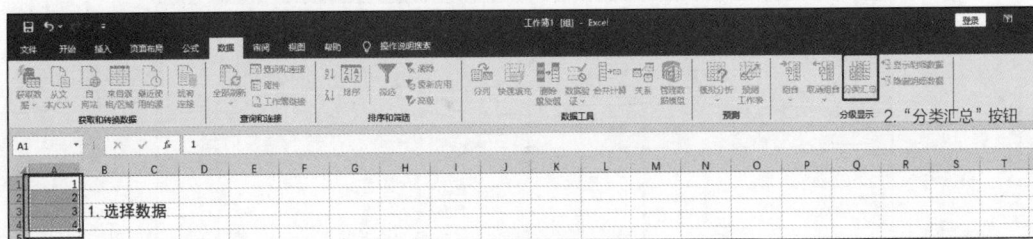

图 4-14　分类汇总

4.3.3　属性设置

Excel 的属性设置主要包括设置单元格属性和工作簿属性。单元格属性主要包括单元格的行高、列宽、边框、填充颜色等；工作簿的属性主要包括工作表命名、工作表修改、工作簿的打印等。下面主要介绍单元格属性设置。

1. 设置行高和列宽

在"开始"→"单元格"组中单击"格式"下拉按钮，在打开的下拉列表中选择"行高"选项或"列宽"选项，如图 4-15 所示。在打开的"行高"对话框或"列宽"对话框中输入行高值或列宽值，单击"确定"按钮即可设置行高或列宽。

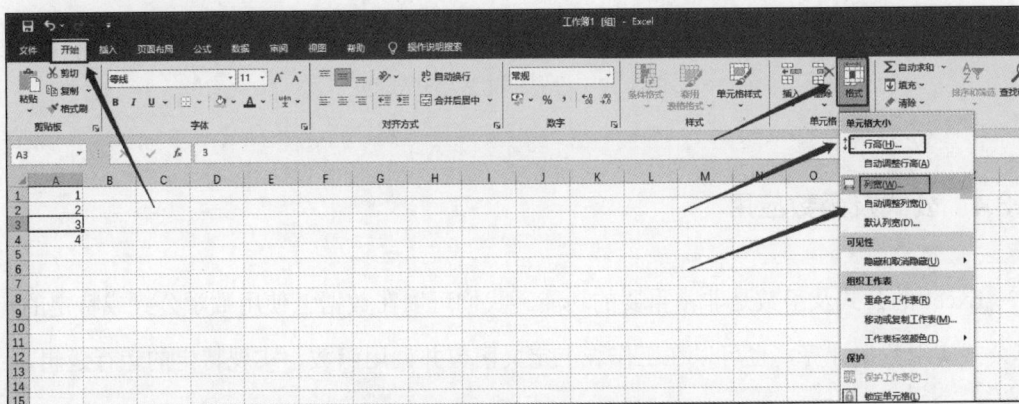

图 4-15　设置单元格行高或列宽

2. 设置单元格边框

选择要设置的单元格后，在"开始"→"字体"组中单击右下角的下拉按钮，在打开的下拉列表中选择所需的边框线样式，如图 4-16 所示。

图 4-16　设置单元格边框

3. 设置单元格填充颜色

选择要设置的单元格后，在"开始"→"字体"组中单击"填充颜色"按钮右侧的下拉按钮，如图 4-17 所示，在打开的下拉列表中可选择所需的填充颜色。

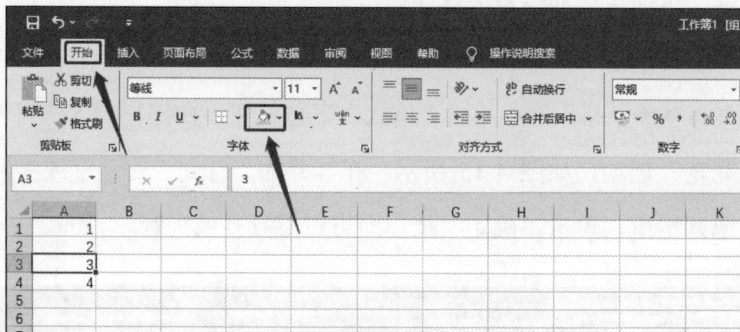

图 4-17　设置单元格填充颜色

4.3.4　公式及函数应用

Excel 的公式及函数是非常重要的功能。我们可以在数据上使用数学公式或特定的计算公式实现数据计算，也可以在工作表上定义函数并调用函数，实现特定的运行逻辑。

1. 公式的使用

输入公式：选择要输入公式的单元格，在单元格或编辑栏中输入"="，接着输入公式内容，如"=A1＋A2＋A3＋A4"，完成后按回车键或单击编辑栏上的输入按钮 ✔ 即可，如图 4-18 所示。

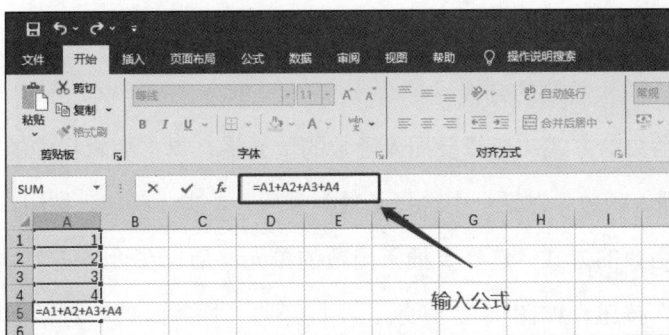

图 4-18 输入公式

编辑公式：选择含有公式的单元格，将文本插入点定位在编辑栏或单元格中需要编辑的位置，按 Backspace 键删除不需要的部分，输入正确的内容后按回车键，即可完成公式的编辑，如图 4-19 所示。

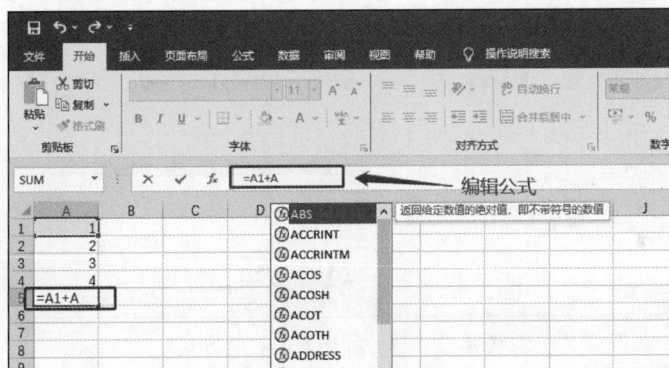

图 4-19 编辑公式

填充公式：选择已添加公式的单元格，将鼠标指针移至该单元格右下角的填充柄上，当其变为十字形时，按住鼠标左键不放并拖动至所需位置，释放鼠标，即可在选择的单元格区域中填充相同的公式并得到计算结果，如图 4-20 所示。

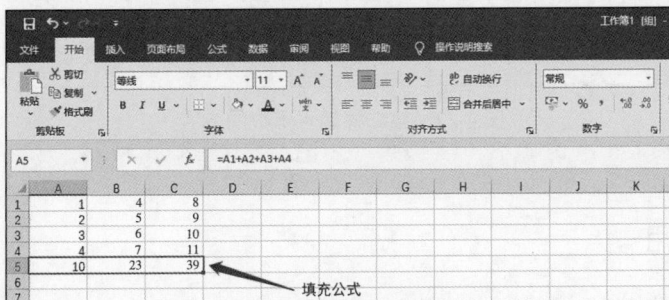

图 4-20 填充公式

2．函数的使用

下面介绍两种插入函数的方式。

第一种插入函数的方式：选择要插入函数的单元格，单击编辑栏中的"插入函数"按钮，在打开的"插入函数"对话框中选择函数类型后，单击"确定"按钮，如图 4-21 所示。

第二种插入函数的方式：选择要插入函数的单元格后，在"公式"→"函数库"组中单击"插入函数"按钮，如图 4-22 所示。在打开的"插入函数"对话框中选择函数类型后，单击"确定"按钮即可。

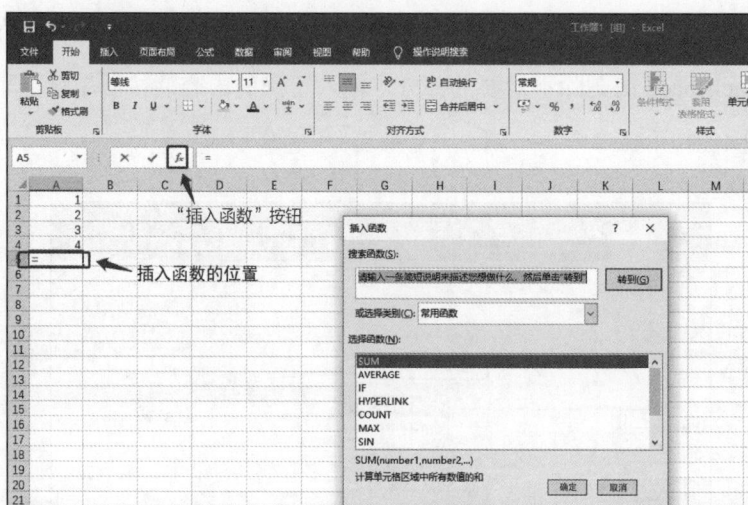

图 4-21　第一种插入函数的方式

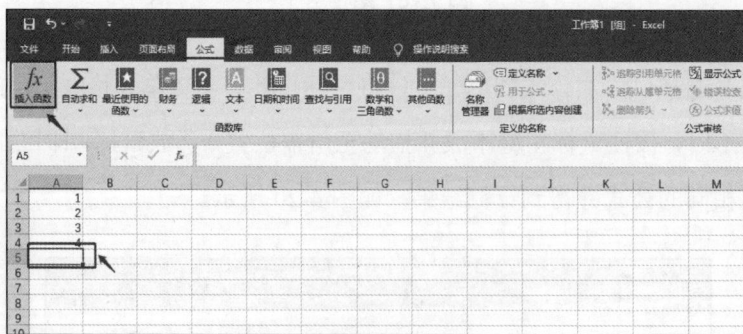

图 4-22　第二种插入函数的方式

4.3.5　图表应用

数据图表显示是 Excel 的重要应用，如折线图、散点图、柱状图、饼状图等。如何创建图表，设置图标标题、参数、颜色、类型等属性，如何实现数据透视操作等，是本小节的主要内容。

1. 图表的概念

数据系列：图表中的相关数据点代表着表格中的行或列。图表中每一个数据系列都具有不同的颜色和图案，且各个数据系列的含义将通过图例体现出来。在图表中，用户可以绘制一个或多个数据系列。

坐标轴：度量参考线，x 轴为横轴，通常表示分类；y 轴为纵轴，通常表示数据。

图表标题：图表名称，一般自动与坐标轴或图表顶部居中对齐。

数据标签：为数据标记附加信息标签，通常代表表格中某个单元格的数据点或值。

图例：表示图表的数据系列，通常有多少个数据系列，就有多少个图例，图例的颜色或图案与数据系列相对应。

2. 图表的创建

图表是根据 Excel 表格数据生成的，在插入图表前，我们需要先编辑 Excel 表格中的数据。选择数据区域，在"插入"→"图表"组中单击"推荐的图表"按钮，打开"插入图表"对话框，在该对话框中选择所需的图表类型后，单击"确定"按钮，即可在工作表中创建图表，如图 4-23 所示。

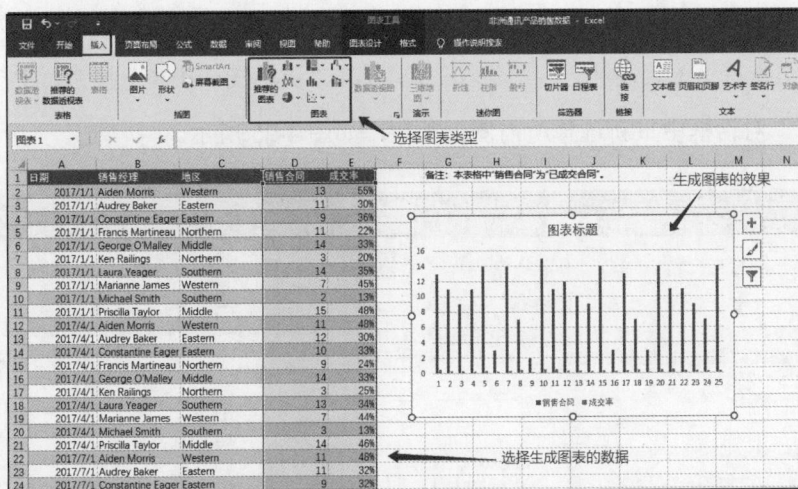

图 4-23　创建图表

3. 图表的设置

在默认情况下，图表将被插入编辑区中心位置，因此需要对图表的位置和大小进行调整。选择图表，将鼠标指针移动到图表任一位置上，按住鼠标左键并拖动可调整图表位置。将鼠标指针移动到图表的任意一个角上，按住鼠标左键并拖动可调整图表的大小。如图 4-24 所示为调整图表大小。

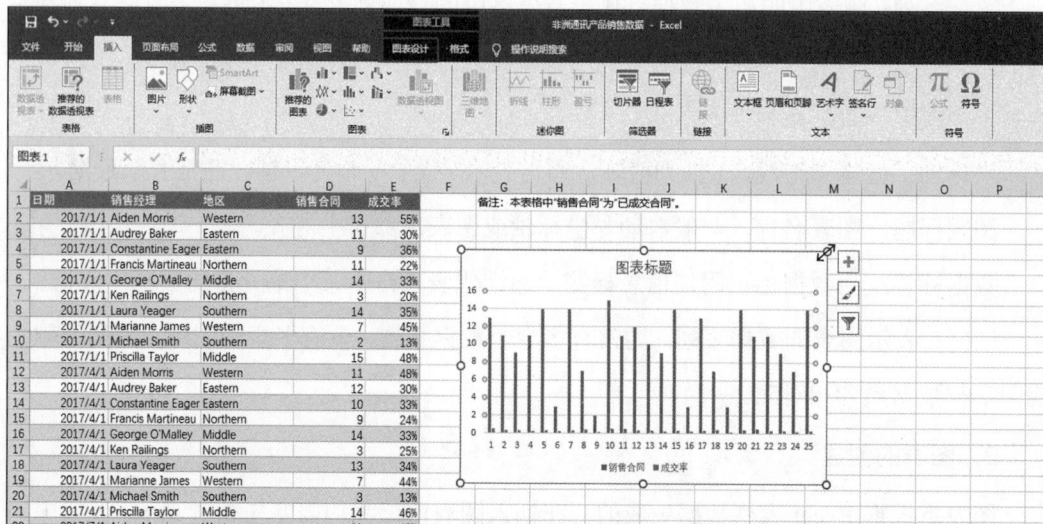

图 4-24　设置图表大小

4. 图表的编辑

如果表格中的数据发生了变化（如增加或修改数据），那么 Excel 会自动更新图表。如果图表所选的数据区域有误，那么用户需要手动进行更改。如果要修改图表类型，则先选择图表，再选择"图表设计"→"类型"组，单击"更改图表类型"按钮，在打开的"更改图表类型"对话框中重新选择所需图表类型，如图 4-25 所示。

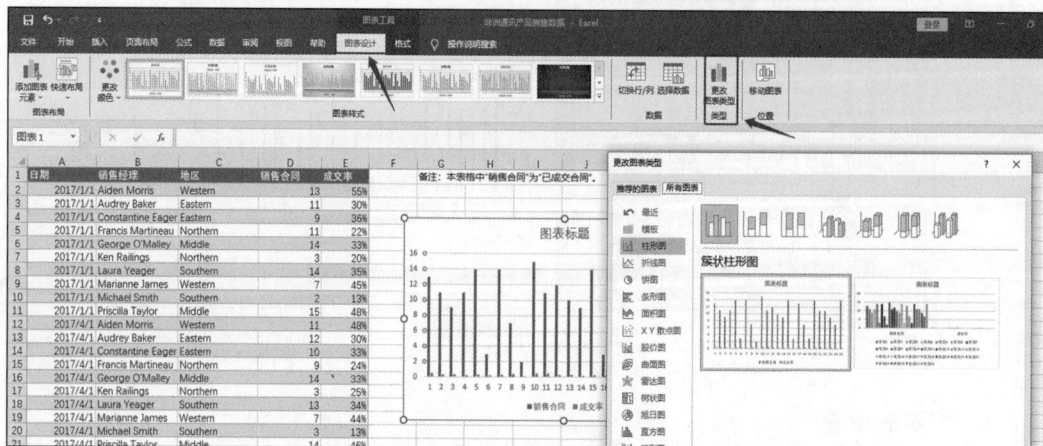

图 4-25　更改图表类型

5. 数据透视表

创建数据透视表的过程如下。首先，在图 4-26 所示界面选中所需列，单击"数据透视表"选项。然后，在图 4-27 所示界面选择需要的字段，勾选对应的复选框即可。

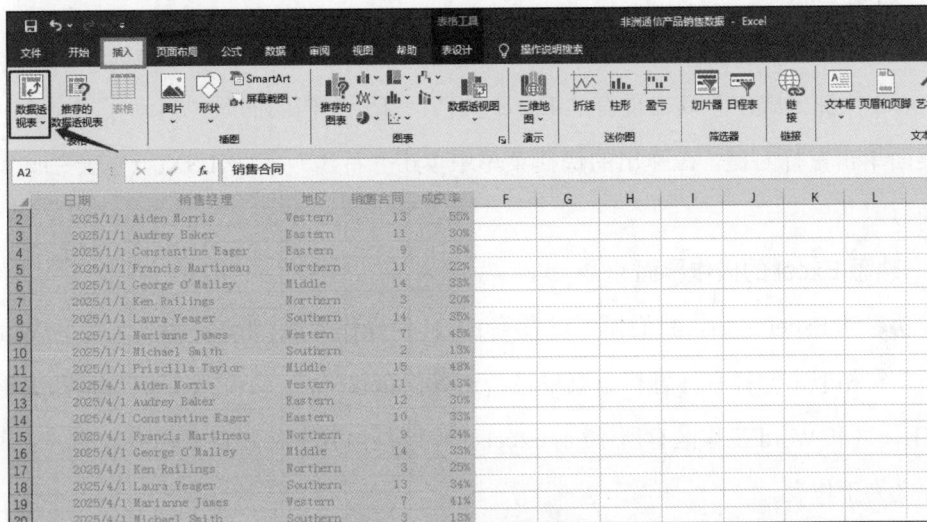

图 4-26 创建数据透视表

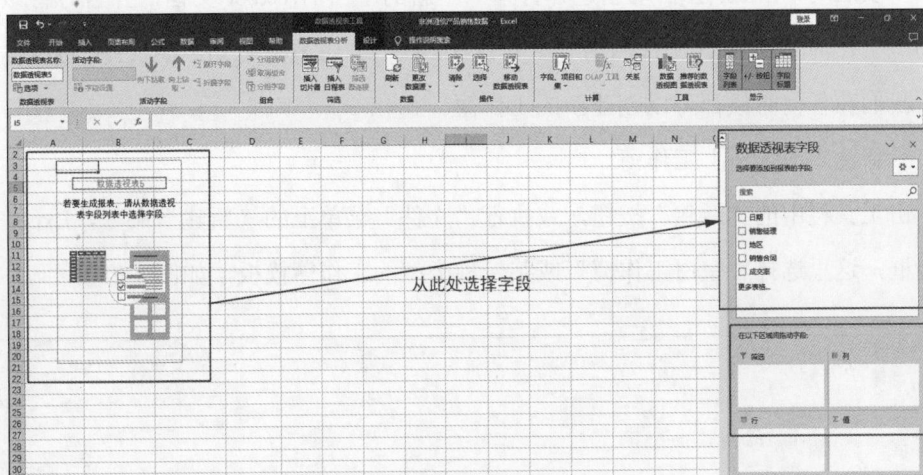

图 4-27 数据透视表的组成

在指定的工作表区域可查看创建的数据透视表，它主要由数据透视表布局区域和数据透视表字段列表构成。数据透视表布局区域是指生成数据透视表的区域。若要生成数据透视表，则可以在字段列表区域中选中字段名旁边的复选框。数据透视表字段列表区域用于显示数据源中的列标题，每个标题都是一个字段。

4.4 项目实验

1. 启动 Excel

启动 Excel 常用的方法有：①单击"开始"→"所有程序"→"Excel"；②双击桌面的 Excel 快捷方式；③双击现有的 Excel 文档，打开文档的同时也启动了 Excel；④在系统桌面单击鼠标右键，在弹出的快捷菜单中单击"新建"→"XLSX 工作表"或"XLS 工作表"。

2. 熟悉 Excel 的操作界面

成功启动 Excel 之后，我们便可以看见 Excel 的操作界面，Excel 操作界面与 Word 操作界面非常相似，同样有标题栏、菜单栏、工具栏和状态栏，不过多了名称框和编辑框。Excel 工作区和 Word 工作区有所不同，Excel 工作区是由若干行和若干列组成的一张表格，我们称之为工作表。

3. 创建工作簿

第一次启动，Excel 会自动创建并打开一个新的空白的 Excel 文档，并暂时将该文档命名为"工作簿 1"（默认文件名为"工作簿 1.xlsx"）。由前文可知，Excel 文档也称为工作簿，我们在任何时候都可以创建新的工作簿。

（1）新建"成绩册"工作簿

单击工具栏中的"新建"按钮，或执行"文件"菜单上的"新建"命令，Excel 会弹出对话框，这里选择"空白工作簿"或某一种类型的工作簿模板，如图 4-28 所示。

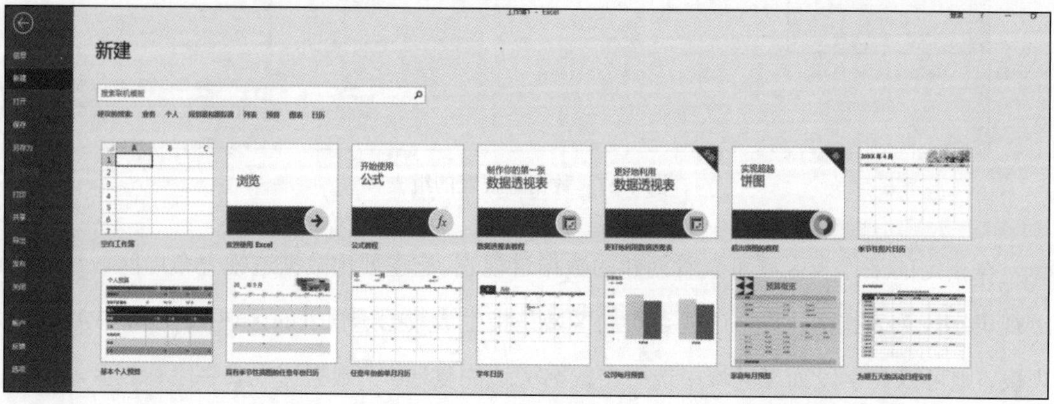

图 4-28 新建工作簿

（2）保存工作簿

执行"文件"菜单中的"保存"命令。由于当前工作簿是一个新建的工作簿，系统将弹出"另存为"对话框。我们在打开的"另存为"对话框中以"成绩册"为文件名来保存当前工作簿到 F 盘中的"计算机与大数据导论"文件夹（读者自行创建）中。这里也可以选择"文件"菜单中的"另存为"选项，采用相同操作将"成绩册"工作簿保存到 F 盘中的"计算机与大数据导论"文件夹中。

（3）关闭工作簿

执行"文件"菜单中的"关闭"命令或者单击菜单栏右侧的"关闭窗口"按钮，即可关闭"成绩册"工作簿，但此操作并不关闭 Excel 应用程序。

（4）打开工作簿

执行"文件"菜单中的"打开"命令或者单击工具栏上的"打开"按钮。在"打开"对话框中，找到并双击"成绩册.xlsx"工作簿，或者选择"成绩册.xlsx"文件后单击"打开"按钮，即可打开刚才创建的"成绩册.xlsx"工作簿。一般"文件"菜单中会显示最近使用过的多个工作簿文件名，通过直接单击"文件"下拉菜单中的工作簿文件名，也可以快速打开最近使用过的工作簿，如图 4-29 所示。

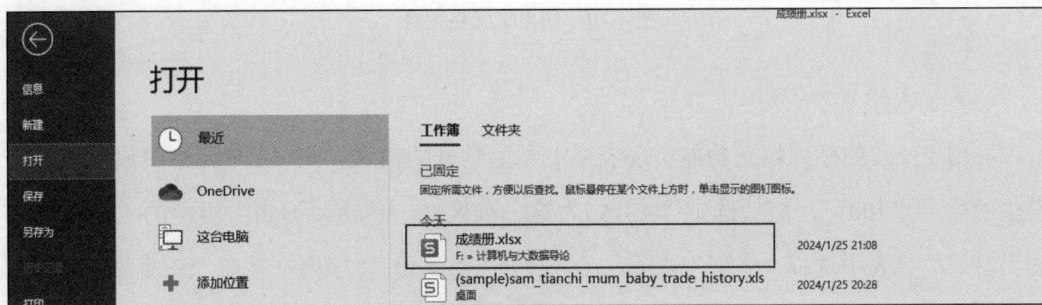

图 4-29 打开工作簿

4．退出 Excel

执行"文件"菜单中的"退出"命令或者单击标题栏右侧的"关闭"按钮，即可退出 Excel。

5．建立工作表

启动 Excel 后，默认新建的是一个由 3 个工作表组成的工作簿。工作表的名称默认为 Sheet 加上数字，如 Sheet1、Sheet2、Sheet3 等。工作表中的黑框为等待输入数据的活动单元格。

打开"成绩册"工作簿，在 Sheet1 工作表中输入以下内容。

（1）输入标题"学生登记表"

在 A1 单元格输入"学生登记表"，然后选中"A1:E1"这一行区域，单击工具栏中的"合并后居中"按钮。

（2）输入列名

在"A2:E2"单元格中分别输入"学号""姓名""班级""出生年月""性别"。此时的效果如图 4-30 所示。

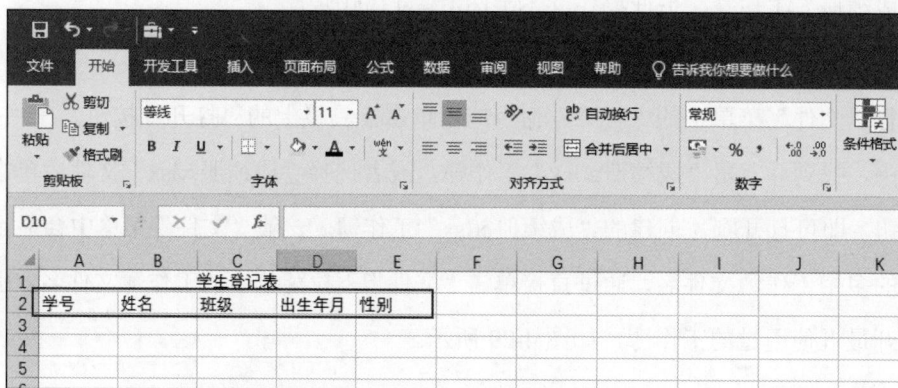

图 4-30　输入单元格内容

（3）输入学号

利用 Excel 的序列填充功能实现表格中学生学号的输入。在 A3 单元格中输入第一个学生的学号"1001"，然后选定"A3:A7"这一列区域，单击"编辑"组中的"填充"按钮。在下拉列表中选择"序列"选项。在"序列"对话框，"序列产生在"选项选择"列"，"类型"选项选择为"等差序列"，"步长值"设置为"1"，单击"确定"按钮，即可输入前 5 位学生的学号，如图 4-31 第 1 列所示。

（4）输入班级编号

在 C3 单元格中输入班级编号"计算机与大数据 01"，选中此单元格，当鼠标变为黑色十字（称为填充柄）时，按住鼠标左键并向下拖动至 C7 单元格，鼠标所经过的单元格都会被填入班级编号"计算机与大数据 01"～"计算机与大数据 05"，单击下拉按钮，在快捷菜单中选择"复制单元格"选项，则所选单元格将被填上相同的班级编号，如图 4-31 所示。

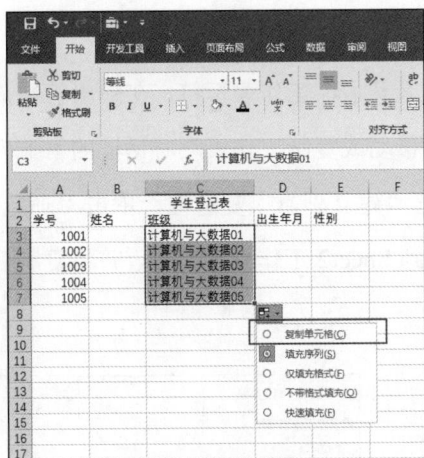

图 4-31 自动填充序列

（5）输入其余单元格内容

参照图 4-32 中的内容，输入其余单元格的内容。

（6）调整表格列宽

适当调整表格列宽，使表格宽度能够显示其中的所有内容。选中要设置列宽的单元格区域"A1:E7"，在"格式"下拉菜单中选择"自动调整列宽"选项，如图 4-32 所示。

图 4-32 调整表格列宽

6．工作表的操作

根据创建"成绩册"工作簿的实际需要，对工作表进行重命名、复制、插入、移动和删除操作。

（1）重命名工作表

将 Sheet1 工作表重命名为"学生登记表"。将鼠标指向 Sheet1 工作表标签，在其上单击鼠标右键，在快捷菜单中选择"重命名"选项，输入新的工作表名"学生登记表"即可。

（2）复制工作表

用鼠标右键单击"学生登记表"工作表标签，在弹出的快捷菜单中选择"移动或复制工作表"选项。在打开的"移动或复制工作表"对话框的"下列选定工作表之前"列表框中选定"Sheet2"，同时勾选"建立副本"复选框，单击"确定"按钮，如图 4-33 所示。即可将"学生登记表"复制到 Sheet2 工作表的左侧，并将复制后的工作表自动命名为"学生登记表(2)"。

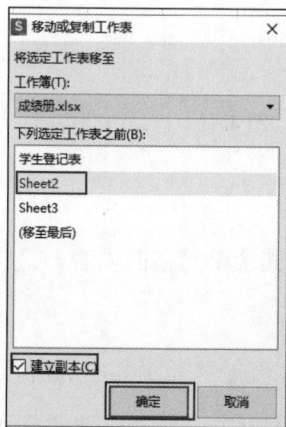

图 4-33　复制工作表

（3）插入工作表

用鼠标右键单击"学生登记表"工作表标签，在弹出的快捷菜单中选择"插入工作表"选择；或使用鼠标右键单击选择"插入工作表"选项，打开"插入工作表"对话框，插入数目填"1"，在"插入"选项卡中勾选"当前工作表之后"，单击"确定"按钮。这时在选中的"学生登记表"右侧插入了一个新的工作表，其名为"Sheet1"，如图 4-34 所示。

图 4-34　插入的工作表"Sheet1"

我们将新插入的工作表重命名为"2023-2024-1"。

（4）移动工作表

将"2023-2024-1"工作表移动至"Sheet2"工作表之前。选中"2023-2024-1"工作表标签，按住鼠标左键，此时出现黑色倒三角形，拖动标签到 Sheet2 工作表前面的位置即可，如图 4-35 所示。

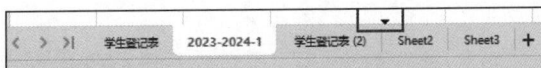

图 4-35　移动工作表

（5）删除工作表

删除"成绩册"工作簿中 Sheet2 和 Sheet3 工作表。单击欲删除的 Sheet2 工作表标签，执行"编辑"菜单中"删除工作表"命令；或者使用鼠标右键单击 Sheet2 工作表标签，选择快捷菜单中的"删除"选项即可。用同样的方法删除 Sheet3 工作表，此时的效果如图 4-36 所示。

图 4-36　删除工作表

将此时的结果文件"成绩册.xlsx"保存到 F 盘中的"计算机与大数据导论"文件夹。

4.5　习题

在个人计算机上完成"作业练习.xlsx"工作簿中的"练习 1"工作表，该工作表的效果如图 4-37 所示。

图 4-37　工作表效果

项目五　计算机网络与互联网

本项目主要介绍计算机网络的基础知识，以及互联网的基本概念和应用。

5.1　项目要求

（1）能简要说明计算机网络的组成。

（2）能独立获取计算机的 IP 地址，并设置域名。

（3）能简单排查网络故障。

（4）能在局域网内设置文件共享。

5.2　学习目标

☑　**技能目标**

（1）了解计算机网络的组成和分类。

（2）了解局域网和互联网。

（3）掌握互联网的基本应用。

☑　**思政目标**

（1）在讲解互联网基本概念和网络安全时，强调网络安全对国家安全的重要性，培养读者的国家安全意识。

（2）通过分析网络行为规范和案例，引导读者树立正确的网络伦理观，文明上网，拒绝网络暴力，维护清朗的网络环境。

（3）介绍计算机网络与互联网的发展历程和前沿技术，激发读者的科技创新热情，鼓励他们积极投身于信息技术领域的研究与发展。

☑　**素养目标**

（1）读者能够理解计算机网络的组成和分类，掌握互联网的基本应用，如 IP 地址配置、DNS 解析等。

（2）通过实验操作，如使用 ping 命令排查网络故障，培养读者的信息检索与分析能力，提高他们解决网络问题的能力。

（3）在分析网络案例和讨论网络伦理时，培养读者的批判性思维能力，学会独立思考和理性判断。

5.3 相关知识

5.3.1　计算机网络概述

在计算机网络发展的不同阶段，人们因对计算机网络的理解和侧重点不同而提出了不同的定义。就目前计算机网络现状来看，从资源共享的观点出发，人们通常将计算机网络定义为以能够相互共享资源的方式连接起来的独立计算机系统的集合。也就是说，将相互独立的计算机系统以通信线路相连接，采用网络协议进行数据通信，从而实现网络资源共享。

5.3.2　计算机网络的组成和分类

1. 计算机网络的组成

（1）计算机系统

计算机系统是计算机网络的基本组成部分。它主要完成数据信息的收集、存储、管理和输出操作，并提供各种网络资源。计算机系统根据设备在计算机网络中的用途，一般将设备分为主机和终端两部分。

主机（host）：它在很多时候称为服务器（server），是一台高性能计算机，用于管理网络、运行应用程序和处理各网络工作站成员的信息请示等。

终端（terminal）：它是网络中的用户进行网络操作、实现人机对话的重要工具，在局域网中通常称为工作站（workstation）或客户机（client）。由服务器进行管理和提供服务的、连入网络的任何计算机都属于工作站，其性能一般低于服务器。个人计算机接入互联网后，在获取互联网服务的同时，其本身会成为一台互联网上的工作站。网络工作站需要运行网络操作系统的客户端软件。

（2）数据通信系统

数据通信系统是连接网络的桥梁，提供了各种连接技术和信息交换技术，其主要任务是把数据源计算机所产生的数据迅速、可靠、准确地传输到数据宿（目的）计算机或专用外设中。

从计算机网络技术的组成部分来看，一个完整的数据通信系统一般由数据终端、通信控制器、通信信道和信号变换器等 4 个部分组成。

（3）网络软件

网络软件是计算机网络中不可或缺的组成部分。网络的正常工作需要网络软件的控制，如同单个计算机在软件的控制下工作一样。一方面，网络软件授权用户对网络资源访问，帮助用户方便、快速地访问网络；另一方面，网络软件也能够管理和调度网络资源，提供网络通信和用户所需要的各种网络服务。

通常情况下，网络软件分为通信软件、网络协议软件和网络操作系统 3 个部分。

（4）通信子网和资源子网

从功能上看，计算机网络主要具有完成网络通信和资源共享两大功能。为实现这两个功能，计算机网络必须具有数据通信和数据处理两种能力，因此，计算机网络可以从逻辑上划分成两个子网，即通信子网和资源子网。

通信子网：主要负责网络的数据通信，为网络用户提供数据传输、转接、加工和变换等数据信息处理工作，由通信控制处理机（又称为网络节点）、通信线路、网络通信协议及通信控制软件组成。

资源子网：用于网络的数据处理功能，向网络用户提供各种网络资源和网络服务，主要包括通信线路（传输介质）、网络连接设备（如网络接口设备、通信控制处理机、网桥、路由器、交换机、网关、调制解调器和卫星地面接收站等）、网络通信协议和通信控制软件等。

在局域网中，资源子网主要由网络的服务器、工作站、共享的打印机和其他设备及相关软件组成；通信子网由网卡、线缆、集线器、中继器、网桥、路由器、交换机等设备和相关软件组成，二者的关系如图 5-1 所示。

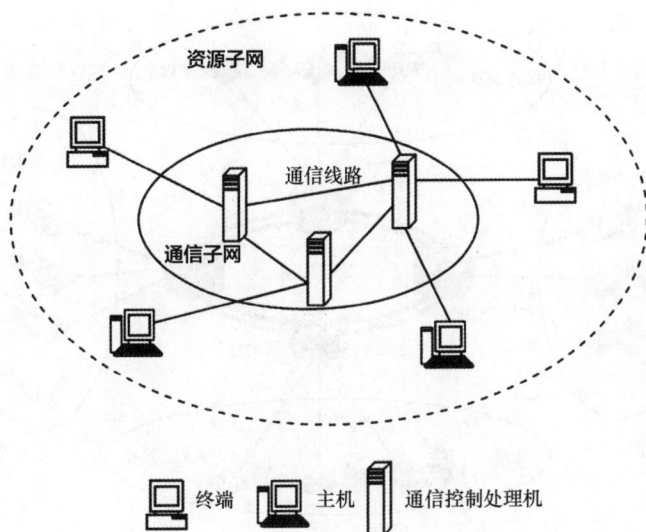

图 5-1　资源子网和通信子网的关系

2. 计算机网络的分类

按网络覆盖的地理范围，计算机网络可以分为局域网、城域网和广域网。

局域网（local area network，LAN）：将较小地理区域内的计算机或数据终端连接在一起的通信网络，其示意如图 5-2 所示。局域网覆盖的地理范围比较小，主要用于实现短距离的资源共享。

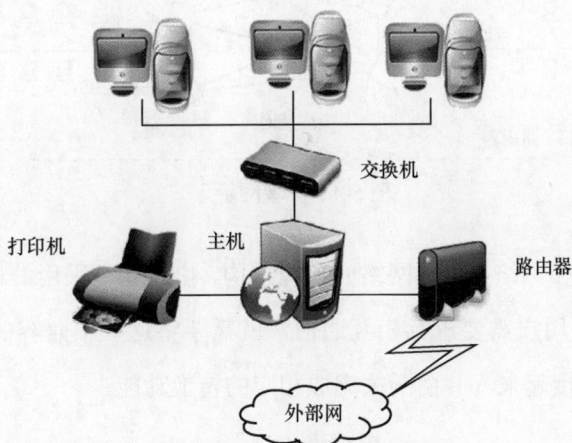

图 5-2　局域网示意

城域网（metropolitan area network，MAN）：它是一种大型的通信网络，其覆盖范围介于局域网和广域网之间。城域网将一个城市内不同地点的多个局域网连接起来，实现资源共享，其示意如图 5-3 所示。

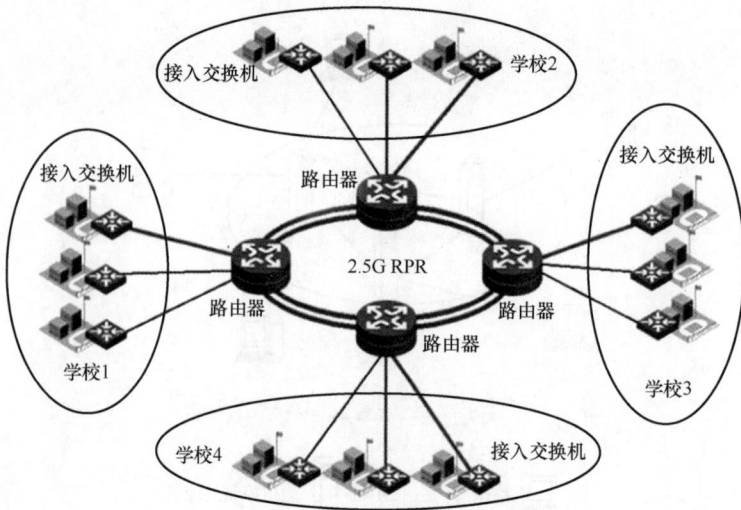

图 5-3　城域网示意

广域网（wide area network，WAN）：在地域上可以跨越国界、洲界，甚至覆盖全球，其示意如图 5-4 所示。目前，互联网是现今世界上最大的广域网，它是一个覆盖全球的网络。

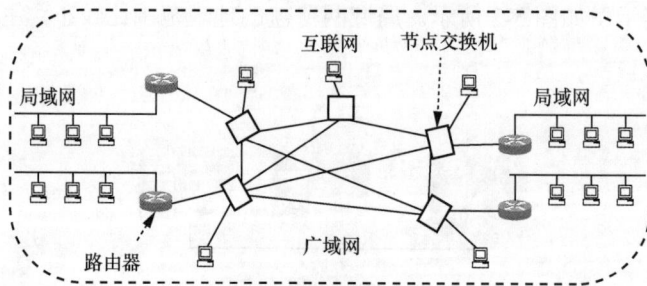

图 5-4　广域网示意

目前世界上有许多网络，不同网络的物理结构、协议和所采用的标准也各不相同。如果连接到不同网络的用户需要进行相互通信，就需要将这些不兼容的网络通过称为网关（gateway）的设备连接起来，并由网关完成相应的转换功能。

5.3.3　网络传输介质和网络通信设备

1. 网络传输介质

网络传输介质包括有线传输介质和无线传输介质两种。

目前常用的有线传输介质包括双绞线和光导纤维两种。

无线传输利用可以在空气中传播的无线电波、微波、红外线等介质实现数据的传输。无线局域网就是由无线传输介质和计算机设备组成的局域网。

2．网络通信设备

（1）网络接口卡

网络接口卡（network interface card，NIC）又称为网络适配器、网络卡或者网卡，是以太网的必备设备。

有线网卡是指必须连接网线才能访问网络的网卡，主要包括 PCI 网卡、集成网卡和USB 网卡 3 种类型。

无线网卡是无线局域网的无线网络信号覆盖下通过无线连接网络进行上网使用的无线终端。目前的无线网卡主要包括 PCI 网卡、USB 网卡、PCMCIA 网卡和 mini-PCI 网卡4 种类型。

（2）路由器

路由器（router）是一种连接多个网络或网段的网络设备。它能对不同网络或网段之间的数据信息进行"翻译"，使不同网络或网段之间能够相互"读懂"对方的数据，从而构成一个更大的网络。

路由器的主要工作就是为经过路由器的每个数据帧寻找一条最佳传输路径，并将该数据有效地传送到目的节点。路由器是网络与外界的通信出口，也是联系内部子网的桥梁。

（3）交换机

交换机（switch）是一种用于电信号转发的网络设备。它可以为接入交换机的任意两个网络节点提供独享的电信号通路。常见的交换机是以太网交换机和光纤交换机。

5.3.4　计算机网络的设置与使用

1．IP 地址查询和设置

（1）IP 地址简介

IP 地址是互联网上用于识别和定位设备的唯一地址。它是一个由 32 位（IPv4）或 128 位（IPv6）二进制数组成的标识符。在互联网通信中，每个设备（如计算机、手机、路由器等）都需要拥有唯一的 IP 地址，以便进行数据传输和网络通信。

（2）查询 IP 地址

查询 IP 地址的步骤如下。

步骤 1：按住组合键 Win+R，在打开的界面中输入"cmd"。

步骤 2：在弹出的第二个界面中输入"ipconfig"命令并按回车键，即可查到 IP 地址。在图 5-5 所示查询 IP 地址结果中，IPv4 地址即本地 IP 地址。如果一台计算机还有其他 IP 地址，那么这里也会显示出来，比如虚拟机上的地址。

图 5-5　查询 IP 地址结果

（3）设置静态 IP 地址

静态 IP 地址可以使远程访问更加便捷。如果需要从外部网络访问设备或者进行远程办公，那么静态 IP 地址可以提供一个固定的入口，不需要远程访问时频繁更改 IP 地址。

在图 5-6 所示界面单击"更改适配器选项"，这时会弹出目前连接的网络（未展示）。

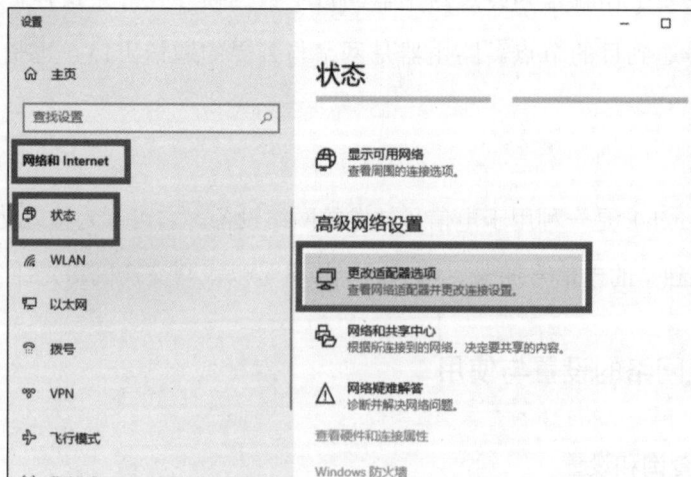

图 5-6　打开更改适配器选项

选中目前所用的网络并单击鼠标右键，在弹出的快捷菜单中选择"属性"，这时会弹出"WLAN 属性"界面，如图 5-7 所示。在这个界面上勾选"Internet 协议版本 4（TCP/IPv4）"，并单击"属性"按钮，进入图 5-8 所示界面对 IP 地址进行设置。

在图 5-8 所示界面中，系统默认自动获取 IP 地址，这样会导致每次远程连接都要先查询当前的 IP 地址，非常不便于远程操作。下面我们勾选"使用下面的 IP 地址"，将 IP 地址设置成静态 IP 地址。

图 5-7　"WLAN 属性"界面

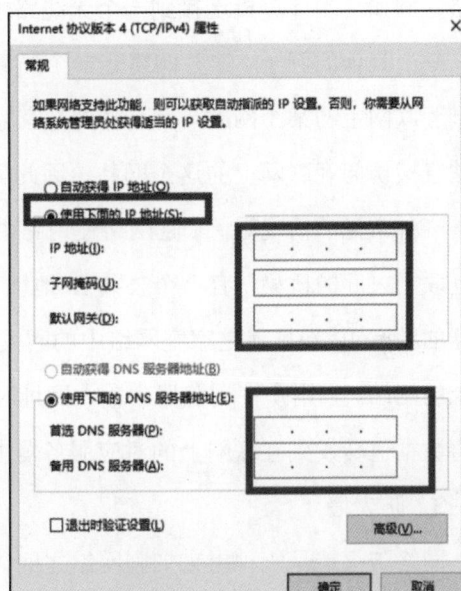

图 5-8　设置静态 IP 地址

2．DNS 和网关

（1）DNS

当想要通过互联网访问一个网站时，我们通常会在浏览器的地址栏输入该网站的网址。但是，我们不能直接通过这个网址连接到网络上的目标服务器，因为计算机只知道如何根据 IP 地址来定位服务器，因此，我们需要域名服务（domain name system，DNS）将这个网址转换为相应的 IP 地址。

DNS 是一种分布式数据库系统，它存储了互联网上所有域名和相应的 IP 地址之间的映射关系。当我们访问一个网站时，计算机会向本地 DNS 服务器发送请求，询问相应的域名所对应的 IP 地址。如果本地 DNS 服务器没有相应的映射关系，那么它会向较高级别的 DNS 服务器发送请求，一直向上追溯，直到找到所需的 IP 地址并返回给计算机。

（2）网关

网关地址是指在一台计算机或网络中，连接两个不同网络的设备的 IP 地址。简单来说，网关就是连接两个不同子网的设备，实现数据传输的桥梁。网关可以是路由器、交换机、防火墙等设备，也可以是运行特定网络服务的主机或服务器。

当一台计算机需要连接到网络的其他子网时，计算机需要通过网关才能访问这些子网。换句话说，网关地址就是目标网络的默认出口地址，将数据包从本地网络发送到目标网络。例如，当计算机连接到一个无线路由器时，这个无线路由器就是计算机的网关。

举个具体的例子。家庭网络是一个局域网，包括多台计算机和多个智能设备。若想连接到互联网上的某个网站，而互联网与家庭网络不在同一个子网内，也就是说，家庭网络无法直接访问互联网上的这个网站，因此需要通过网关连接到互联网上。

一种常见的情况是，家庭网络使用路由器来连接到互联网上，路由器充当着家庭网络和互联网之间的桥梁，有一个公共 IP 地址和一个或多个私有 IP 地址。在这种情况下，路由器的私有 IP 地址就是家庭网络中的网关地址，计算机需要知道这个地址才能访问互联网上的网站。当用户在浏览器中输入网址时，计算机会将数据包发送到网关地址，由路由器将数据包转发到互联网上的对应服务器上，从而实现网络通信。

3．防火墙

网络防火墙是一种用来加强网络之间访问控制的特殊网络互联设备。计算机流入和流出的所有网络通信均要经过此防火墙。防火墙对流经它的报文进行扫描，过滤一些攻击行为，以免这些攻击行为在目标计算机上被执行。防火墙可以关闭不使用的端口，而且它能禁止特定端口的报文流出，封锁木马病毒。此外，防火墙可以禁止来自特殊站点的访问，从而防止来自不明入侵者的所有通信。

防火墙可以分为以下 3 类。

（1）网络层防火墙

网络层防火墙保护整个网络不受非法入侵，其典型技术是包过滤技术，即检查进入网络的分组，将不符合预先设定标准的分组过滤掉，而让符合标准的分组通过。包过滤技术主要基于路由技术，依据静态或动态的过滤逻辑，在对数据包进行转发前根据数据包的目的地址、源地址及端口号来过滤数据包。

（2）应用级网关防火墙

应用级网关防火墙控制对应用程序的访问，即允许设备访问某些应用程序而阻止设备访问其他应用程序。采用的方法是在应用层网关上安装代理软件，每个代理模块分别针对不同的应用。例如，远程登录代理（telnet proxy）负责远程终端协议在防火墙上的转发，文件传输代理（FTP proxy）负责 FTP 在防火墙上的转发。管理员可以根据需要安装相应的代理，用以控制对应用程序的访问。各个代理模块相互无关，即使某个代理模块的工作发生问题，只需要将其拆卸，不会影响其他代理模块的正常工作，从而保证了防火墙的安全性。这种防火墙又叫作代理防火墙，它由代理服务器和过滤路由器组成，是目前较流行的一种防火墙。

（3）监测型防火墙

监测型防火墙能够对数据进行主动的、实时的监测，在对这些数据加以分析的基础上，监测型防火墙能够有效判断非法侵入行为。同时，监测型防火墙一般带有分布式探测器，这些探测器安置在各种应用服务器和其他网络的节点之中，不仅能够监测来自网络外部的攻击，而且对来自网络内部的恶意破坏也有极强的防范作用。

5.3.5　互联网概述与应用

1．互联网概述

互联网是全球最大、连接能力最强，由遍布全世界的众多大大小小的网络相互连接而成的计算机网络。它是由美国的阿帕网（ARPAnet）发展起来的。互联网主要采用 TCP/IP 协议族中的相关协议，使网络上的计算机可以相互交换信息。在人们的工作、生活中，互联网起着越来越重要的作用。

2．互联网基本概念

（1）TCP/IP

传输控制协议（transmission control protocol，TCP）是传输层协议。TCP 提供端到端的、可靠的、面向连接的服务。TCP/IP 是一个工业标准的协议族。随着 TCP/IP 在各个行业中的成功应用，它已成为事实上的网络标准，广泛应用于各种网络设备间的通信。

（2）IP 地址

IP 地址即网络协议地址。连接到互联网的每台主机都有全网络唯一的 IP 地址。IP 地址由 4 B（32 bit）组成，通常用小圆点（.）分隔，其中的每个字节可用十进制数来表示，取值范围为 0～255。例如，192.168.1.51 就是一个 IP 地址。IP 地址通常可分成两部分，第一部分是网络号，第二部分是主机号。

互联网的 IP 地址可以分为 5 类，它们分别是 A 类、B 类、C 类、D 类、E 类，各类地址范围具体如下。

A 类：1.0.0.1～127.255.255.255。

B 类：128.0.0.1～191.255.255.255。

C 类：192.0.0.1～223.255.255.255。

D 类：224.0.0.0～239.255.255.255。D 类地址留给互联网架构委员会使用。

E 类地址保留在今后使用。

（3）URL

在互联网上，每一个信息资源都有唯一的地址，该地址叫统一资源定位符（uniform resource locator，URL）。URL 由资源类型、主机域名、资源文件路径和资源文件名四部分组成，其格式为"资源类型://主机域名/资源文件路径/资源文件名"。

（4）HTTP

超文本传送协议（hypertext transfer protocol，HTTP）是一种传输由超文本标记语言（hypertext markup language，HTML）编写的文本的协议。这种文本就是通常所说的网页。有了 HTTP，浏览器和服务器之间才能够通信，用户也可以浏览网络中的各种信息。网页就是 Web 网站上的 HTML 文档，是构成网站的基本元素。

3．网络的接入

光纤是一种用于宽带网络的传输介质，具有传输容量大、传输质量高、损耗低和中继距离长等优点。

光纤接入网络一般有两种形式。一种是将光纤接入到小区节点或楼道节点，再通过双绞线连接到各个网络共享点上，进而连接用户终端；另一种是光纤到户，将光纤布设到用户处，再通过有线或无线等方式连接终端。

4．互联网的应用

（1）电子邮件

在编写电子邮件的过程中，人们经常会使用一些专用名词，具体如下。

收件人：邮件的接收者，用于输入收件人的电子邮箱地址。

主题：邮件的主题，即邮件的名称。

抄送：用于输入同时接收该邮件的其他人的电子邮箱地址。在抄送方式下，收件人能够看到发件人将该邮件抄送给的其他文件对象。

密件抄送：与抄送不同的是收件人被抄送的对象。

附件：随同邮件一起发送的附加文件。

正文：电子邮件的主体部分，即邮件的详细内容。

（2）文件传输

文件传输是指通过网络将文件从一个计算机系统复制到另一个计算机系统的过程。互联网通过 FTP 实现文件传输。人们通过 FTP 可将一个文件从一台计算机传送到另一台计算机上，无论这两台计算机使用的操作系统是否相同，相隔的距离有多远。

（3）搜索引擎

搜索引擎是专门用来查询信息的网站。这些网站可以提供全面的信息查询。搜索引擎主要包括信息搜集、信息处理和信息查询等功能。目前，常用的搜索引擎有百度、搜狗、搜狐、360 搜索及搜搜等。

5.4　项目实验

5.4.1　使用 ping 命令排查网络故障

ping 是个使用频率极高的互联网控制报文协议（Internet control message protocol，ICMP）的程序，用于确定本地主机是否能与另一台主机交换（发送和接收）数据包。根据返回的信息，我们就可以推断 TCP/IP 参数是否设置正确，以及运行是否正常。简单来说，ping 就是一个连通性测试程序。在 Windows 终端上运行 ping 命令，系统将发送 4 个 ICMP 回送请求报文。如果通信链路正常，那么终端会收到 4 个应答报文。

以下是 ping 命令应用示例。

首先，使用 ipconfig 命令查看本机网络信息。

ipconfig 命令可选用多个参数，实现不同的功能。最常用的方式是带/all 参数，这样可以查到所有接口的详细配置信息。在命令提示符界面输入"ipconfig /all"命令并按回车键，得到的结果如图 5-9 所示。

根据图 5-9 可知，本机 IP 地址为 192.168.31.171，子网掩码为 255.255.255.0，默认网关（地址）为 192.168.31.1，DNS 服务器地址为 192.168.31.1。

然后，ping 不同 IP 地址测试连通性。

ping 127.0.0.1：即 ping 环回地址，验证本地计算机上是否正确安装了网络协议，以及配置是否正确。

ping 本机 IP 地址：计算机始终都应该对该 ping 命令作出应答，若没有应答，则表示本地配置或者安装存在问题。

```
无线局域网适配器 WLAN:

   连接特定的 DNS 后缀 . . . . . . . :
   描述. . . . . . . . . . . . . . . : Intel(R) Wi-Fi 6E AX211 160MHz
   物理地址. . . . . . . . . . . . . : B0-DC-EF-9D-D8-52
   DHCP 已启用 . . . . . . . . . . . : 是
   自动配置已启用. . . . . . . . . . : 是
   本地链接 IPv6 地址. . . . . . . . : fe80::4680:b7aa:28de:a5bb%7(首选)
   IPv4 地址 . . . . . . . . . . . . : 192.168.31.171(首选)
   子网掩码  . . . . . . . . . . . . : 255.255.255.0
   获得租约的时间  . . . . . . . . . : 2024年1月29日 22:22:14
   租约过期的时间  . . . . . . . . . : 2024年2月1日 3:33:00
   默认网关. . . . . . . . . . . . . : 192.168.31.1
   DHCP 服务器 . . . . . . . . . . . : 192.168.31.1
   DHCPv6 IAID . . . . . . . . . . . : 954476975
   DHCPv6 客户端 DUID . . . . . . . . : 00-01-00-01-2C-35-41-CA-00-6F-00-01-15-7E
   DNS 服务器  . . . . . . . . . . . : 192.168.31.1
   TCPIP 上的 NetBIOS . . . . . . . : 已启用
```

图 5-9　ipconfig/all 命令结果

ping 网关地址：这个命令如果应答正确，那么表示局域网中的路由器正在运行并能够作出应答，否则应检查路由器是否存在问题。以图 5-9 所示网关地址为例，ping 网关地址（ping 192.168.31.1）命令的结果如图 5-10 所示。

```
C:\Users\ljlps>ping 192.168.31.1

正在 Ping 192.168.31.1 具有 32 字节的数据:
来自 192.168.31.1 的回复: 字节=32 时间=3ms TTL=64
来自 192.168.31.1 的回复: 字节=32 时间=1ms TTL=64
来自 192.168.31.1 的回复: 字节=32 时间=2ms TTL=64
来自 192.168.31.1 的回复: 字节=32 时间=6ms TTL=64

192.168.31.1 的 Ping 统计信息:
    数据包: 已发送 = 4, 已接收 = 4, 丢失 = 0 (0% 丢失),
往返行程的估计时间(以毫秒为单位):
    最短 = 1ms, 最长 = 6ms, 平均 = 3ms
```

图 5-10　ping 网关地址命令结果

ping 局域网内其他 IP 地址：这个命令会离开本地计算机，经过网络发送到目标计算机上。若收到应答报文表明本地网络中的设备和配置正确，运行正常。如果收到 0 个应答报文，那么表示网络有问题。

ping 远程 IP 地址：如果收到 4 个应答报文，那么表示终端能够成功地访问互联网。

ping localhost：localhost 是操作系统的网络保留名，它是 127.0.0.1 的别名，每台计算机都应该能够将该名字转换成该地址。如果没有做到这一效果，那么表示主机(host)文件中存在问题。

ping 域名：计算机 ping 域名（如 ping www.ptpress.com.cn）通常通过 DNS 服务器解

析，如果这时出现问题，那么表示本机 DNS 服务器的 IP 地址配置不正确或者 DNS 服务器有故障。

如果上面所有 ping 命令都能正常执行，那么计算机进行本地和远程通信的功能基本上就没有问题了。但是，这些命令的成功并不表示所有的网络配置都没有问题。例如，某些子网掩码错误就可能无法用这些方法检测出来。当遇到具体问题时，用户需要对症下药，寻找解决的方法。

5.4.2　设置共享文件夹

在计算机上设置共享文件夹的步骤如下。这里涉及两台计算机。

步骤 1：使用 ipconfig 命令分别查看计算机 1 和计算机 2 的 IP 地址，确定两台计算机的 IP 地址属于同一个局域网。例如，PC01 和 PC02 的 IP 地址分别为 192.168.31.201 和 192.168.31.171，它们的默认网关都是 192.168.31.1，那么说明它们处在同一个局域网内，满足共享文件的要求。

步骤 2：修改计算机名称。进入"控制面板"，选择"系统和安全"（或"系统"）→"查看该计算机的名称"。在系统界面中，我们将两台计算机的名称分别修改为 PC01 和 PC02，如图 5-11 所示。

图 5-11　修改计算机的名称（以 PC02 为例）

计算机名称可以与 IP 地址形成映射，后续我们可以通过该名称直接访问另一台计算机的共享文件夹。

步骤 3：修改账户名和密码。进入"控制面板"，选择"用户账户"→"更改账户类型"，如图 5-12 所示。在"更改账户"页面，将账户名称修改为"USER 学号"（这里改为"USER01"和"USER02"），并将密码设置为"admin"。

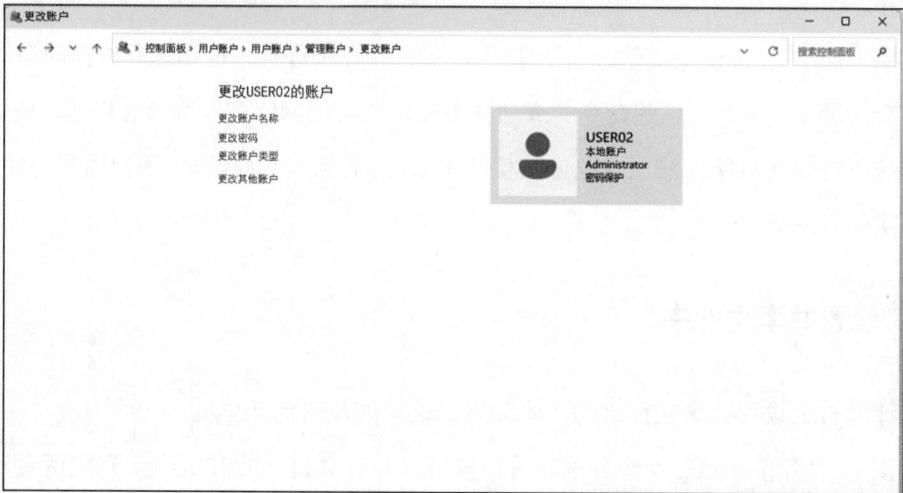

图 5-12　"更改账户"界面

步骤 4：设置共享文件夹。要在 PC02 上访问位于 PC01 的共享文件夹，我们需要知道 PC02 的计算机名称、用（账）户名称和密码。

首先，在 PC01 上新建名称格式为测试+学号的文件夹，如"测试 01"，并在该文件夹中新建一个名称格式为测试+学号的可编辑的 txt 文件。打开图 5-13（a）所示文件夹（测试 01）属性界面，选择"高级共享"选项。

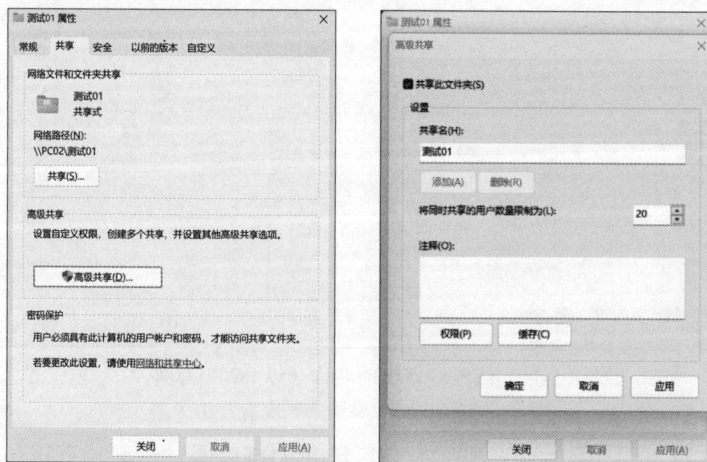

（a）文件夹属性界面　　　　　　（b）勾选"共享此文件夹"选项

图 5-13　设置共享文件夹

在图 5-14 所示界面设置共享权限的组为"Everyone"。如果不存在该组别，那么可使用添加功能添加该组别。在这里，我们将文件夹共享权限设置为"读取"，即局域网内其他计算机对该共享文件夹只能读取，不能添加或删除内容。

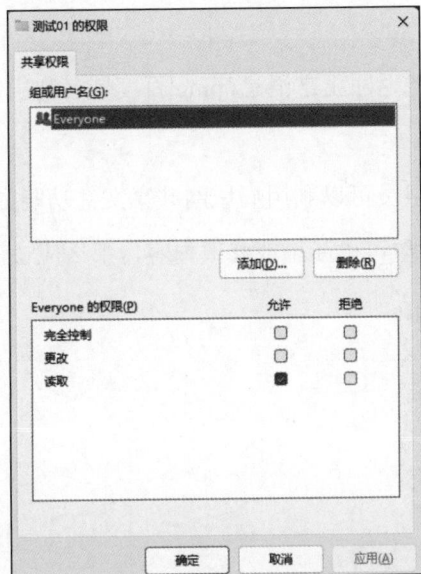

图 5-14　设置共享权限

　　完成以上设置后，共享文件夹的网络路径为"\\PC01\测试 01"，我们可以在 PC02 上根据这个路径访问共享文件夹。

　　步骤 5：访问共享文件夹。在 PC02 上使用组合键 Win+R 打开运行窗口，输入 PC01 的计算机名称或 IP 地址即可访问共享文件夹，如图 5-15 和图 5-16 所示。

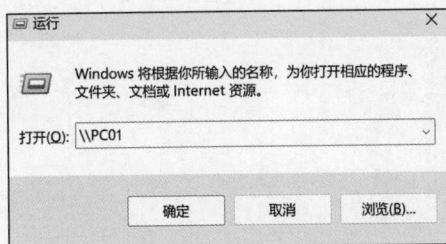

图 5-15　使用计算机名称访问 PC01

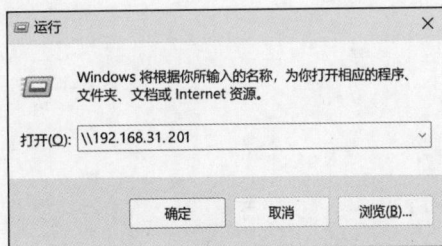

图 5-16　使用 IP 地址访问 PC01

　　在"Windows 安全中心"界面中，输入目标计算机的用户名和密码。我们可以在 PC01 上直接访问 PC02 的共享文件夹了。

　　由于设置的共享权限是读取，我们只能打开、复制该文件夹里的文件到本地计算机，并不能给该文件夹新增或修改新的内容。

5.5 习题

1. ping 百度的 IP 地址能返回正常消息，ping 百度域名却出错，这是什么问题导致的？如何解决这个问题呢？

2. 当小组合作时，各组员可以利用局域网共享文件功能提高合作效率，此时仅读取共享文件就足够吗？如果希望可以新增或修改内容，那么应该怎么设置呢？

项目六 工业互联网

6.1 项目要求

掌握 DC-WEB 工业互联网平台的使用方法。

6.2 学习目标

☑ **技能目标**

（1）了解工业互联网概念。

（2）了解工业互联网核心技术。

（3）掌握工业互联网体系架构。

（4）掌握工业互联网标准体系。

☑ **思政目标**

（1）引导读者理解工业互联网作为"中国制造 2025"的核心支撑，认识其在提升国家制造业竞争力中的关键作用，增强科技自立自强的使命感。

（2）结合工业互联网安全风险，强调技术应用中的安全责任，培养读者对技术伦理的敬畏感和防护意识。

（3）通过对比全球工业互联网发展差距，激发读者投身核心技术攻关的决心，培养解决"卡脖子"问题的担当精神。

☑ **素养目标**

（1）掌握工业互联网平台的数据可视化开发能力，能独立完成组件配置、数据联动及交互设计，提升低代码工具开发水平。

（2）理解数据在工业智能闭环中的核心作用，培养基于数据分析的生产优化决策能力。

（3）认知工业互联网"网络-平台-安全"三层架构及跨行业协同需求，培养从设备层到产业层的全局系统规划能力。

6.3 相关知识

6.3.1 工业互联网概述

工业互联网是物联网、云计算、大数据、人工智能等新一代信息技术与制造业深度融合产生的新技术。它是数字化背景下实现制造业转型升级的重要方式与手段，能够帮助企业实现数字化生产、智能化管理、产业链协同等，构建起全连接、全要素、全产业链、全价值链的新型工业生产制造和服务体系。

目前，全球制造业龙头企业、信息与通信技术（information and communications technology，ICT）领先企业、互联网主导企业基于各自优势，从不同层面搭建了工业互联网平台。工业互联网平台虽然发展时间不长，但有迅速扩张的趋势。各大企业积极探索技术创新、管理创新、商业模式创新的实现途径和发展规律，并已经取得了一些成绩。工业互联网平台从下到上可以分为4层，分别为边缘层、基础设施即服务（infrastructure as a service，IaaS）、平台即服务（platform as a service，PaaS）和软件即服务（software as a service，SaaS），如图6-1所示。

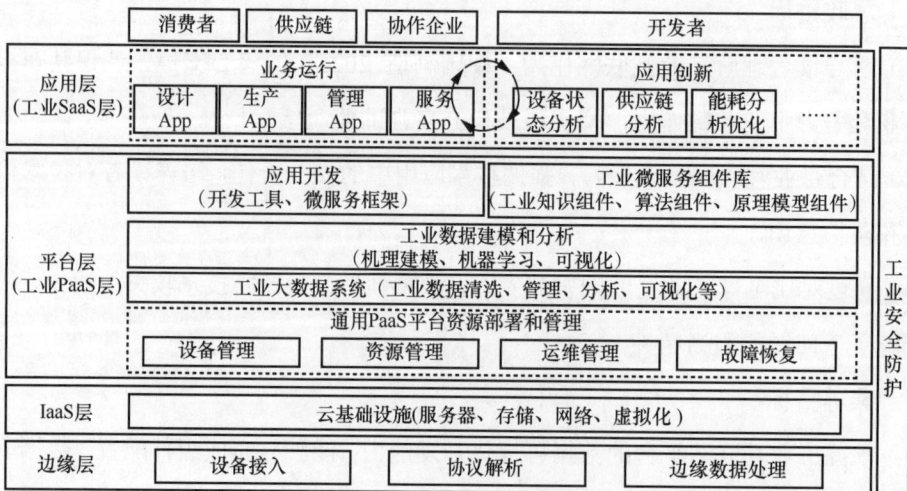

图6-1 工业互联网平台功能架构

边缘层也称为边缘计算层。作为连接工业互联网和底层物理设备的桥梁，边缘层主要负责对接不同厂商、不同协议设备，开展从物理层到平台层的数据采集与传输、异构设备协议解析与转换，以及多元数据分析与处理，从而降低网络传输负载和云端计算压力。

IaaS 层也称为基础设施层，主要包括硬件服务器、存储设备、网络设备、虚拟化相关设备的基础设施，为工业互联网平台运行提供硬件支撑。

平台层也称为工业 PaaS 层，相当于一个开放、可扩展的工业操作系统。它基于底层通用的资源、流程、数据管理模块，建立与开发工具、大数据和数据模型库相关的微服务组件，将不同行业、不同场景的工具、技术、知识和经验等资源，封装形成微服务架构，供各类开发者快速地定制、开发、测试和部署各类 App。

应用层也称为工业 SaaS 层。一方面基于工业 PaaS 层的工业操作系统，将传统的工业软件部署到工业互联网平台中，这个过程称为云化；另一方面，吸引更多的第三方软件开发企业，入驻到工业互联网平台中，提供一系列与工业互联网服务相关的 App，有效促进工业互联网在实际工业应用中落地。

目前，工业互联网平台的发展呈现以下特点。

IaaS 层呈现头部企业垄断特征。国际市场由亚马逊 AWS、微软 Azure、谷歌云主导，国内市场则以阿里云、华为云、腾讯云形成"三强鼎立"局面。头部企业通过全栈技术与生态整合构筑壁垒，寡头垄断加剧。

PaaS 层企业呈现显著分化特征。行业从早期粗放扩张进入专业化深耕阶段，多家企业存在专业知识沉淀不足的问题，部分企业盲目追求"横向通用"。

SaaS 层尚处于发展前期阶段。工业互联网平台以解决工业数字化转型中的问题为目的。限于工业专业知识不足、工业数字化模型及 PaaS 赋能不足，工业 SaaS 层的潜力尚未发挥出来，大多数 App 处于发展前期阶段。

6.3.2 工业互联网的框架与标准体系

1. 工业互联网的体系框架

（1）工业互联网体系框架 1.0

2017 年，我国工业互联网产业联盟发布了《工业互联网标准体系框架（版本 1.0）》，将网络、数据和安全作为工业互联网体系框架的三大核心，使工业互联网多方面发展有了部署方法与指导方针。工业互联网体系框架 1.0 如图 6-2 所示。

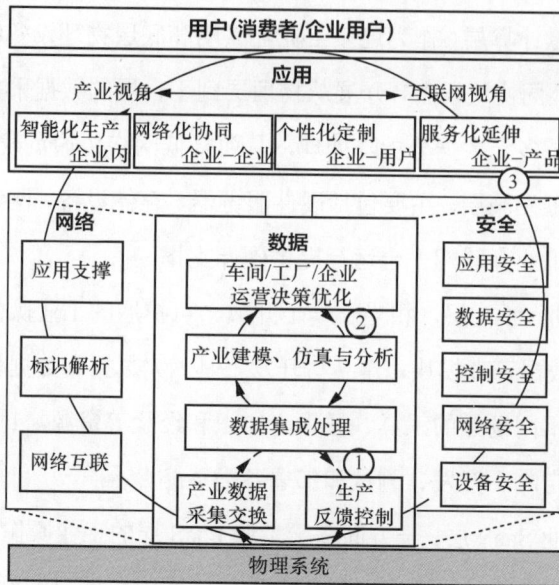

图 6-2　工业互联网体系框架 1.0

　　基于网络、数据与安全，工业互联网将构建面向工业智能化发展的三大优化闭环。一是面向机器设备运行优化的闭环，其核心是基于对机器操作数据、生产环境数据的实时感知和边缘计算，实现机器设备的动态优化调整，构建智能机器和柔性生产线。二是面向生产运营优化的闭环，其核心是基于信息系统数据、制造执行系统数据、控制系统数据的集成处理和大数据建模分析，实现生产运营管理的动态优化调整，形成各种场景下的智能生产模式。三是面向企业协同、用户交互与产品服务优化的闭环，其核心是基于供应链数据、用户需求数据、产品服务数据的综合集成与分析，实现企业资源组织和商业活动的创新，形成网络化协同、个性化定制、服务化延伸等新模式。

　　（2）工业互联网体系框架 2.0

　　工业互联网体系框架 2.0 是对工业互联网体系框架 1.0 的升级。工业互联网体系框架2.0 从业务视图、功能架构和实施框架 3 个角度进一步定义了工业互联网的参考架构，其目标在于从工业互联网促进产业发展的作用和路径出发，指引企业明确数字化转型的商业目标与业务需求。

　　工业互联网的核心功能原理是基于数据驱动的物理系统与数字空间全面互联与深度协同，以及在此过程中的智能分析与决策优化，通过网络、平台、安全三大功能体系的构建，全面打通设备资产、生产系统、管理系统和供应链条，基于数据整合与分析实现三大体系的贯通。工业互联网的核心功能原理如图 6-3 所示。

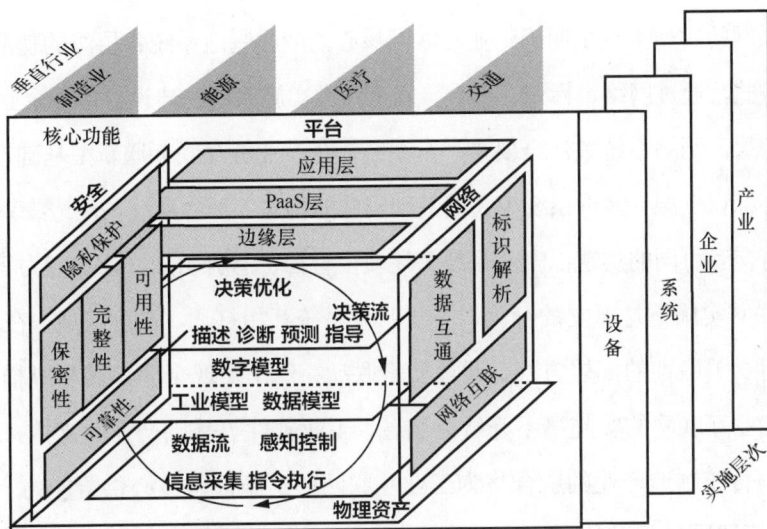

图 6-3　工业互联网的核心功能原理

2.工业互联网的实施框架

工业互联网实施框架是整个工业互联网体系框架 2.0 中的操作方案，解决了在哪做、做什么、怎么做的问题。工业互联网实施框架如图 6-4 所示，当前阶段工业互联网的实施以传统制造体系的层级划分为基础，适度考虑未来基于产业的协同组织，按设备层、边缘层、企业层、产业层 4 个层级开展系统建设，指导企业整体部署。设备层对应工业设备、产品的运行和维护功能，关注设备底层的监控优化、故障诊断等应用。边缘层对应车间或生产线的运行维护功能，关注工艺配置、物料调度、能效管理、质量管控等应用。企业层对应企业平台、网络等关键能力，关注订单计划、绩效优化等应用。产业层对应跨行业平台、网络和安全系统，关注供应链协同、资源配置等应用。

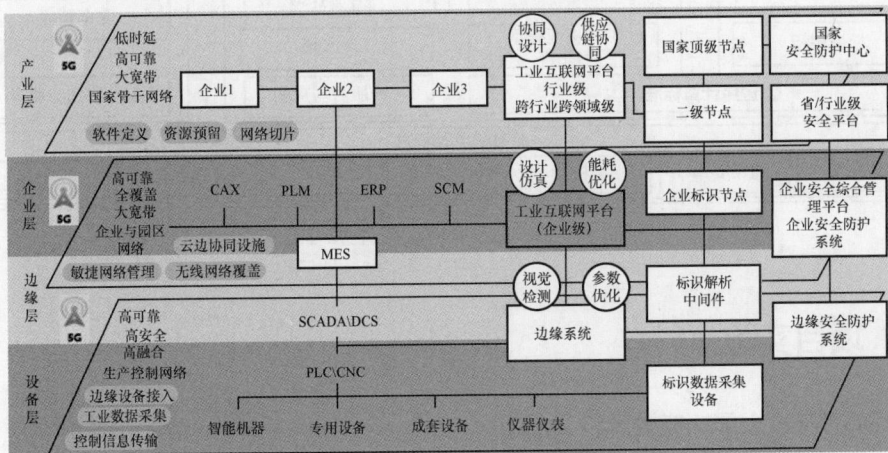

图 6-4　工业互联网实施框架

工业互联网的实施重点是明确工业互联网核心功能在制造系统各层级的功能分布、系统设计与部署方式，通过网络、标识、平台、安全四大实施系统的建设，指导企业实现工业互联网的应用部署。网络系统关注全要素、全系统、全产业链互联互通新型基础设施的构建；标识系统关注标识资源、解析系统等关键基础设施的构建；平台系统关注边缘系统、企业平台和产业平台交互协同的实现；安全系统关注安全管控、态势感知、防护能力等建设。

工业互联网实施不是孤立的行为，需要四大系统互相打通、深度集成，在不同层级形成兼具差异性、关联性的部署方式，通过要素联动、优化实现全局部署和纵横联动。需要注意的是，工业互联网的实施离不开智能装备、工业软件等基础产业的支撑，新一代信息技术的发展与传统制造产业的融合将为工业互联网的实施提供核心供给能力。

3．工业互联网的标准体系

工业互联网标准体系包括基础共性、网络、边缘计算、平台、安全、应用六大部分。工业互联网标准体系结构如图 6-5 所示。基础共性标准是其他类标准的基础支撑。网络标准是工业互联网体系的基础。边缘计算标准是工业互联网网络和平台协同的重要支撑和关键枢纽。平台标准是工业互联网体系的中枢。安全标准是工业互联网体系的保障。应用标准面向行业的具体需求，是对其他部分标准的落地细化。

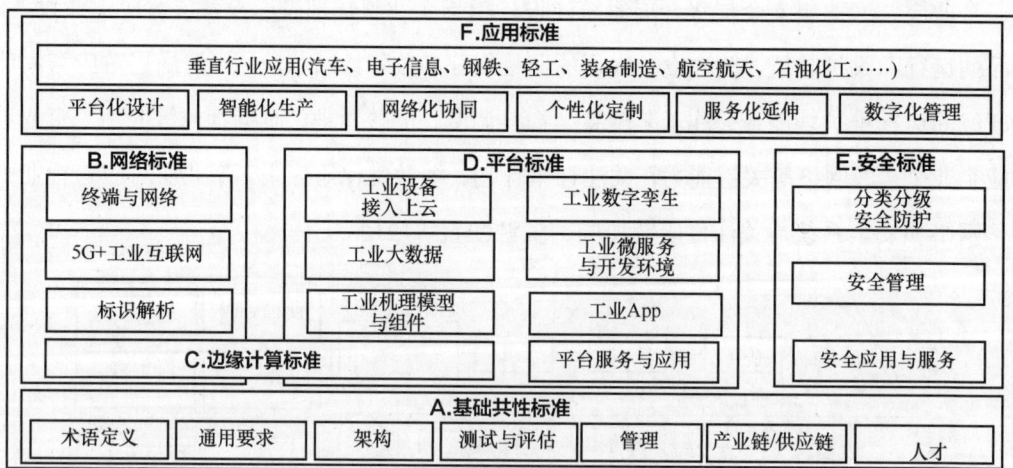

图 6-5　工业互联网标准体系结构

6.4　项目实验

1．DC-WEB 大屏功能展示

DC-WEB 工业互联网平台主要用于历史数据及统计概况等方面的数据可视化，其数据获取方式是向后端发送请求，后端程序从数据库中获取数据并进行预期的处理之后将数据返回前端，再通过大屏对特定数据进行展示。

下面以工业互联网的监控大屏为例，对 DC-WEB 大屏的功能进行简单介绍，成品效果如图 6-6 所示。

图 6-6   DC-WEB 大屏效果

大屏有较为丰富的组件，包含统计图表、信息展示框、小图标、边框等组件。DC-WEB大屏主界面如图 6-7 所示。

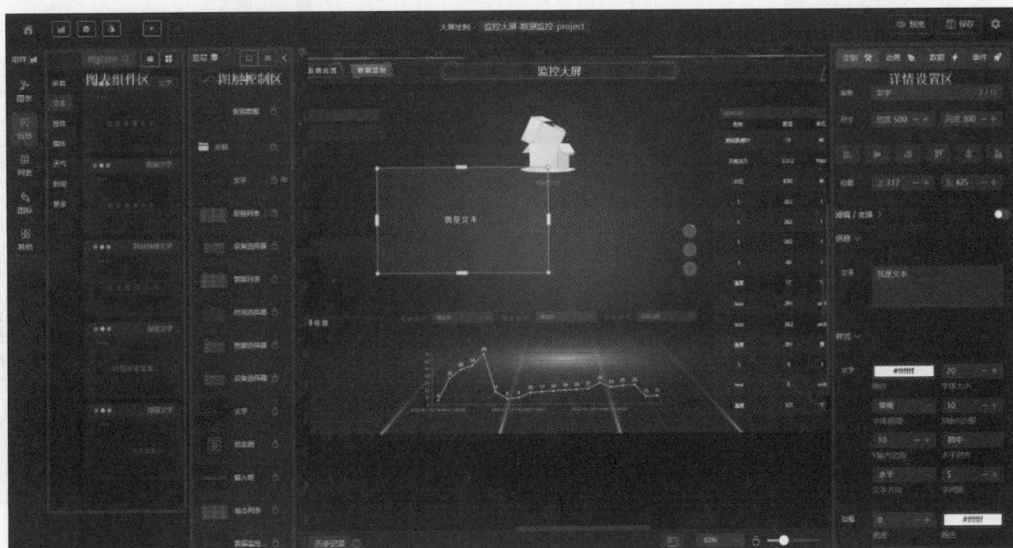

图 6-7   DC-WEB 大屏主界面

2．打开绘制界面

在控制台界面，依次单击"大屏管理"→"自定义大屏"选项，如图 6-8 所示。

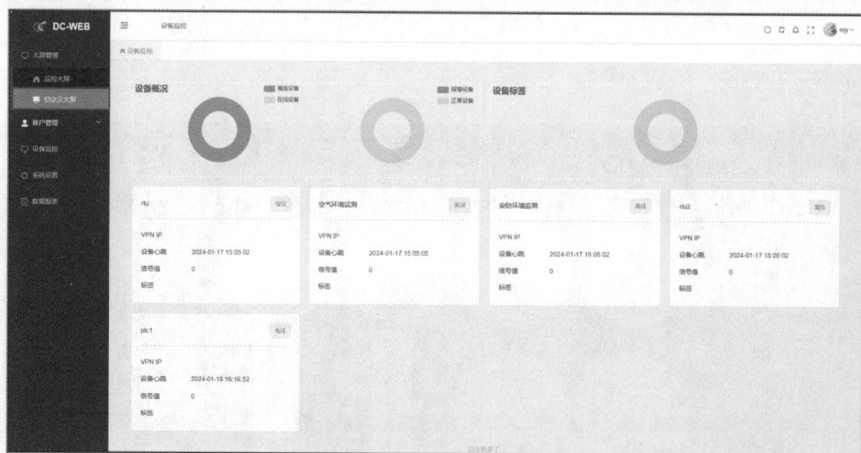

图 6-8　控制台界面的操作

进入自定义大屏界面后，单击"⊕"可新建大屏，单击 按钮可编辑指定大屏页面，单击 按钮可预览指定大屏界面，如图 6-9 所示。此处我们单击"+"新建大屏。

图 6-9　自定义大屏界面

3．设置背景

整个大屏是由背景及众多的组件构成的，其中设置背景时需要选择图片素材或者纯色背景。这里先单击画布，再单击背景，如图 6-10 所示。

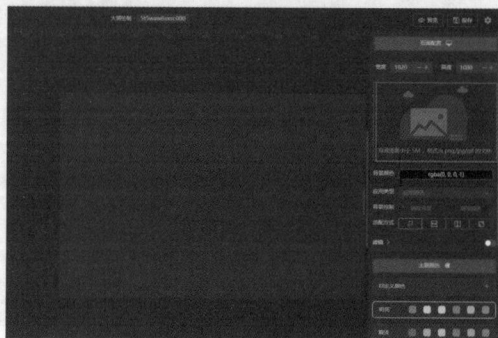

图 6-10　设置背景界面

这里将背景设置为图片。在图 6-10 所示界面执行相关操作，选择合适的背景图片，如图 6-11 所示。背景图片设置效果如图 6-12 所示。

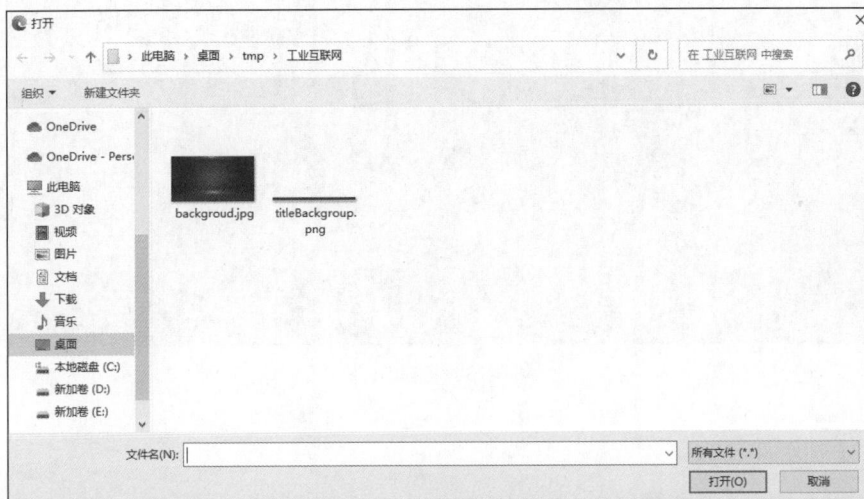

图 6-11　选择背景图片

图 6-12　背景图片设置效果

4. 组件管理

组件管理分为以下几种。

（1）添加组件

在主界面的图标组件区选择组件并拖入画布区，如图 6-13 所示。

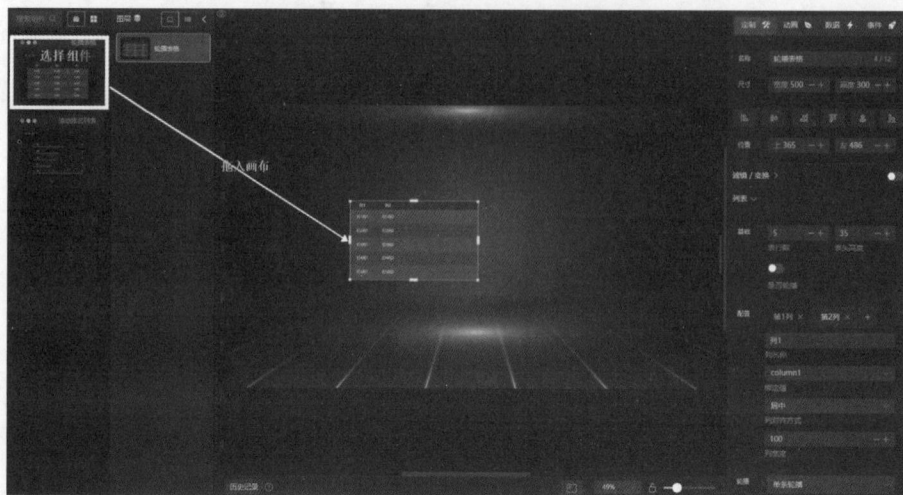

图 6-13　添加组件

（2）定制组件

在主界面右侧详情设置区的"定制"页面中对组件格式进行设置，设置其基本参数，如组件名称、组件大小、组件在屏幕中的位置。此外，组件定制还包括比如文本组件的内容、图标组件的横轴/纵轴与数据绑定、不同组件颜色透明度等设置。

（3）组件数据获取

在主界面右侧详情设置区的"数据"页面中赋予组件数据。有的组件需要获取数据，数据有静态数据（不改变的数据）和动态数据（通过接口从后端拉取相应数据）两种。对 DC-WEB 大屏而言，获取数据是简单的，主要在后端将数据从数据库中调出并进行处理即可。换言之，只要接口完善，该部分工作没有太大难度。设置动态数据如图 6-14 所示。

图 6-14　设置动态数据

（4）设置组件事件

在主界面右侧详情设置区的"事件"页面中设置组件事件。组件事件是指组件与组件间的交互功能，实现组件之间的联动。常见事件有数据联动，当数据初始化或单击特定数据时，数据将与其他组件进行联动以改变显示内容。例如，在图 6-15 所示案例中，单击"空气环境监测"行，对应的信息将联动到下方的"报警信息"处，显示各项数据。

组件的事件配置如图 6-16 和图 6-17 所示。

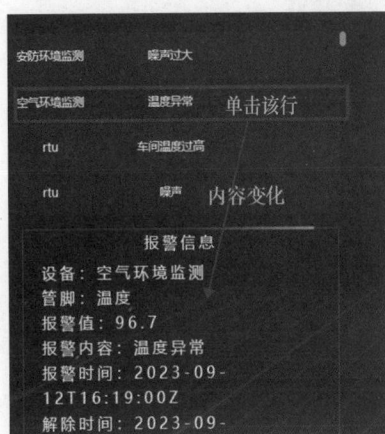

图 6-15　数据联动效果

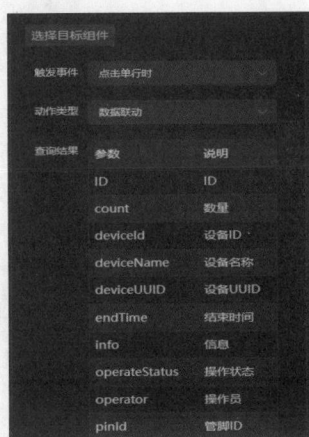

图 6-16　组件事件设置

在图 6-17 界面上单击左上部分组态名称，可以改变中对应的组态图信息，具体操作和效果如图 6-17 所示。

图 6-17　组态操作和效果

组态图的事件配置如图 6-18 所示。

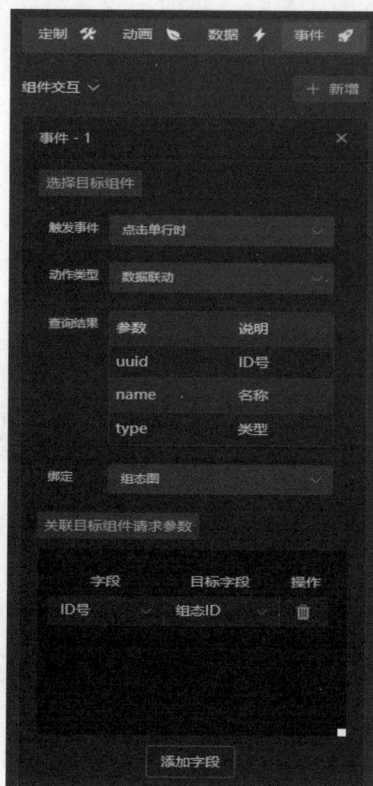

图 6-18　组态图的事件配置

5. 参数注入

选择器中可以设置参数。设定完成后相应参数会被传送至特定组件的参数入口，从而改变组件从后端获取的数据。

在图 6-19 所示案例中，折线图的参数是由折线图上方的 3 个选择器共同确定的，这 3 个选择器可以获取不同管脚、不同时间的统计信息。

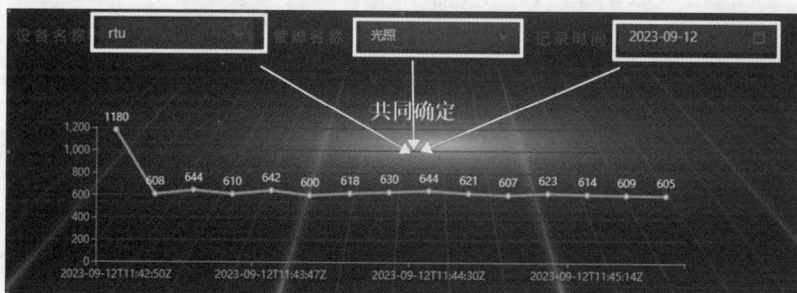

图 6-19　参数注入案例

下面以设备选择器为例，展示其事件配置参数，如图 6-20 所示。

图 6-20　设备选择器的事件配置

在文本输入框输入关键字，可以搜索特定组态。在图 6-21 所示案例中，界面左上方有一个文本输入框，可以输入（部分）组态名称搜索组态。

图 6-21　搜索组态

之后在图 6-22 所示界面中设置组态的事件配置。这里以输入框组态为例，展示事件配置。

图 6-22　事件配置之输入框

6.5　习题

1. 什么是工业互联网？

2. 简单说明工业互联网的体系架构及标准体系。

项目七 工业互联网关键技术 ——标识解析技术

标识解析技术是指通过解析标识编码来获取物品、设备、数据等实体的详细信息，实现跨企业、跨地区、跨行业的物品信息共享和协同管理。

标识解析技术主要包含标识编码和标识解析系统两部分。标识编码为实体提供唯一的标识，类似于身份证；而标识解析系统则是将标识与信息进行关联的关键环节。通过标识解析系统，用户可以快速地查询和获取到实体的详细信息，包括地址、物品、空间位置等。

标识解析技术的应用中需要建立统一的标准和规范，以确保标识编码的唯一性和信息的安全性；同时，还需要不断推进技术研发和产业合作，加强各国（地区）间的交流和合作，共同推动标识解析技术的发展和应用。

7.1 项目要求

（1）实现对物品、设备、数据等实体的编码注册。

（2）实现对标识编码的解析，并查询和管理物品信息。

7.2 学习目标

☑ **技能目标**

（1）理解自动识别技术的基本概念。

（2）熟悉主要的自动识别技术类型。

（3）了解自动识别技术在物联网中的应用。

☑ **思政目标**

（1）自动识别技术的学习和应用，鼓励读者发挥创新精神，探索更多自动识别技术的应用场景。

（2）通过实验操作，强化读者的实践操作能力。

（3）在自动识别技术的学习过程中，培养读者的严谨科学态度，注重实验数据的准确性和实验过程的规范性。

☑ **素养目标**

（1）读者能够掌握条形码识别、RFID 等自动识别技术的基本原理和应用方法。

（2）通过实验操作，培养读者的硬件与软件开发能力，使他们能够设计和开发基于自动识别技术的应用系统。

（3）自动识别技术的应用过程中会遇到各种问题，培养读者的问题解决能力和创新能力，使他们能够灵活应对各种挑战。

7.3 相关知识

7.3.1 工业互联网标识解析概述

工业互联网标识解析技术是根据目标对象的标识查询网络位置，从而实现人与物、物与物之间的通信寻址，或者查询目标对象的相关信息。

1. 功能架构

工业互联网标识解析技术的功能架构可以分为标识编码层、标识采集层、标识解析层、信息共享层和标识应用层，如图 7-1 所示。

标识编码层：定义标识编码结构，包括字段、进制、语义等，涵盖编码规则、分配规则和管理规则等。

标识采集层：定义标识的载体、标识编码的存储形式、标识数据的采集和处理手段等，包括标识载体、读写方式、数据传输、设备管理等。

标识解析层：定义标识到信息之间的资源检索过程，包括标识注册、标识解析和数据管理等功能。

信息共享层：定义单元（组织、企业或工厂）内部与单元之间的信息传递及交互机制，包括数据字典、语义库、异构识别、管理工具、分析工具和搜索引擎等功能。

标识应用层：定义了标识服务的具体应用场景，包括产品追溯、供应链管理、全生命周期管理、智能化生产等。

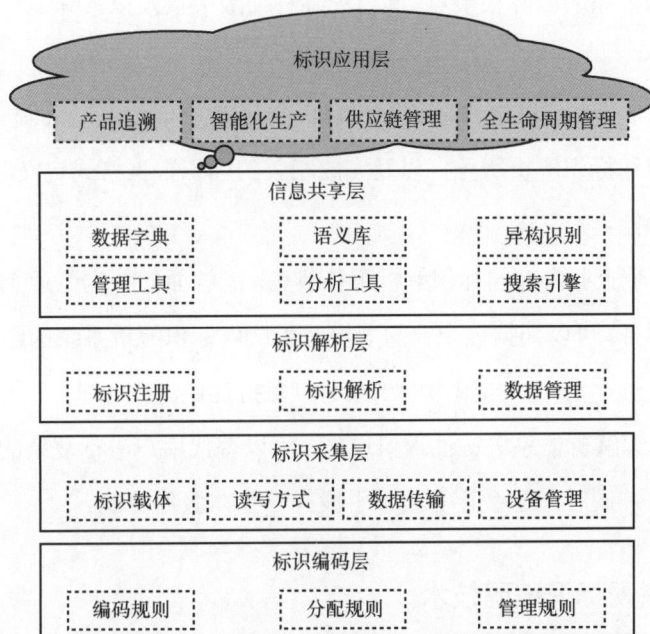

图 7-1　工业互联网标识解析技术的功能架构

2．部署架构

我国的工业互联网标识体系采用分层、分级模式，其部署架构由国际根节点、国家顶级节点、二级节点、企业节点和递归节点等要素组成，如图 7-2 所示。

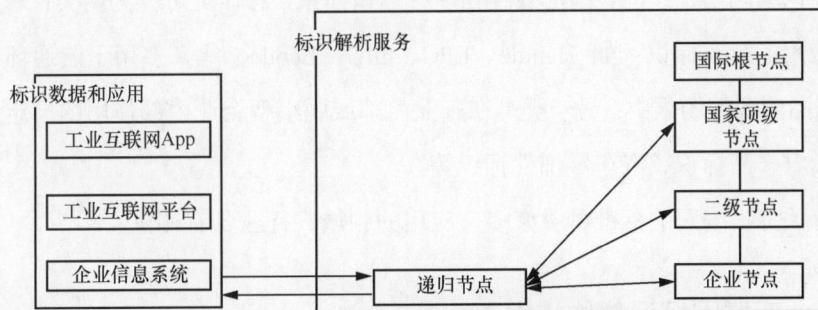

图 7-2　工业互联网标识体系部署架构

国际根节点：某一种标识体系管理的最高层级服务节点，不限于特定国家或者地区。此节点能够面向全球范围提供公共的根区数据管理和根解析服务，负责实现与国内、国际其他工业互联网系统的互联互通等数据管理功能。

国家顶级节点：一个国家或地区内部顶级的标识解析服务节点，能够面向全国范围提供顶级标识编码注册和标识解析服务，以及标识备案、标识认证等管理能力。国家顶级节点负责与各种标识体系的国际根节点、国内的各种二级节点及以下其他标识解析服务节点保持连通。

二级节点：一个行业或区域内部的标识解析公共服务节点，能够面向特定行业或区域提供标识编码注册和标识解析服务，以及完成相关的标识数据格式定义、标识业务管理、标识应用对接等功能。

企业节点：一个企业内部的标识解析服务节点，能够面向特定工业企业提供标识编码注册和标识解析服务，可以根据该企业的规模对工厂内标识解析系统的组网方式及企业内标识编码数据格式进行定义，与国内的二级节点保持连通。

递归节点：标识解析体系关键性入口设施，可以替代用户进行复杂的查询操作，将查询结果返回给客户，同时通过缓存等技术手段提升整体服务性能。

7.3.2 工业互联网标识编码技术

工业互联网标识编码技术是指在工业互联网环境中，对各种资源（如设备、工具、物料等）进行唯一性编码和标识的技术手段。标识编码技术是工业互联网标识解析体系的核心组成部分，为企业提供了唯一性的身份标识，以便在工业互联网中实现精准识别、定位和追踪。

目前标识编码尚未统一，国内外存在多种标识体系，总体上可分为两类：一类是可跨行业广泛应用的公有标识（如 Handle、EPC、OID、Ecode）等，多用于流通环节的供应链管理、产品溯源等场景；另一类是在行业内部或中小型企业内部使用的自定义私有标识，如鲜活农产品标识、汽车零部件标识等。

现有有关标识编码的标准种类繁多，应用的领域、行业各有侧重。

7.3.3 工业互联网标识载体技术

标识载体是指承载标识编码资源的标签。根据标识载体是否能够主动与标识数据读写设备、标识解析服务节点、标识数据应用平台等进行通信交互，标识载体可以分为被动标识载体和主动标识载体两类。

1．被动标识载体

被动标识载体一般是指附着在工业设备或者产品的表面，以便于读卡器读取的载体。在工业互联网中，被动标识载体一般只承载工业互联网标识编码，缺乏远程网络连接能力（以 RFID、NFC 为代表的被动标识载体只具备短距离网络连接能力），需要依赖标识读写器才能向标识解析服务器发起标识解析请求。常见的被动标识载体（技术）有一维条形码、二维码、RFID 和 NFC 等。

（1）一维条形码

一维条形码是将宽度不等的多个黑条和空白按照一定的编码规则排列，用以表达一组信息的图形标识符。其中，黑色部分称为条，白色部分称为空。条和空分别代表二进制中的 1 和 0。一维条形码可以标出物品的生产国、制造商、产品名称、生产日期、产品分类等信息，广泛应用于零售、仓储、物流、运输等领域。图 7-3 是典型的一维条形码，其表示的内容是工业互联网的英文名称——Industrial Internet。

Industrial Internet

图 7-3　一维条形码

常见的条形码制有 20 多种，其中广泛使用的码制有通用产品代码（universal product code，UPC）、欧洲物品编码（European article number，EAN）、国际标准书号（international standard book number, ISBN）、ITF 码（也称为交叉 25 码）、Code 11 码、Code 39 码、Code 93 码、Code 128 码等。

一维条形码的应用可以提高信息录入的速度，减少人为录入造成的差错。但是，一维条形码的信息容量比较小，只能标识一类商品，无法包含对商品的描述，必须在数据库的辅助下才能查询到商品的描述。

（2）二维码

二维码是在一维条形码技术的基础上发展而来的，可以从水平与垂直两个维度来存储信息。二维码已广泛应用于公共安全、交通运输、医疗保健、移动支付等领域，在移动支付领域的应用最为大家所熟悉。图 7-4 是典型的二维码，其表示的内容"信通社区"公众号的链接。

图 7-4　二维码

一维条形码只能从一个维度承载数据，而二维码可以从两个维度承载数据，具有信息容量大、信息密度高、抗损性高、保密防伪性强、抗干扰能力强、译码可靠性高、可传真和影印等特点。国内外常见的二维码包括 PDF417 条码、QR 码、Datamatrix、Maxicode等。从技术角度分类，二维码可以分为行排式二维码和矩阵式二维码两种类型。

（3）RFID

射频识别（radio frequency identification，RFID）技术，又称为无线射频识别技术，是一种通信技术，可通过无线电信号识别特定目标并读/写相关数据，而不需要系统与特定目标之间建立机械或光学接触。RFID 设备标识如图 7-5 所示。

图 7-5　RFID 设备标识

RFID 读写器分为移动式和固定式两种。目前，RFID 技术应用范围很广，如图书馆、门禁系统等。RFID 在工业领域的应用，有助于控制生产过程、监控生产状态，形成一个生产制造流程的闭环。然而，由于成本、技术等限制因素，RFID 在工业制造领域的应用还比较有限，主要被汽车整车制造、汽车零配件制造等相关企业使用，用于解决整个供应链中与生产制造过程相关内外部资源的实时综合协调控制和精细化管理等问题。随着RFID 的不断成熟，RFID 在工业制造领域的应用范围将越来越广。

（4）NFC

近场通信（near field communication，NFC）也是一种通信技术，支持 NFC 技术的设备可以在彼此靠近的情况下进行数据交换。NFC 技术是由非接触式射频识别及互连互通技术整合演变而来的，通过在单一芯片上集成感应式读卡器、感应式卡片和点对点通信的功能，利用移动终端实现移动支付、电子票务、门禁系统、身份识别等应用。

NFC 工作模式分为被动模式和主动模式。在被动模式中，NFC 发起设备（也称为主设备）需要供电设备，利用供电设备的能量来提供射频场，并将数据发送到 NFC 目标设备（也称为从设备），其传输速率通常为 106 kbit/s、212 kbit/s 或 424 kbit/s 中的一种。从设备不产生射频场，不需要供电设备，而是利用主设备产生的射频场来产生电能，为自身的电路供电，并接收主设备发送的数据，利用负载调制（load modulation）技术以相同的传输速率将数据传回给主设备。

在这工作模式下，从设备不产生射频场，而是被动接收主设备产生的射频场，所以人们称之为被动模式。在该模式下，NFC 主设备可以检测非接触式卡或 NFC 目标设备，与之建立连接。而在主动模式中，因为发起设备和目标设备在向对方发送数据时，都必须主动产生射频场，都需要供电设备来提供产生射频场的能量。这种模式是对等网络通信的标准模式，可以获得非常快速的传输速率。NFC 通信如图 7-6 所示。

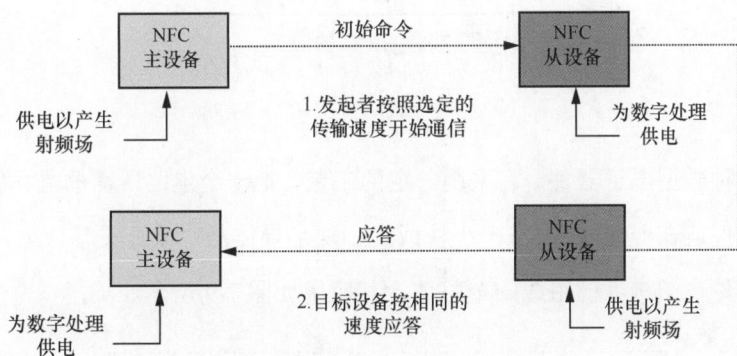

图 7-6　NFC 通信

2. 主动标识载体

终端可以承载主动标识编码，图 7-7 展示了一些主动标识编码设备。在工业领域，工业互联网标识编码及其相关信息（如证书、密钥、算法等）可以存储在终端的部件中，如通用集成电路卡（universal integrated circuit card，UICC）、芯片和模组等。

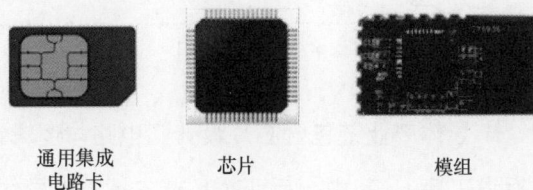

通用集成　　　　芯片　　　　　　模组
电路卡

图 7-7　主动标识编码设备

（1）UICC

业界采用了基于 UICC 架构的智能卡，以及基于 UICC 多应用平台的架构设计。UICC 主要用于存储用户信息、鉴权密钥、电话簿、短消息、付费方式等。常见的 UICC 有用户标识模块（subscriber identify module，SIM）、通用用户标识模块（universal subscriber identify module，USIM）、IP 多媒体业务标识模块（IP multimedia service identify module，ISIM）。图 7-8 展示了 UICC 的应用。

图 7-8　UICC 的应用

（2）芯片

芯片是一种微型电子器件。它采用一定的工艺，把一个电路所需的晶体管、电阻、电容和电感等元件连在一起，部署在一小块或几小块半导体晶片或介质基片上，并进行封装。芯片的所有元件在结构上已组成一个整体，其应用如图 7-9 所示。

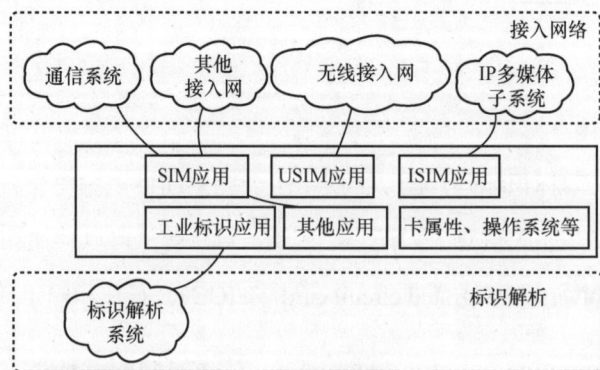

图 7-9　芯片的应用

按照生产过程来看，半导体产业链包含芯片设计（电路与逻辑设计）、制造（前道工序）和封装测试环节（后道工序），其中，后两个环节支撑着半导体材料、设备、软件服务的发展。

芯片包括基带芯片、射频芯片、存储芯片等。基带芯片是信号处理的核心芯片，负责信号处理和协议处理，包括 5 个部分：CPU、信道编码器、数字信号处理器、调制解调器和接口模块。射频芯片负责收发信号、频率合成、功率放大，主要由功率放大器、双工器、射频开关、滤波器和低噪放大器组成。存储芯片主要用于两类存储器。一类存储器是非易失性存储器，这一类存储器断电后数据能够存储，主要以 NAND Flash 为代表，常见于固态硬盘。另一类存储器是易失性存储器，这一类存储器断电后数据不能储存，主要以 DRAM为代表。图 7-10 展示了基带芯片功能模块。

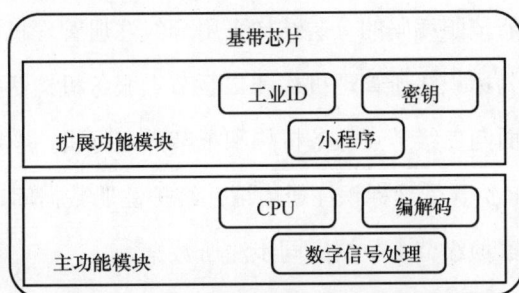

图 7-10　基带芯片功能模块

（3）模组

模组是联网设备的基础，是各类终端得以接入无线网络的信息入口，具有独特的产业链价值。按照模组的功能，模组可以分为通信模组和定位模组，如图 7-11 所示。通信模组根据制式不同又可以分为蜂窝类模组和非蜂窝类模组。这里的蜂窝模组特指狭义的应用于蜂窝网络（2G、3G、4G 和 5G），以及窄带物联网（narrow band Internet of things，NB-IoT）、增强机器类通信（enhanced MTC，eMTC）等低功耗广域网络（low-power wide-area network，LPWAN）。图 7-11 展示了无线模组的分类及应用。

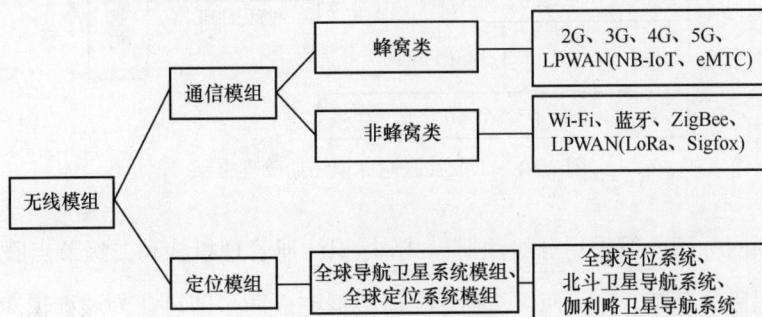

图 7-11　常见无线模组

通信模组是将芯片、存储器、功放器件等集成在一块电路板上，并提供标准接口的功能模块，使各类终端实现通信功能。通信模组能够承载端到端、端到后台的服务器数据交互，是用户的数据传输通道，也是工业互联网终端的核心组件之一。

7.3.4　工业互联网标识解析工作原理

下面主要介绍标识注册和标识解析的流程。

1．标识注册流程

工业互联网标识注册按照编码的分层结构采用分级注册管理机制，工业互联网标识注册与管理服务提供者分为标识注册管理机构和二级节点服务机构两类。

标识注册管理机构面向二级节点服务机构和根节点运行机，提供工业互联网标识编码中的行业代码注册服务，负责受理标识注册申请并维护注册数据库，其注册系统应实时向工业互联网标识解析国家顶级节点数据库同步注册数据。

二级节点服务机构面向企业用户或个人用户提供工业互联网标识编码中的企业代码注册服务，负责受理标识注册申请并维护标识数据库，其注册系统应实时向工业互联网标识解析国家顶级节点数据库同步注册数据。工业互联网标识注册管理框架如图 7-12 所示。

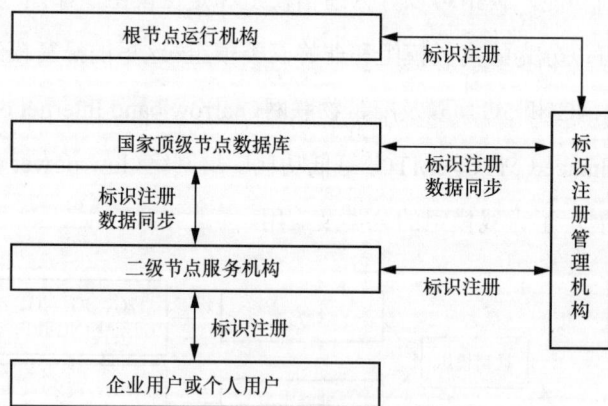

图 7-12　工业互联网标识注册管理框架

工业互联网标识一般采用分级注册模式，标识注册管理机构和二级节点服务机构分别负责对应代码段的分配，完成两级注册。注册数据完成同步即可认为该标识注册成功。工业互联网标识注册管理规程如图 7-13 所示。

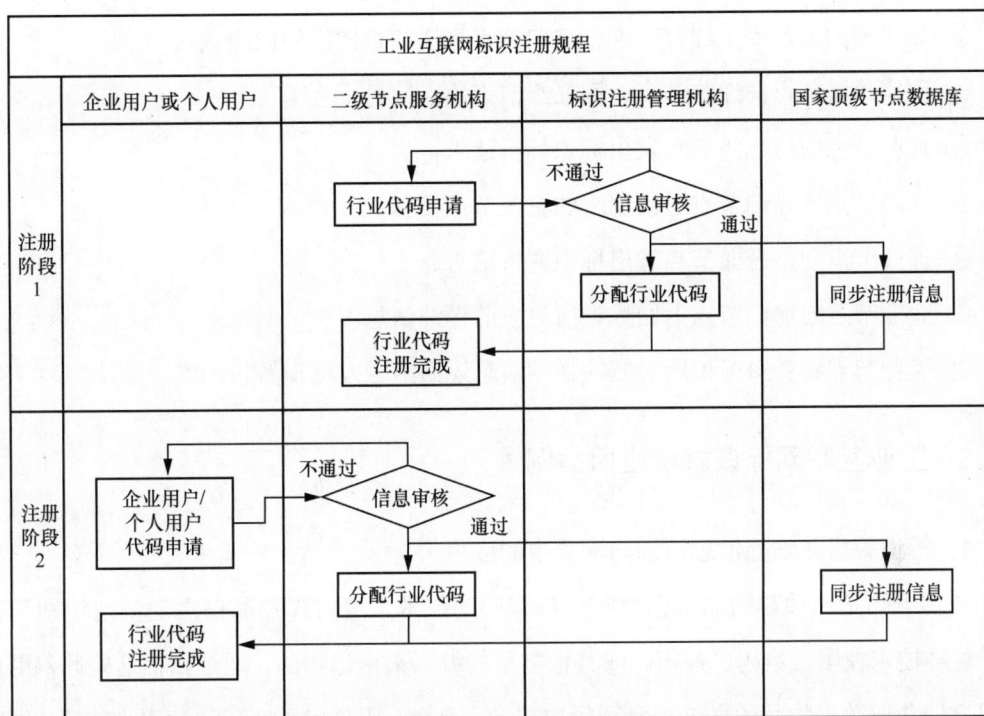

图 7-13　标识注册管理规程

2．标识解析流程

标识解析的流程（以企业用户为例）如图 7-14 所示，具体如下。

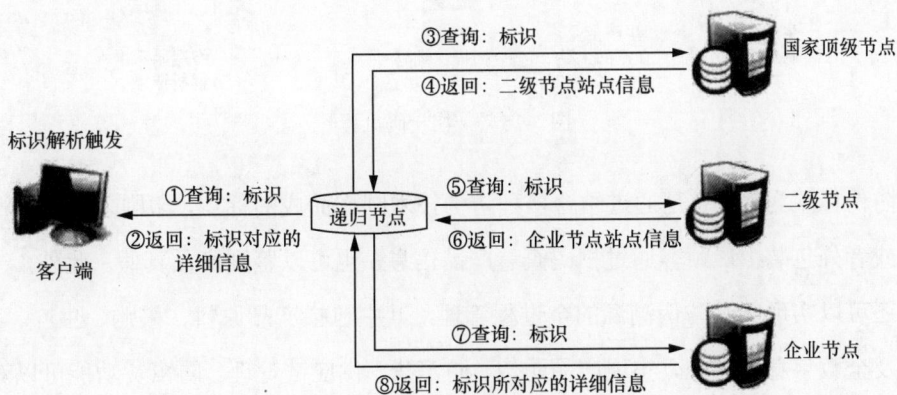

图 7-14　标识解析流程

① 标识解析服务的查询触发（标识解析触发）可以来自企业信息系统、工业互联网平台、工业 App 等多种不同的客户端。当收到客户端的标识解析请求时，递归节点会先查看本地缓存是否有查询结果。

② 如果递归节点中有缓存，那么将查询结果直接返回触发标识解析的客户端。

③ 如果递归节点中无缓存，那么递归节点将递归查询指向国家顶级节点。

④ 国家顶级节点向递归节点返回二级节点站点信息。

⑤ 递归节点向该二级节点发出标识解析请求。

⑥ 二级节点向递归节点返回相应的企业节点信息。

⑦ 递归节点向该企业节点发出标识解析请求。

⑧ 企业节点向递归节点返回标识所对应的详细信息。

⑨ 递归节点将获得标识所对应的详细信息返回给触发标识解析的客户端。

7.3.5 工业互联网标识解析应用案例

1. 标识解析在物品信息识别与溯源中的应用

一物一码是一种在物品上创建唯一标识码的技术，可实现物品信息的快速识别和查询。这种技术使用二维码、条形码或其他类型的编码来标记物品，通过扫描这些码，用户可以立即获取关于物品的详细信息和历史记录。一物一码技术正在广泛应用于物流、供应链管理、防伪溯源、资产管理等领域，图 7-15 展示了一物一码流程。

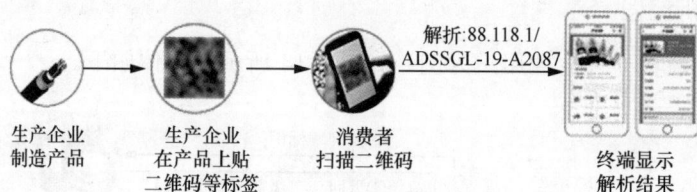

解析:88.118.1/
ADSSGL-19-A2087

生产企业　　　生产企业　　　消费者　　　　　　　　　终端显示
制造产品　　　在产品上贴　　扫描二维码　　　　　　　　解析结果
　　　　　　　二维码等标签

图 7-15　一物一码流程

以防伪标签为例，它是通过结合多种防伪技术制作而成的标识，印刷之后可粘贴在产品表面或者外包装上。顾客通过扫码查看产品信息，也可以鉴别商品真假。此外，一物一码技术还可以实现产品防伪溯源的全过程管理，其中包括产品原料、采购、生产、流向、消费以及全数字身份监控，实现产品防伪、防窜货、供应链管理。防窜货功能可以对产品进行全过程追踪，如果产品不在允许的范围内销售，系统就会发出预警，相关人员可及时知道窜货情况，方便快速解决问题。

2. 标识解析在智能化生产中的应用

生产是通过信息技术与操作技术的融合，对人员、机器、原料、方法、环境等 5 个生产要素进行管控，以实现从前端采购、生产计划管理到后端仓储物流等生产全过程的智能调度及调整优化。

工业互联网中的智能化生产是指实现从单台机器到生产线、车间乃至整个工厂的智能决策和动态优化，从而显著提升全流程的生产效率、提高质量、降低成本。

从实现角度看，智能化生产可以分为两种基本模式：一种是叠加式网络，局部改造；另一种是集成式网络，全面改造。

下面以智能化生产的第一种基本模式——"叠加式网络，局部改造"为例，展示标识解析在智能化生产中的应用，如图 7-16 所示，实现步骤如下。

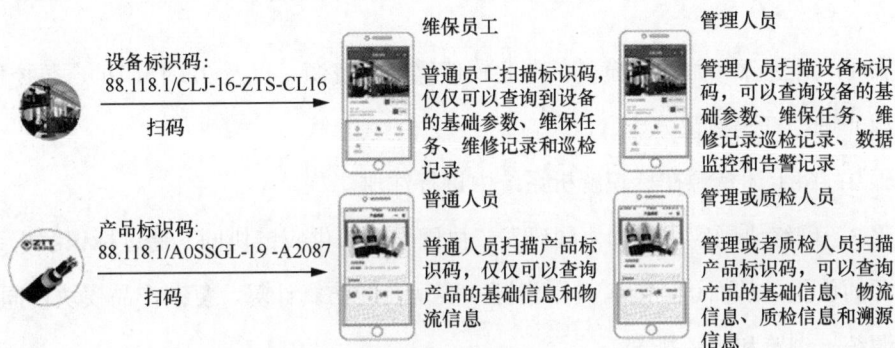

图 7-16　标识解析在智能化生产中的应用

步骤 1：对监测设备或传感器进行标识，可以使用内嵌虚拟标识的主动标识载体，也可以使用外部附着的 RFID 电子标签等被动标识载体。

步骤 2：监测设备或传感器首次接入网络时，应向工业数据平台进行注册，或者直接向企业标识解析系统进行注册，建立设备 ID 和 IP 地址的对应关系。

步骤 3：工业数据平台或相关应用需要查询监测设备或传感器所采集的数据时，先通过标识解析系统获取监测设备或传感器的地址，然后建立通信来获取具体数据。

3．标识解析在网络化协同中的应用

工业互联网中的网络化协同是指通过有效集成不同设计企业、生产企业及供应链企业的业务系统，实现设计、生产的并行实施，大幅缩短产品研发设计与生产周期，降低新产品开发制造成本、缩短产品上市周期。

从实现角度看，网络化协同借助互联网络或工业云平台，实现制造企业与外部用户需求、创新资源、生产能力的全面对接，推动设计、制造、供应和服务环节的并行组织和协同优化，有效降低资源获取成本、大幅延伸资源利用范围，促进产业整体竞争力提升。

图 7-17 展示了标识解析在网络化协同中的应用，实现步骤如下。

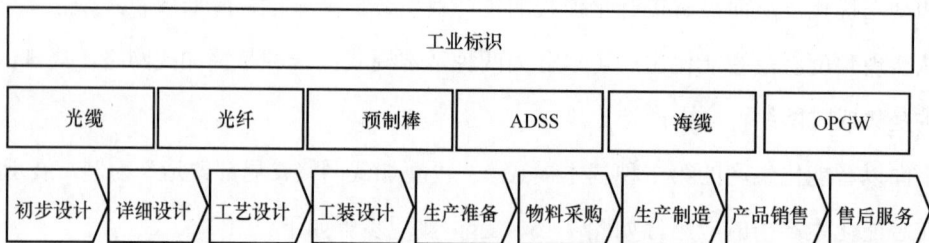

图 7-17　标识解析在网络化协同中的应用

步骤 1：对资源（如设计模型、专业软件等虚拟资源，以及 3D 打印机、数控机床等物理资源）进行打码标识。

步骤 2：将上述资源在标识解析系统中进行注册。

步骤 3：网络协同应用（如协同研发、协同设计、供应链协同）通过标识解析系统查询出资源的位置，从而访问或者调用资源，实现在线仿真计算、复杂产品模块协同测试、制造资源统一浏览和灵活排产。

7.4　项目实验

1．一物一码系统登录

一物一码系统是一类系统的统称，下面将以具体系统展示相关内容。

在浏览器中打开系统地址，输入账户、密码和验证码信息，单击"确定"按钮登录系统，如图 7-18 所示。

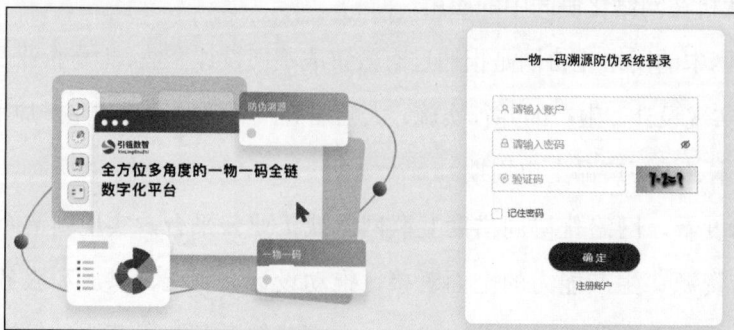

图 7-18　登录系统

2．标识编码申请与查询

在图 7-19 所示界面为物品申请唯一的标识编码，这里可以填写选择批次、申请名称、申请数量，以及指定码规则和编码长度等信息。此外，根据需求，我们可以生成防伪码、增加备注等信息。

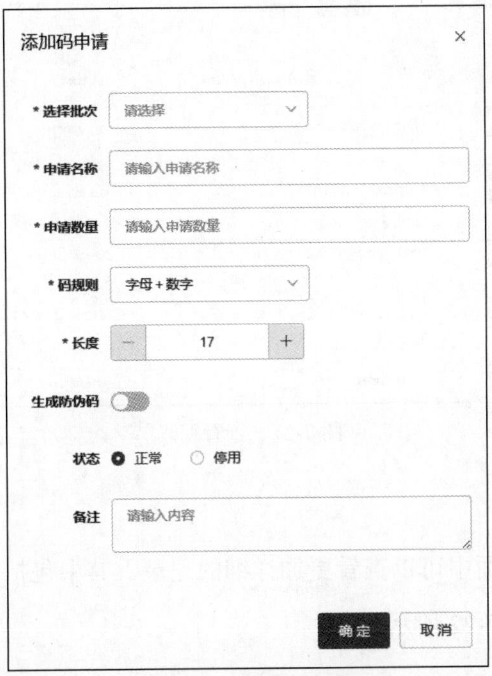
添加码申请
* 选择批次
请选择
* 申请名称
请输入申请名称
* 申请数量
请输入申请数量
* 码规则
字母 + 数字
* 长度
17
生成防伪码
状态
正常
停用
备注
请输入内容
确定
取消

图 7-19　为物品添加码

申请完成之后，我们在图 7-20 所示界面可以查看申请状态等信息。对于正在申请注册的物品，等待申请通过即可。

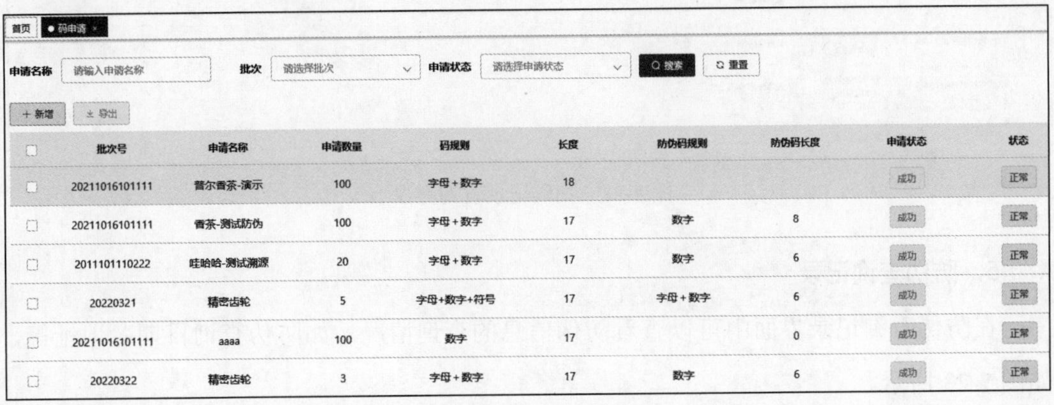
首页
码申请
申请名称
请输入申请名称
批次
请选择批次
申请状态
请选择申请状态
搜索
重置
+ 新增
导出
批次号 申请名称 申请数量 码规则 长度 防伪码规则 防伪码长度 申请状态 状态
20211016101111 普尔香茶-演示 100 字母 + 数字 18 成功 正常
20211016101111 香茶-测试防伪 100 字母 + 数字 17 数字 8 成功 正常
2011101110222 哇哈哈-测试溯源 20 字母 + 数字 17 数字 6 成功 正常
20220321 精密齿轮 5 字母+数字+符号 17 字母 + 数字 6 成功 正常
20211016101111 aaaa 100 数字 17 0 成功 正常
20220322 精密齿轮 3 字母 + 数字 17 数字 6 成功 正常

图 7-20　查看申请状态

3. 标识编码管理

我们可以在图 7-21 所示界面查看已经在用的编码。在该界面上，我们可以了解编码的扫码次数、首次扫码时间等信息。

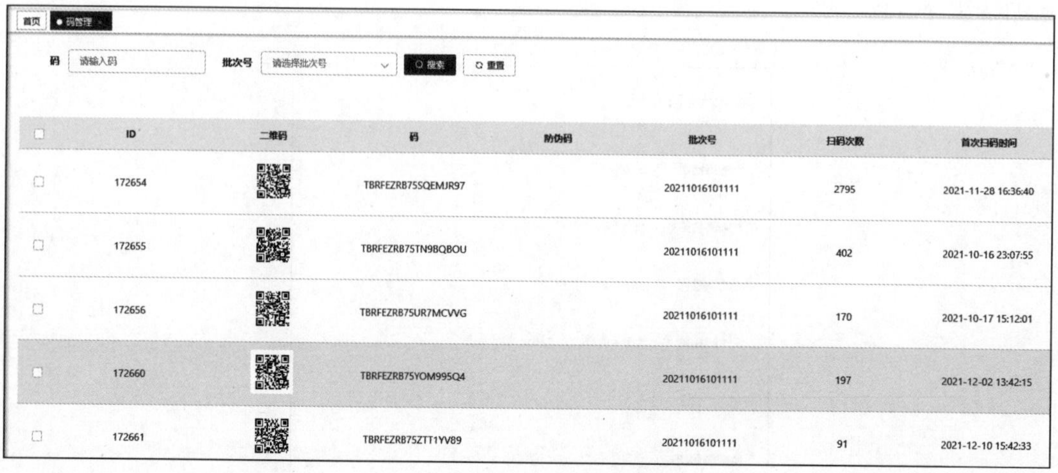

图 7-21　查看编码

4. 扫码记录查询

在扫码记录查询界面中可以查看更加详细的记录，其中包括对每一个编码的扫码时间、地址等信息，如图 7-22 所示。

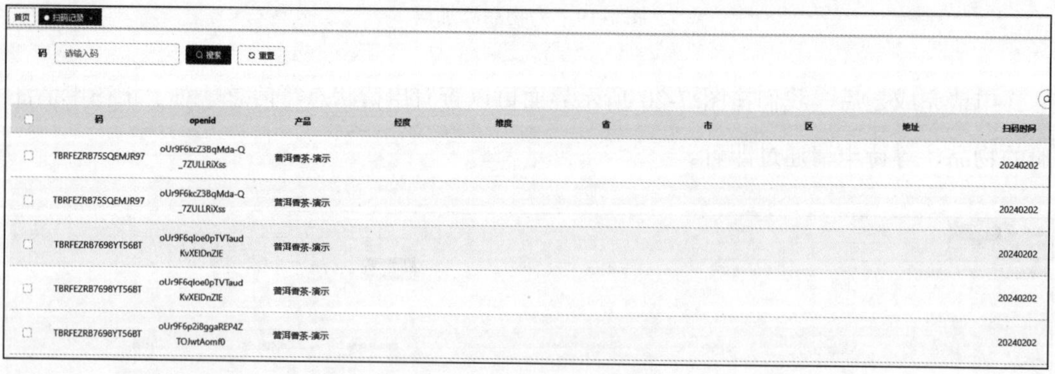

图 7-22　扫码记录查询界面

5. 防伪查询记录

在防伪查询记录界面中可以查看防伪信息的查询情况，如防伪查询日期、地址等，如图 7-23 所示。

图 7-23 防伪查询记录界面

6. 报表信息统计

报表信息统计中有二维码数量、扫码量、防伪量等相关信息，其界面如图 7-24 所示。

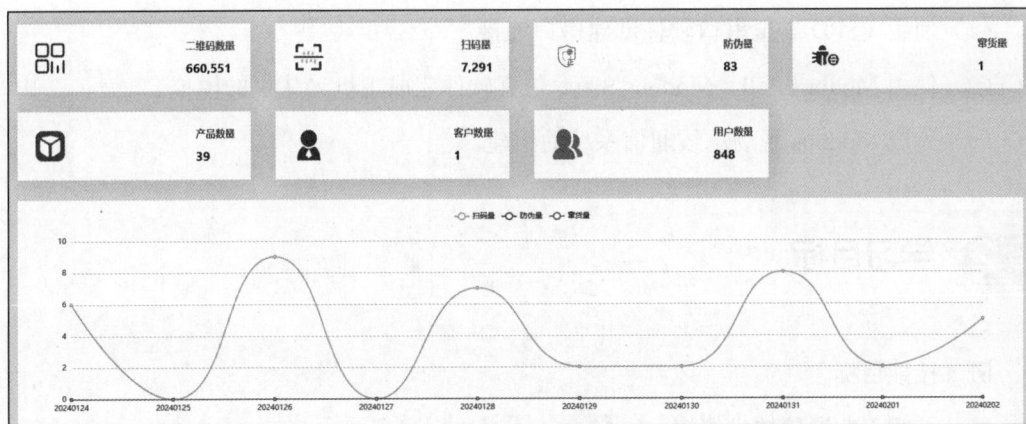

图 7-24 报表信息统计界面

7.5 习题

1. 简要描述工业互联网标识解析的概念。

2. 简要描述工业互联网标识解析体系的功能架构。

3. 简要描述工业互联网标识解析的流程。

4. 试举例介绍常见的被动标识载体和主动标识载体，并简要描述其主要特征。

5. 简要描述工业互联网标识解析体系的部署架构。

6. 试举例说明工业互联网标识解析典型应用案例。

项目八　工业互联网关键技术
——工业通信技术

8.1 项目要求

（1）使用 VSPD 虚拟串口软件创建串口连接。

（2）使用 Modbus Poll、Modbus Slave 仿真软件完成主机、从机的模拟。

（3）完成 Modbus 现场总线通信系统的组建。

8.2 学习目标

☑ **技能目标**

（1）了解工业通信技术概念

（2）了解常用的现场总线技术与工业以太网技术

（3）掌握主流的总线通信协议 Modbus 相关原理

（4）掌握 Modbus 现场总线通信系统的组建

☑ **思政目标**

（1）通过 Modbus 从企业专用到国际标准的演进历程，引导读者认识技术开放共享的价值，培养参与行业标准制定的使命感。

（2）结合 Modbus 报文校验机制及工业网络攻击风险，强调数据完整性保障的伦理责任，树立"零差错"安全理念。

（3）对比中外现场总线技术发展，反思我国工业通信协议话语权现状，培养读者攻克"卡脖子"难题的决心。

☑ **素养目标**

（1）掌握 Modbus 主从通信机制，能独立完成虚拟串口配置、主从站仿真及报文分析。

（2）理解通信异常场景，通过仿真调试定位传输故障，培养工业网络排查逻辑。

（3）对比现场总线与工业以太网特性，能根据场景需求选择合适的通信方案。

8.3 相关知识

8.3.1 工业通信技术概述

工业互联网网络连接技术的总体目标，就是促进不同设备、不同系统间的互联互通，建立标准化、通用化、可靠性强的网络，以打通工业网络与一般互联网之间的数据连接，让云计算、人工智能等新技术能应用到工业生产制造中，实现工业制造的数字化、智能化与效率化。

工业互联网网络连接技术根据覆盖范围可以分为工厂内网和工厂外网两大类。工厂内网的设备网络主要用于连接生产现场的控制器、传感器、服务器及监测控制设备等部件，对通信的可靠性和时延都有很高的要求。现阶段所谈论的工业通信技术主要针对工厂内网设备的网络连接，工业底层设备的通信方式主要有现场总线技术与工业以太网技术。图 8-1 展示了工厂内的设备及通信逻辑。

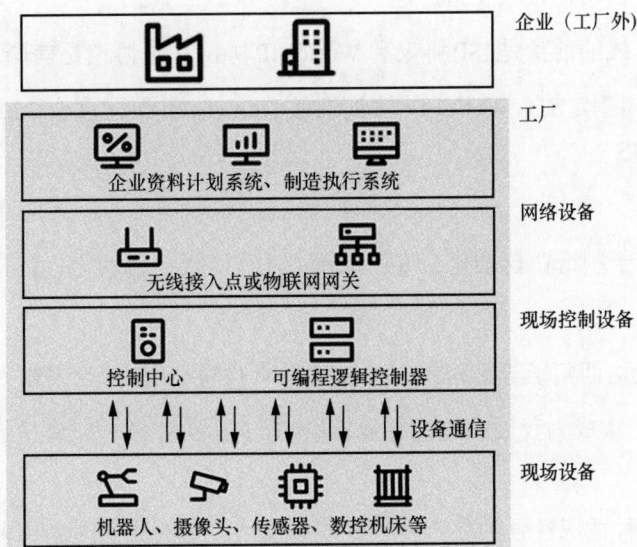

图 8-1 工厂内的设备及通信逻辑

8.3.2 现场总线技术

在工业数据通信领域，总线是指由导线组成的传输线束，用于连接多个传感器和执行器，以实现各部件之间传送信息的公共通信干线。而现场总线是安装在制造或过程区域的现场装置与控制室内的自动控制装置之间的数字式、串行、多点通信的数据总线。

现场总线技术诞生于 20 世纪 80 年代。随着生产规模的日益扩大，工厂的设备有了互联的需求。此阶段的互联需求主要定位于远程的 I/O 数据传输，以及产线内部不同设备的数据交换等。企业希望通过综合掌握多点的运行参数与信息，进而实现多点信息的操作控制。为了实现设备的通信需求，不同厂商针对自身工厂、设备特点，设计了不同的技术标准并自成体系。不同厂商之间的设备不能实现互联互通，使实现更大范围信息共享的网络系统存在很多困难。

目前，国际上已开发出的现场总线协议有 40 多种，常用的现场总线有基金会现场总线（foundation fieldbus，FF）、PROFIBUS（过程现场总线）、控制与通信链路（control and communication link，CC-Link）和 Modbus。

1. 基金会现场总线

基金会现场总线以开放系统互连参考模型为基础，取其物理层、数据链路层、应用层为 FF 通信模式的相应层次，并在应用层上增加了用户层，以满足自动化测控应用的需求。该总线技术在过程自动化领域支持广泛。

基金会现场总线的前身是 ISP 协议和 WorldFIP 协议，ISP 协议是美国 Fisher-Rosemount 公司联合 80 家公司制定的；WorldFIP 协议则是 Honeywell 公司联合 150 家公司制定的。

2. PROFIBUS

PROFIBUS 是一种用于工厂自动化车间级监控和现场设备层数据通信与控制的现场总线技术，广泛用于制造业自动化、流程工业自动化、楼宇自动化、交通电力自动化等其他领域。

PROFIBUS 是由西门子等公司组织开发研究所共同推出的，后来成为德国和欧洲的现场总线标准，2001 年成为我国的机械行业标准 JB/T 10308（现已废止）。

3. CC-Link

CC-Link 是一种适应性强的复合开放式现场总线。它的通信速率有多个级别，从传感器层网络到管理层网络都能适应。

CC-Link 底层遵循 RS-485 通信协议，通常采用广播–轮询通信方式。

4．Modbus

Modbus 具有现场总线功能，它遵循串行通信协议。1979 年，Modbus 由现在的施耐德电气公司为可编程逻辑控制器（programmable logic controller，PLC）的通信而开发。如今，Modbus 已经成为工业领域通信协议的业界标准。

工业电子设备可通过 Modbus，实现控制器之间、控制器与其他设备之间的通信。变频器、智能输入/输出、工控机、可编程逻辑控制器等设备都设计了 Modbus 接口，因此不同厂商的控制设备可以接入工业网络，实现集中监控。Modbus 的数据采用主从通信方式，主机可以与从机独立通信，也可以与所有设备通过广播方式通信。

8.3.3 工业以太网技术

工业以太网是指应用以太网技术的一种工业网络。工业以太网是普通以太网技术在控制网络中延伸的产物，既属于信息网络技术，也属于控制网络技术。

正如以太网适用于信息管理系统、信息处理系统一样，工业以太网在工厂管理、车间监控等场景的应用很广泛。工业以太网最大的优势体现为可以满足控制系统各个层次的要求，使企业的信息网络和控制网络能够实现统一。

目前比较有影响力的工业以太网标准有 PROFINET、Ethernet/IP、Modbus-IDA 和 FF HSE。

1．PROFINET

PROFINET 是由 PROFIBUS 国际组织开发的基于工业以太网技术的自动化总线标准。PROFINET 是唯一使用现有的 IT 标准且没有定义其专用工业应用协议的总线标准，它的对象模型采用的是微软公司的组件对象模型（component object model，COM）技术。PROFINET 使用分布式组件对象模型（distributed component object model，DCOM）协议、标准 TCP 和 UDP 与网络上所有分布式对象进行交互操作。

PROFINET 涵盖了故障安全、运动控制、分布式自动化、网络安全等，能够实现完整的自动化通信领域的网络解决方案，并且能够支持很多不同制造商的产品。

2．Ethernet/IP

Ethernet/IP 是一个开放的工业标准，它将传统的以太网和工业协议进行了融合，于 2000 年 3 月由工业以太网协会协助国际控制网络和开放设备网络供应商协会联合开发推出，并在世界范围内广为接受。

Ethernet/IP 在 TCP、UDP、IP 之上附加了通用工业协议（common industrial protocol，CIP），并通过 CIP 提供一个公共的应用层，使供货商、机器制造商、系统集成商及用户可以充分利用工业以太网技术，实现各种功能的充分集成。

Ethernet/IP 的所有产品配有 Web 服务器功能，可通过铜缆、光纤、无线电波等介质进行通信，也可通过将生产者/消费者网络服务集中在一条链路上，实现信息采集、实时控制、设备组态等功能。

3. Modbus-IDA

Modbus 原为现场总线的通信协议。以施耐德电气公司为代表的 Modbus 组织将 Web 服务器、以太网和 TCP/IP 等技术引入协议，并于 2002 年 5 月发布了 Modbus TCP/IP 规范，即现在的 Modbus-IDA。

Modbus TCP/IP 使用简单的方式，将 Modbus 信息帧嵌入 TCP 信息帧中，直接面向连接，并要求返回响应。这种请求响应技术很符合 Modbus 的主从通信特性。

Modbus 组织与分布式自动化接口（interface for distributed automation，IDA）组织都希望建立基于 Ethernet TCP/IP 和 Web 互联网技术的分布式智能自动化系统，因此合并后 Modbus-IDA 工业以太网技术变得更加完善。

4. FF HSE

FF 最早是为过程自动化而设计。随着工业自动化水平的发展，FF 无法满足控制网络中实时信息数据越来越大的需求。因此，FF 结合成熟的高速以太网（high speed ethernet，HSE）技术，开发了 FF HSE 工业以太网技术。

FF HSE 因基于以太网和 TCP/IP 而能在 100Base-T 以太网上运行。同时，FF HSE 也能支持低速总线 H1 的所有功能。

8.3.4 Modbus

通过前面的介绍，我们知道在工业网络领域存在多种类型的通信协议，要掌握全部通信协议并不现实，因此这里以 Modbus 为例，介绍工业互联网的通信原理与组建过程。

Modbus 由于具有开源且无版权要求、易于部署与维护、对供应商来说修改本地字节没有过多限制等优点，被工业领域广泛应用。

1．通信过程

Modbus 采用主从通信方式，也就是说不能同步进行通信，总线上每次只有一台主机在进行数据传输。在通信过程中，主机发送数据，从机应答。如果主机不发送数据，总线上就没有数据被传输。

例如，一个总线上有一台主机和多台从机。用户首先需要为从机分配地址，且每个地址必须唯一，这样主机才能通过地址找到对应的从机。分配好地址后，主机要查询，然后下发数据，对应地址的从机得到主机发送的数据并作出回应，主机再得到从机数据。这就是一个主机到从机的通信过程。

如图 8-2 所示，Modbus 每次通信都是主机先发送指令，发送方式可以是广播，也可以是向特定从设备的单播；从机响应指令，并按要求应答或者报告异常。当主机不发送请求时，从机不会自己发出数据，从机和从机之间不能直接通信。

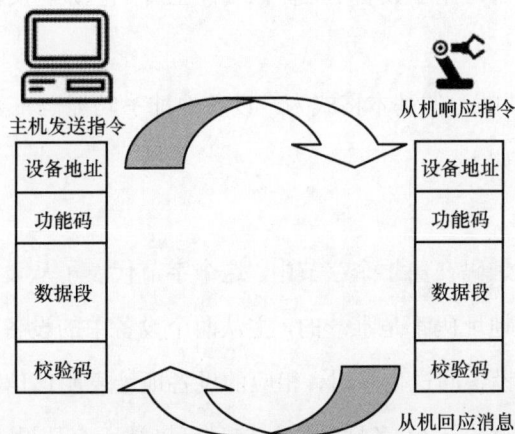

图 8-2　Modbus 通信过程

2．通信方式

Modbus 有 3 种通信方式，它们分别为串口方式、以太网方式及高速令牌传递方式。串口方式的通信支持有线 RS-232/RS-422/RS-485、光纤、无线电波等传输介质，对应的通信模式是 Modbus RTU 和 Modbus ASCII。在 Modbus 通信系统中，远程终端单元（remote terminal unit，RTU）通信模式的节点不会与通信模式设置为 Modbus ASCII 的节点进行通信，反之亦然。两种通信模式的选择由设备决定，以太网方式对应的通信模式是 Modbus TCP/IP，高速令牌传递方式对应的通信模式是 Modbus PLUS。

对于不同类型的网络，Modbus 在协议层的实现是一样的，但在下层的实现方式稍有区别。下面主要介绍基于串口方式的 Modbus 异步串行传输。Modbus TCP/IP 与 Modbus 串行方式的数据域是一致的，具体数据域可以参考 Modbus 异步串行传输相关内容。

3. Modbus 异步串行传输

在实现 Modbus 基于串口方式的异步串行传输时，控制器可以设置为两种传输模式：Modbus RTU 和 Modbus ASCII。

Modbus RTU 是一种紧凑的，采用二进制表示数据的方式。消息中的每个字节（8 bit）包含两个 4 bit 的十六进制字符，在同样的波特率和传输时间下，它比 Modbus ASCII 传送的数据更多。

Modbus ASCII 采用一种人类可读的、冗长的表示方式来传递消息。消息中的每个字节（8 bit）都作为两个 ASCII 字符发送。这种方式的主要优点是字符发送的时间间隔长达 1 秒而不产生错误。

上述两种通信模式都可用于设备通信，在功能上并无区别，仅在数值数据表示和协议细节上不同。

Modbus 的报文（或帧）的基本格式为：设备地址 + 功能码 + 数据段 + 校验码。帧格式中各区域具体的含义如下。

（1）设备地址

信息帧中的设备地址码在第 1 个字节中。这个字节代表了从设备用户的设备地址。通信系统中每个从设备的地址码都是唯一的，主从两个设备中的设备地址相互对应，才能产生收发信息动作。当从设备回送信息时，相应的设备地址表明该信息来自何处。设备地址是一个 0～247 的数字。发送给设备地址 0 的信息可以被所有从设备接收，但是，数字 1～247 是特定设备的地址，相应设备地址的从设备总是会对 Modbus 信息作出回应，这样主设备就知道这条信息已经被从设备接收到了。

（2）功能码

功能码是通信传送的第 2 个字节，定义了从设备应该执行的命令，如读取数据、接收数据、报告状态等。有些功能码还拥有子功能码。从设备响应主设备的发送请求，从设备通过功能码执行相应动作，当从设备作出响应时，也发送一样的代码给主设备，表明已完成主设备要求的操作。

功能码表见表 8-1，功能码的范围是 1～255。有些功能码适用于所有控制器，有些功能码只能应用于某些控制器，还有一些功能码保留，以备后用。

表 8-1 功能码表

功能码	作用	数据类型
01	读开关量输出状态	位
02	读开关量输入状态	位
03	读取保持寄存器	整数型、字符型、状态字、浮点型
04	读输入寄存器	整数型、状态字、浮点型
05	写单个线圈	位
06	写单个寄存器	整数型、字符型、状态字、浮点型
07	读异常状态	8 个内部线圈的通断状态
08	回送诊断校验	重复回送信息
15	写多个线圈	位
16	写多个寄存器	整数型、字符型、状态字、浮点型
其他	根据设备不同，最多可以有 255 个功能代码	

（3）数据段

数据段中存储的是主设备发送的信息，这些信息可以是数值、参考地址等。根据主设备发送的信息，从设备会响应执行相应动作或返回主设备要采集的信息。当主设备发送的功能码不同时，对应的数据段信息也会不一样。当从设备不同，设备地址和数据段信息也会不相同。例如，功能码要求从设备读取寄存器的值，则数据段必须包含要读取寄存器的起始地址及读取长度。

（4）校验码

校验码采用循环冗余校验（cyclic redundancy check，CRC）码。CRC 码是一种错误检测码，有两个字节，由传输设备计算后自动加入消息中。接收设备重新计算收到消息的 CRC 码，并与接收到的 CRC 域中的值进行比较，如果两个值不同，那么表明消息有错误。

有些系统中还需要对数据进行奇偶校验。奇偶校验对每个字符都可用，而帧的检测应用于整个消息。

Modbus ASCII 模式的报文结构如图 8-3 所示。

起始位	设备地址	功能码	数据数量	数据	LRC高字节	LRC低字节	结束符
:	2×8 bit	2×8 bit	n bit	n×8 bit	8 bit	8 bit	CR、LF

图 8-3 Modbus ASCII 模式的报文结构

使用 Modbus ASCII 模式，消息以冒号（:）字符（ASCII 码中的 3AH）开始，以回车键（carriage return，CR）、换行键（line feed，LF）结束（ASCII 码中的 0DH 和 0AH）。其他域可以使用的传输字符是十六进制的 0～9 和 A～F。网络上的设备不断检测冒号字符，当有一个冒号字符被接收时，每台设备都解码下个域（地址域）来判断是否是发给自己的。消息中字符间发送的时间间隔最长不能超过 1 s，否则接收的设备将认为该消息传输错误。

Modbus RTU 的报文结构如图 8-4 所示。

起始位	设备地址	功能码	数据数量	数据	LRC高字节	LRC低字节	结束符
无	8 bit	8 bit	n bit	$n×8$ bit	8 bit	8 bit	无

图 8-4　Modbus RTU 的报文结构

使用 Modbus RTU 时，消息至少要以 3.5 个字符时间的停顿间隔开始发送。传输的第一个域是设备地址，它可以使用的传输字符是十六进制的 0～9 和 A～F。网络设备不断检测网络总线，停顿间隔时间内也依然检测。当第一个域（地址域）被接收到时，每台设备都对它进行解码，以判断是否是发给自己的。在最后一个传输字符之后，一个至少 3.5 个字符时间的停顿标定了消息的结束。一个新的消息可在此停顿后开始传输。

整个消息帧必须作为一个连续的流传输。如果在帧完成之前有超过 1.5 个字符时间的停顿时间，接收设备将刷新不完整的消息并假设下一字节是一个新消息的地址域。同样地，如果一个新消息在小于 3.5 个字符时间内接着前一个消息开始，接收设备将认为它是前一个消息的延续，这将会导致错误，因为最后消息的 CRC 域的值不可能是正确的。

8.4　项目实验

1. 实验条件

使用 Modbus 组建的工业通信网络，需要有发送信息的主机（如计算机、工控机、PLC）、接收信息的从机，以及连接主机与从机的通信介质。Modbus 支持多种电气接口，如 RS-232、RS-485、TCP/IP 等，且可在多种介质上传输数据，如双绞线、光纤、红外线等。

本实验通过使用软件仿真硬件设备的方式，介绍工业通信网络的组建过程。需要用到的软件如下。

- VSPD（Virtual Serial Ports Driver），用于给计算机创建虚拟串口，模拟通信线缆。
- Modbus Poll，用于仿真发送控制消息的 Modbus 主机。
- Modbus Slave，用于仿真接收消息的 Modbus 从机。

2．仿真软件的安装

仿真软件的安装过程非常简单，基本上按系统提示单击"下一步"按钮即可。

（1）安装 VSPD

VSPD 的安装步骤如下。

步骤 1：双击打开安装程序文件，如图 8-5 所示。

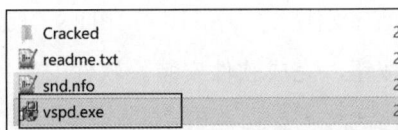

图 8-5　VSPD 安装程序文件

步骤 2：默认选择语言为英文，单击"OK"按钮即可弹出安装向导，再单击"Next"按钮。

步骤 3：许可协议选择"I accept the agreement"，单击"Next"按钮。接下来可以视情况选择修改软件安装位置，并单击"Next"按钮，如图 8-6 所示。

步骤 4：单击"Install"按钮，等待软件安装完成即可，如图 8-7 所示。

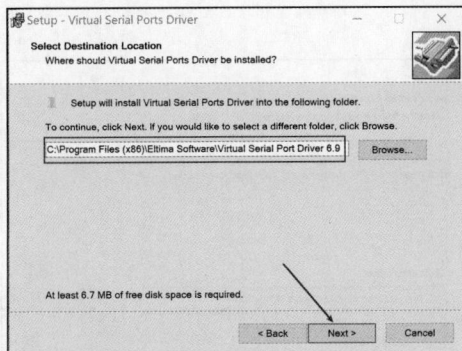

图 8-6　设置 VSPD 安装路径

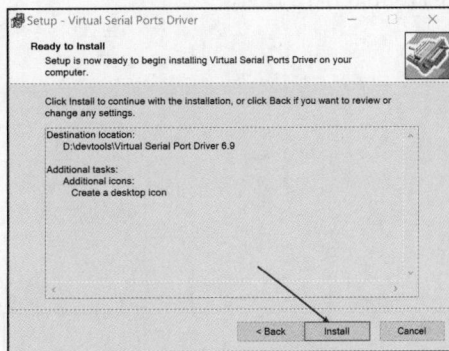

图 8-7　VSPD 安装开始

软件安装完成后就可以在桌面上看到软件的图标。

（2）安装 Modbus Poll

Modbus Poll 仿真软件的安装过程与 VSPD 类似，这里仅展示安装过程的部分操作界面，如图 8-8 和图 8-9 所示。

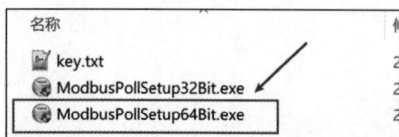

图 8-8　Modbus Poll 安装程序文件

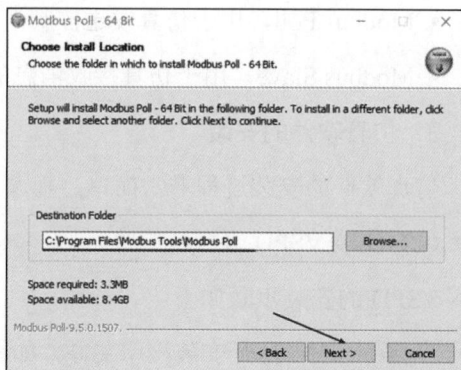

图 8-9　设置 Modbus Poll 安装路径

之后一直单击"Next"按钮，完成软件安装。软件安装完成后就可以在桌面上看到 Modbus Poll 图标，如图 8-10 所示。

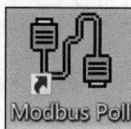

图 8-10　Modbus Poll 图标

（3）安装 Modbus Slave

Modbus Slave 的安装过程与 VSPD 类似，这里仅展示安装过程的部分操作界面，如图 8-11 和图 8-12 所示。

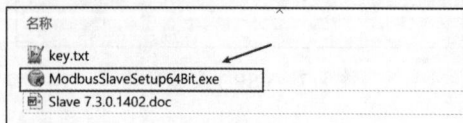

图 8-11　Modbus Slave 安装程序文件

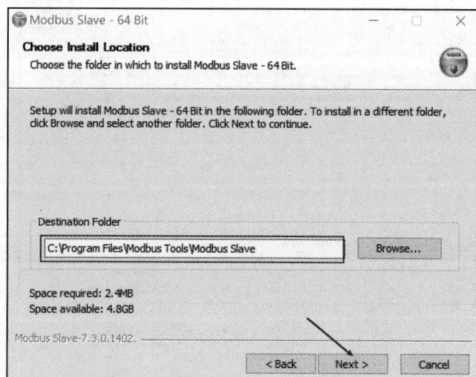

图 8-12　设置 Modbus Slave 安装路径

之后一直单击"Next"按钮，完成软件安装。软件安装完成后，桌面上能看到 Modbus Slave 图标，如图 8-13 所示。

图 8-13 Modbus Slave 图标

3. 组建 Modbus 通信网络

首先，使用 VSPD 创建虚拟串口，具体步骤如下。

步骤 1：双击桌面上的 VSPD 图标，打开串口模拟软件 VSPD，其界面如图 8-14 所示。

步骤 2：单击创建串口对。之所以要创建一对串口，是因为这里模拟的是一根线缆的两端，一端连接主机，另一端连接从机。具体操作如图 8-15 和图 8-16 所示。

步骤 3：使用鼠标右键单击"此电脑"，依次单击"管理"→"设备管理器"→"端口"，查看是否新添加了两个虚拟串口，如图 8-17 所示。

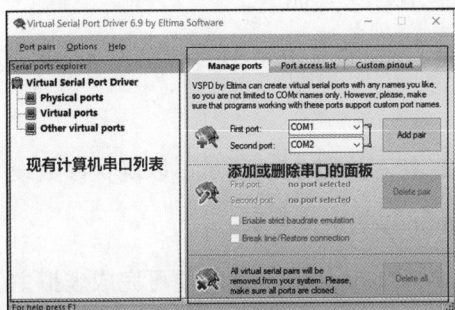

图 8-14 VSPD 界面

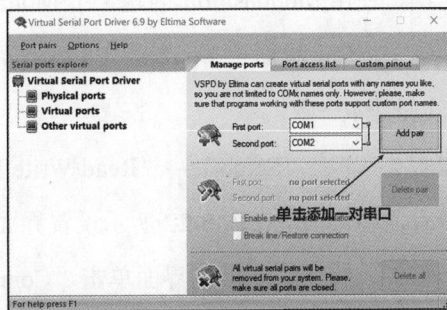

图 8-15 VSPD 添加虚拟串口

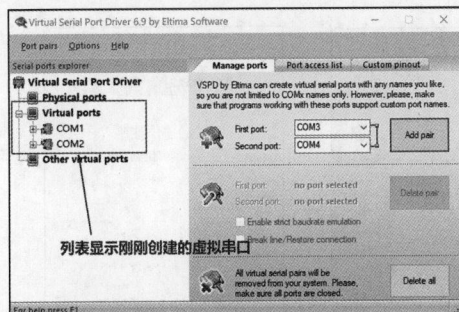

图 8-16 VSPD 虚拟串口创建结果

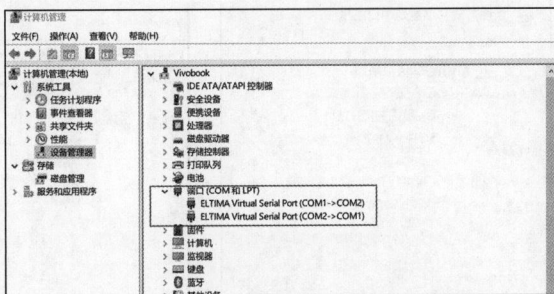

图 8-17 查看创建的 VSPD 虚拟串口

其次，使用 Modbus Slave 创建一个 Modbus 从机，具体步骤如下。

步骤 1：双击桌面上的 Modbus Slave 图标，其界面如图 8-18 所示。

步骤 2：单击 "Connection" → "Connect" 连接串口，如图 8-19 所示。

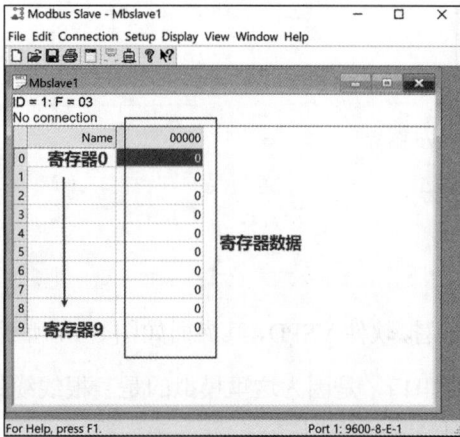

图 8-18　Modbus Slave 界面

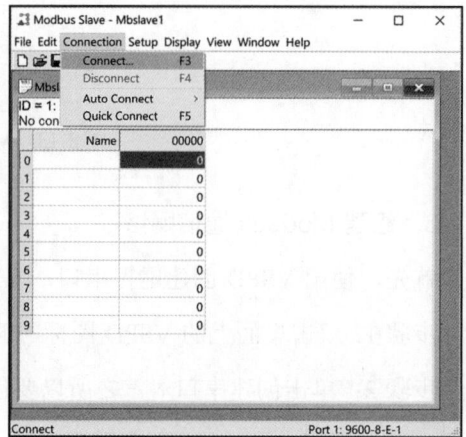

图 8-19　Modbus Slave 连接串口

步骤 3：按图 8-20 所示操作，创建连接。此时便可完成虚拟从机的创建。

再次，使用 Modbus Poll 创建一个 Modbus 主机，具体步骤如下。

步骤 1：双击桌面上 Modbus Poll 图标打开软件，Modbus Poll 软件界面与 Modbus Slave 软件基本一致。

步骤 2：单击 "Setup" → "Read/Write Definition..."，如图 8-21 所示，以确认参数设置。若有需要，则可在图 8-22 所示设置界面修改 Modbus 的通信参数。

步骤 3：在图 8-23 所示界面单击 "Connection" → "Connect"，此时便可完成虚拟主机的创建。

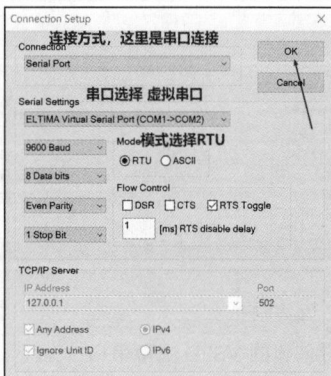

图 8-20　Modbus Slave 创建连接

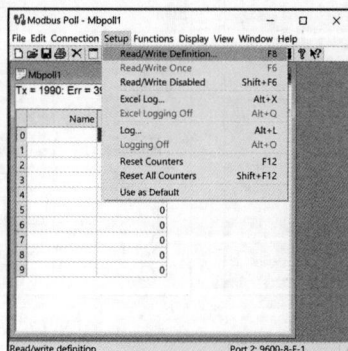

图 8-21　Modbus Poll 界面

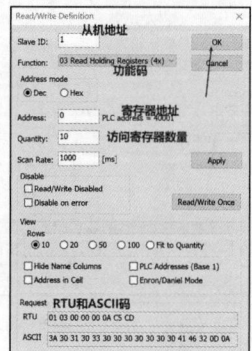

图 8-22　Modbus Poll 设置界面

下面练习主机-从机通信操作。

（1）修改从机寄存器数据

双击 Modbus Slave 界面值空白处，如图 8-24 所示。

单击"Display"→"Communication"测试通信，之后可以看到通信记录，如图 8-25 和图 8-26 所示。

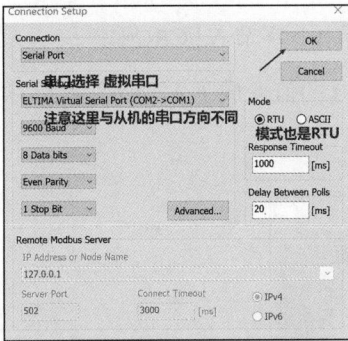

图 8-23　Modbus Poll 主机创建

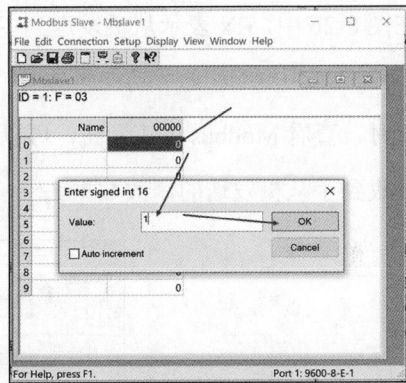

图 8-24　双击 Modbus Slave 界面空白处

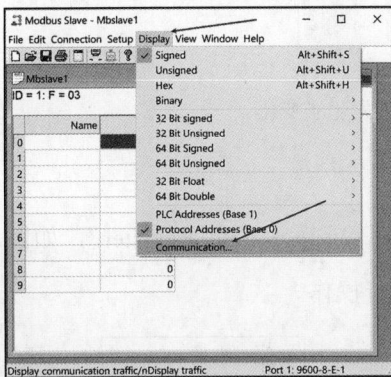

图 8-25　Modbus Slave 测试通信

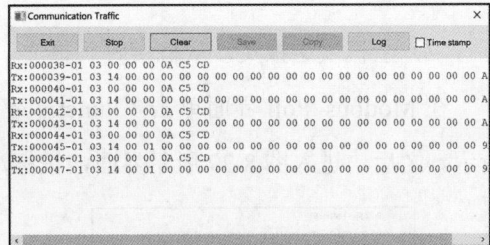

图 8-26　Modbus Slave 通信记录

在图 8-26 中，Rx 表示从机接收到的主机消息帧，其报文内容及其含义见表 8-2。

表 8-2　报文内容及其含义

报文内容	含义
01	从机地址
03	功能码
00	读取的起始寄存器地址为 0x0000
00	

续表

报文内容	含义
00	查询的寄存器数量为 0x000A（10）个
DA	
C5	CRC 码
CD	

在图 8-26 中，Tx 表示从机发送到主机的回复报文，其格式如下所示。

从机地址 | 功能码 | 字节计数 | 字节 1 | 字节 N | CRC 码

此时，查看 Modbus Poll 界面，可以发现寄存器 0 的值变成了 1，如图 8-27 所示。这表示接收到了从机发送的修改数据。

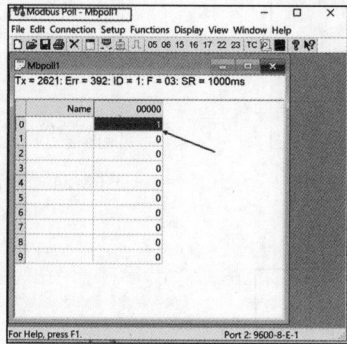

图 8-27　Modbus Poll 寄存器值发生了变化

（2）主机发送报文，从机接收到报文

在 Modbus Poll 界面单击 "Functions" → "06：Write Single Register"，如图 8-28 所示。之后，进入图 8-29 所示界面，按标注内容进行操作。

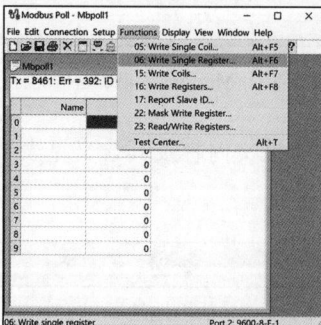

图 8-28　Modbus Poll 发送报文

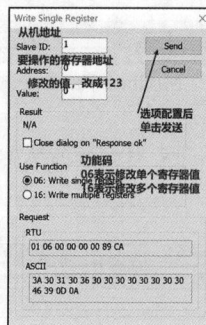

图 8-29　Modbus Poll 修改从机寄存器值

单击 "Send" 按钮后，从机上对应地址的寄存器的值会变成发送的数据，如图 8-30 所示。

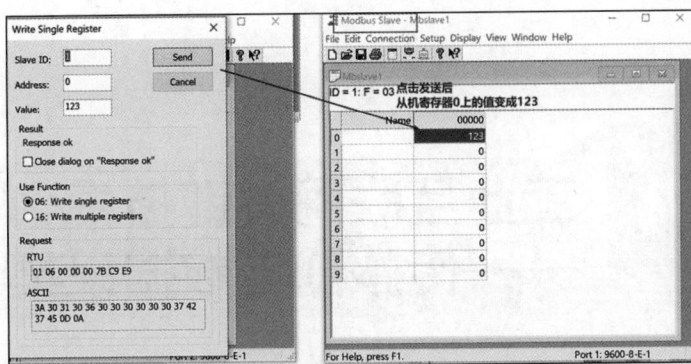

图 8-30 从机寄存器值发生变化

读者可以尝试通过主机发送不同的信息，修改从机上不同位置寄存器的值。

8.5 习题

1. 常见的工业现场总线有哪些？

2. Modbus 总线上每次只有一个数据进行传输，当主机不发送请求时，从机不会自己发出数据，从机和从机之间不能直接通信。这种通信方式称为_____。

3. Modbus 的 3 种主要的通信方式有_____、_____、_____；Modbus 报文（或帧）的基本格式是_____ + _____ + _____ + _____。

项目九 工业互联网关键技术
——传感器与数据采集

9.1 项目要求

（1）能简要说明传感器的工作原理与特点。

（2）能简要说明工业互联网数据采集系统的组成与体系架构。

（3）通过传感器能独立完成数据的采集与储存。

9.2 学习目标

☑ **技能目标**

（1）认识传感器，并了解传感器的工作原理与特点

（2）掌握传感器等设备的基本功能

（3）掌握工业互联网数据采集的基本流程与体系架构

（4）掌握通过传感器采集数据的技能

☑ **思政目标**

（1）通过传感器数据采集中的隐私风险和 MQTT 安全机制，引导读者理解数据主权与隐私保护的伦理责任。

（2）结合工业数据面临的网络攻击风险，强化"安全设计先行"的技术开发准则。

（3）对比国产传感器技术差距与前沿趋势，激发核心技术攻关使命感。

（4）通过 MQTT 协议的国际标准化案例，引导读者认识技术标准制定对国家产业竞争力的战略意义。

（5）结合传感器低功耗设计和边缘计算的能效优化，剖析技术选型对"双碳目标"的支撑作用，培养节能降耗的工程价值观。

☑　**素养目标**

（1）掌握典型传感器的电路连接、数据读取与阈值控制逻辑，具备从硬件布线到代码调试的全流程实践能力。

（2）理解工业数据采集架构的三层关系：感知层—传输层—应用层，能根据场景选择云端/边缘集成方案。

（3）熟练配置 MQTT 核心要素：主题通配符、QoS 等级、保留消息、Clean Session 机制，实现设备—服务器—客户端的可靠通信。

（4）分析传感器发展趋势对制造业的影响，引导读者提出技术适配的应用方案。

9.3　相关知识

9.3.1　传感器定义与基本原理

对于工业互联网而言，传感器是获取实时数据的重要组成部分。传感器能够将物理量转换为可读取的信号，并通过数据采集系统传输到后续处理环节。

传感器是一种检测装置，能感受到被测量的信息，并能将感受到的信息，按一定规律变换成为电信号或其他所需形式的信息输出，以满足信息的传输、处理、存储、显示、记录和控制等要求。《传感器通用术语》（GB/T 7665—2005）对传感器的定义：能感受规定的被测量并按照一定的规律（数学函数法则）转换成可用信号的器件或装置，通常由敏感元件和转换元件组成。

传感器的基本工作原理：传感器通过感知特定的物理量，如温度、压力、湿度、光照等，然后将其转换为电信号输出，可简要概述为采集数据、进行数据转换、对信号进行处理，再进行信号存储/输出，如图 9-1 所示。

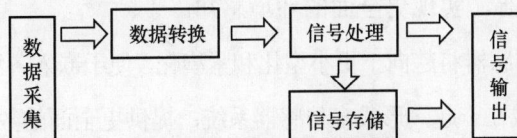

图 9-1　传感器的基本工作原理

传感器是实时数据采集和监测的重要组件，对实现智能化、自动化和数据驱动的工业生产具有至关重要的作用。它在工业互联网中的应用场景包括设备状态监测、环境监测、生产质量控制、能源管理等。

9.3.2 传感器分类与应用

1. 传感器分类

根据不同的工作原理，传感器可以分为电容式传感器、电感式传感器、霍尔效应式传感器等不同类型。根据不同的形态，传感器可以分为线性传感器、角度传感器、加速度传感器、振动传感器等不同类型，如图 9-2 所示。

（a）线性传感器　　　（b）角度传感器　　　（c）振动传感器

图 9-2　几种不同形态的传感器

2. 传感器在工业互联网中的应用及未来的发展趋势

传感器在工业互联网中扮演着重要的角色，它们被用于收集和传输各种物理量和环境信息，为工业系统提供实时数据支持和监测功能。工业互联网中常用的传感器有温度传感器、压力传感器、湿度传感器、光照传感器、加速度传感器、气体传感器、角位移传感器等。这些传感器通过将实时数据传输到云平台或物联网网关，与其他设备和系统相互连接，实现了工业设备的远程监测、智能控制和预测维护等功能。传感器的应用使工业互联网更加智能化、高效化，提高了生产效率和产品质量，降低了能源消耗和设备损坏的风险。

随着人工智能与大数据处理分析等技术的不断发展，传感器未来的发展趋势体现在以下几个方面。

多功能化：未来的传感器可能会融合多种功能，例如将温度、湿度、压力等多种传感器功能整合在一起，以减少设备的复杂性和成本；同时，传感器还可能与其他技术相结合，如图像识别、声音识别等，实现更全面的环境感知。

小型化和集成化：传感器将趋向于更小型化和紧凑化，便于嵌入各种设备和系统中。同时，将不同类型的传感器集成在一起，形成多传感器系统，提供更全面的数据采集和分析能力。

高精度和高灵敏度：随着技术的进步，传感器的精度和灵敏度将不断提高，这将使传感器能够更准确地监测和测量各种物理量,为智能制造和工业互联网提供更可靠的数据支持。

边缘计算和人工智能:为了应对大规模数据的处理和分析需求,传感器可能会具备边缘计算和人工智能的能力,能够在本地对数据进行处理和决策,以减少对云平台的依赖。

安全和隐私保护:随着物联网的快速发展,传感器的安全和隐私保护将成为一个重要的关注点。未来的传感器需要具备更强的安全性,保护数据不被未经授权的用户所访问和篡改,并遵守相关的隐私保护法规。

总之,未来的传感器将更加智能、高效、小型,并与其他技术相结合,为智能制造、工业互联网和物联网带来更多新型的应用场景。

9.3.3　工业互联网数据采集概述

1. 工业互联网数据采集的意义

对工业互联网平台而言,数据采集是第一步,是后续数据分析、实现数据驱动决策的基础。基于海量工业数据的全面感知能力,通过端到端的数据深度集成而构成网络的边缘层,在边缘层服务与计算的基础上,再通过建模分析,实现智能化的决策与控制指令,形成智能化生产、网络化协同、个性化定制、服务化延伸等新型制造模式。

工业数据采集与边缘服务计算平台可分为硬件结构与软件应用两个部分。硬件结构部分负责边缘侧数据采集,软件应用部分负责边缘服务器搭建与边缘数据处理。工业数据采集与边缘服务架构如图 9-3 所示。

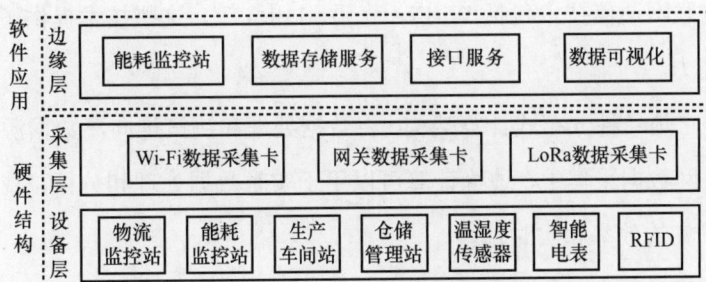

图 9-3　工业数据采集与边缘服务架构

总体来说,数据集成采集与边缘处理技术总体分为以下三部分。

• 数据集成,主要是对多源、异构数据的接入与集成。

• 边缘计算,主要是工业领域边缘就近提供的智能服务可以满足行业数字化在敏捷连接、实时业务、数据优化、应用智能、安全与隐私保护等方面的关键需求。

- 工业网络，主要是用于企业制造领域的信号检测、传输、处理、存储、计算、控制等传感器、设备或系统的连接服务，使企业资源汇聚、数据共享、过程控制、智能决策，并能够访问企业外部资源和提供限制性外部访问服务，维护企业的生产、管理和经营高效率运转，实现企业集成管理和控制。

2. 工业互联网数据采集的常用方法和技术

工业互联网是国家工业化与信息化融合后的产物，我们可以根据这两个产业的发展历程与特点，利用多种方法和技术来实现数据采集。下面是一些常用的方法和技术。

传统有线采集：它是最基础的数据采集方式之一。它通过有线连接将传感器、设备与数据采集系统连接起来，实现数据的传输和采集。常见的有线接口包括 RS-485、以太网接口等。传统有线采集方式具有稳定可靠、抗干扰能力强等特点。

现场总线技术：它是一种常用的工业数据采集技术，使用串行通信协议在现场设备和控制系统之间传输数据。常见的现场总线协议包括 PROFIBUS、Modbus 等。现场总线技术提供了高速、可靠的数据通信能力，适用于复杂的工业环境。

无线传感器网络：它是一种无线数据采集技术，由多个分布式传感器节点组成，通过无线通信进行数据采集和传输。无线传感器网络具有灵活性高、部署成本低等优势，适用于需要大量传感器进行分布式数据采集的场景。

物联网技术：它将传感器、设备和互联网连接起来，实现了设备之间的智能互联。通过物联网技术，人们可以实现从设备到云端的数据采集和传输，同时实现远程监控和控制功能。常见的物联网通信技术包括 Wi-Fi、蓝牙、LoRa 等，这些技术提供了灵活、可靠的无线数据通信能力。

边缘计算：它是一种分布式计算架构，将数据处理和决策推向离数据源更近的边缘设备。在工业互联网数据采集中，边缘计算可以用于实时数据处理和分析，减少对云端的依赖，提高数据采集的效率和实时性。

在实际的生产过程中，人们需要根据具体的应用场景和需求，选择合适的采集方式来满足数据采集的要求。

9.3.4 工业互联网数据采集体系架构

1. 工业互联网数据采集体系架构的基本组成

根据工业互联网数据采集体系架构的概念与设计原则，工业互联网平台应该包括传感器节点、边缘设备、通信网络、数据处理中心等组成部分。通过大范围、深层次的数据采集，以及异构数据的协议转换与边缘处理，构建工业互联网平台的数据基础。工业互联网平台的基本架构如图 9-4 所示。

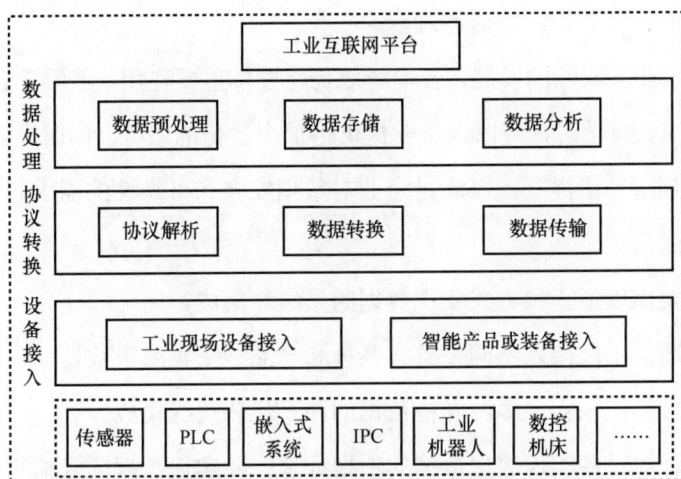

图 9-4　工业互联网平台的基本架构

在工业互联网数据采集体系架构中，传感器节点通过边缘设备将采集到的数据传输到数据处理中心，此时通信网络起到连接各个组件的作用。边缘设备在数据传输过程中进行处理和转发，以减少对通信网络的压力。数据处理中心接收并存储采集到的数据，以便进行下一步处理和分析，从而提供智能化的服务和决策支持。

这些组件之间的相互关系是紧密的。传感器节点和边缘设备形成了数据采集的前端；通信网络实现了各个组件之间的连接，而数据处理中心是数据的最终处理和分析的地方。通过这样的架构，我们可以构建起完整的工业互联网数据采集体系，为工业生产提供数据基础和智能化的支持。

2．工业互联网的数据集成方式

工业互联网的数据集成一般有两种方式：云端集成（通过网络对位于边缘的设备、系统等进行连接，通过平台对协议进行转换）和边缘集成（边缘集成协议解析在边缘处完成）。这两种数据集成方式各有优缺点，适用于不同的应用场景。

（1）云端集成

云端集成是指将位于边缘的设备、系统等通过网络连接到云平台上，对协议进行转换，将数据进行汇总和处理。云端集成具有以下优点。

• 可以实现全局范围内的实时数据采集和处理。

- 云平台具有高性能的数据存储和计算能力，可以承担海量数据的处理。
- 云平台还可以应用大数据分析、人工智能等技术，实现数据挖掘、预测等功能。
- 云端集成适用于数据量大、分布范围广、需要大规模数据存储和处理的场景，如工业生产中的设备监控、物流管理等。

未来，随着工业互联网的发展，云端集成仍将发挥重要作用。云端平台将变得更加智能化，能够自适应、自学习，可以为企业提供更加个性化的服务。同时，云端平台的安全性和稳定性将得到进一步提升，以满足企业对数据安全和可靠性的需求。

（2）边缘集成

边缘集成主要由以下3种方式实现数据的采集与集成。

- 通过各类通信手段接入不同设备、系统和产品，采集海量数据。
- 依托协议转换技术实现多源异构数据的归一化和边缘集成。
- 利用边缘计算设备实现底层数据的汇聚处理，并实现数据向云端平台的集成。

边缘集成具有以下优点。

- 可以减少对通信网络的负载，降低时延，提高数据的实时性。
- 边缘设备具有一定的计算能力，可以进行预处理、过滤等操作，提高数据处理效率。
- 边缘集成还可以实现离线运行，即使通信中断，边缘设备仍能够完成数据采集和处理。
- 边缘集成适用于分布范围较小、需要实时响应和较高安全性要求的场景，如工业机器人、智能监控等。

未来，随着边缘计算技术的发展，边缘集成将在工业互联网中扮演越来越重要的角色。边缘设备的计算能力和存储容量将得到进一步提升，可以承担更为复杂的数据处理任务。同时，边缘设备还可以与云端平台进行协同处理，实现更加灵活、高效的数据管理和服务。

接下来，我们将通过两个实验，依次了解并熟悉边缘集成与云端集成的具体实现方式与过程。

9.4 项目实验

1. 基于 MQTTX 的数据采集与传输

本实验是消息队列遥测传输（message queuing telemetry transport，MQTT）协议的入

门实验，提供了实用的代码示例。读者可以通过本节掌握 MQTT 的基本概念，快速开启 MQTT 服务和应用的开发。

MQTT 所具有的适用于物联网特定需求的特点和功能，使其成为物联网领域最佳的协议之一。它的主要特点如下。

轻量级：物联网设备通常在处理能力、内存和能耗方面受到限制。MQTT 由于开销低、报文小的特点使其非常适合物联网设备，即使在有限的能力下也能实现高效的通信。

可靠：物联网常常面临网络的高时延或连接不稳定的情况。MQTT 支持多种服务质量（quality of service，QoS）等级、会话感知和持久连接，即使在困难的条件下也能保证消息的可靠传递，使其非常适用于物联网。

安全通信：对于物联网，安全至关重要，因为其经常涉及敏感数据的传输。为确保数据在传输过程中的机密性，MQTT 提供传输层安全协议（transport layer security，TLS）和安全套接层（secure socket layer，SSL）加密功能。此外，MQTT 通过用户名和密码凭证或客户端证书提供身份验证和授权机制，以保护网络及其资源的访问。

双向通信：MQTT 的发布-订阅模式为设备之间提供了无缝的双向通信方式。客户端既可以向主题发布消息，也可以订阅接收特定主题的消息，从而实现了物联网生态系统中的高效数据交换，而不需要直接将设备耦合在一起。这种模式简化了新设备的集成，同时保证了系统易于扩展。

连续、有状态的会话：MQTT 提供了客户端与 MQTT Broker（下文介绍）之间保持有状态会话的能力，这使系统即使在断开连接后也能记住订阅和未传递的消息。此外，客户端可以在建立连接时指定一个保活间隔，这会促使 MQTT Broker 定期检查连接状态。如果连接中断，MQTT Broker 会储存未传递的消息（根据 QoS 级别确定），并在客户端重新连接时尝试传递它们。这个特性保证了通信的可靠性，降低了因间断性连接而导致数据丢失的风险。

大规模物联网设备支持：物联网系统往往涉及大量设备，需要一种能够处理大规模部署的协议。MQTT 的轻量级特性、低带宽消耗和对资源的高效利用使其成为大规模物联网应用的理想选择。通过采用发布-订阅模式，MQTT 实现了发送者和接收者的解耦，从而有效地减少了网络流量和资源使用。此外，MQTT 对不同 QoS 等级的支持，使消息传递可以根据需求进行定制，以确保在各种场景下都能获得最佳的性能表现。

语言支持：物联网系统包含使用各种编程语言开发的设备和应用。MQTT 具有广泛的语言支持，使其能够轻松与多个平台和技术进行集成，从而实现了物联网生态系统中的无缝通信和互操作性。

要了解 MQTT 的工作原理，首先需要掌握几个概念：MQTT 客户端、MQTT Broker、发布–订阅模式、主题、QoS。

（1）MQTT 客户端

任何运行 MQTT 客户端库的应用或设备都是 MQTT 客户端。例如，使用 MQTT 的即时通信应用是客户端，使用 MQTT 上报数据的各种传感器是客户端，各种 MQTT 测试工具也是客户端。

（2）MQTT Broker

MQTT Broker 是负责处理客户端请求的关键组件，可理解为 MQTT 的服务器。它可实现建立连接、断开连接、订阅和取消订阅等操作，同时还负责消息的转发。一个高效强大的 MQTT Broker 能够轻松应对海量连接和百万级消息吞吐量，从而帮助物联网服务提供商专注于业务发展，快速构建可靠的 MQTT 应用。

（3）发布–订阅模式

发布–订阅模式与客户端–服务器模式的不同之处在于，发布–订阅模式将发送消息的客户端（发布者）和接收消息的客户端（订阅者）进行了解耦。发布者和订阅者之间不需要建立直接连接，而是通过 MQTT Broker 来负责消息的路由和分发。

MQTT 发布和订阅的过程如图9-5所示。温度传感器作为客户端连接到 MQTT Broker，并通过发布操作将温度数据发布到一个特定主题（如温度）。MQTT Broker 接收到该消息后会负责将其转发给订阅了相应主题（温度）的订阅者客户端。

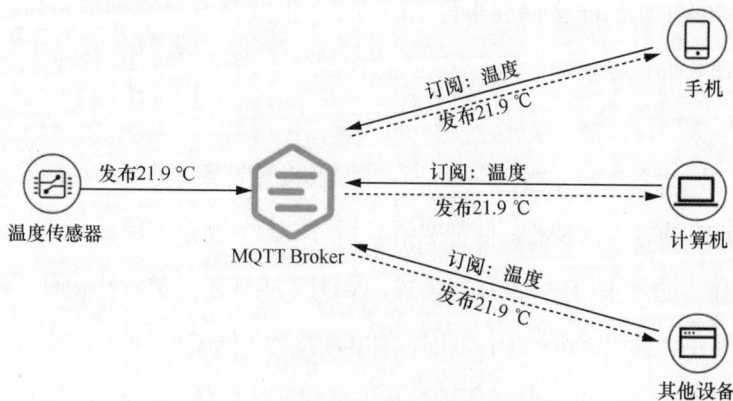

图 9-5　MQTT 发布和订阅的过程

（4）主题

MQTT 根据主题来转发消息。主题通过"/"来区分层级，类似于 URL 路径，如 chat/room/1、sensor/10/temperature、sensor/+/temperature。

MQTT 主题支持两种通配符："+"和"#"。"+"表示单层通配符，如 a/+匹配（a/x 或 a/y）。"#"表示多层通配符，如 a/#匹配（a/x、a/b/c/d）。注意：通配符主题只能用于订阅，不能用于发布。

（5）QoS

MQTT 提供了 3 种服务质量（QoS），在不同网络环境下保证消息的可靠性。

QoS 0：消息最多传送一次。如果当前客户端不可用，那么它将丢失这条消息。

QoS 1：消息至少传送一次。

QoS 2：消息只传送一次。

2．MQTT 的工作流程

在了解了 MQTT 的基本组件之后，下面介绍 MQTT 的工作流程。

首先，客户端使用 TCP/IP 与 Broker 建立连接，同时可以选择使用 TLS/SSL 加密来实现安全通信。客户端提供认证信息，并指定会话类型（清理会话或持续会话）。

然后，客户端既可以向特定主题发布消息，也可以订阅主题以接收消息。当客户端发布消息时，它会将消息发送给 MQTT Broker。而当客户端订阅消息时，它会接收与订阅主题相关的消息。

最后，MQTT Broker 接收发布的消息，并将这些消息转发给订阅了对应主题的客户端。MQTT Broker 根据 QoS 等级确保消息可靠传递，并根据会话类型为断开连接的客户端存储消息。

3．具体操作

（1）安装 EMQX 本地服务器（MQTT Broker）

首先，解压 EMQX 压缩包到本地对应路径（路径中不可以有中文）。解压后文件的 bin 目录如图 9-6 所示。

运行命令提示符，并进入上述解压文件的 bin 目录下，然后运行代码"emqx start"启动服务器。为验证服务器能正常联网，我们可以在 bin 目录下，运行代码"emqx ping"。如果 ping 失败，那么说明可能有些计算机中的服务占用了 EXQX 服务器的 1883 端口，如图 9-7 所示。这时可以尝试重启设备。

图 9-6　EMQX 文件的 bin 目录

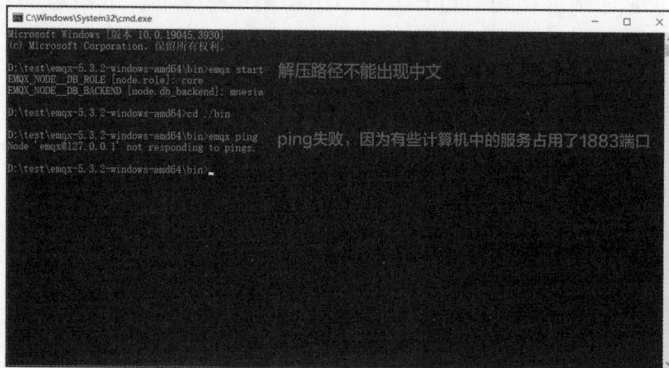

图 9-7　EMQX 启动

正常联网后可在浏览器中输入"http://localhost:18083/"（内部网址），进入登录界面，如图 9-8 所示。这里默认用户名为 admin，密码为 public。

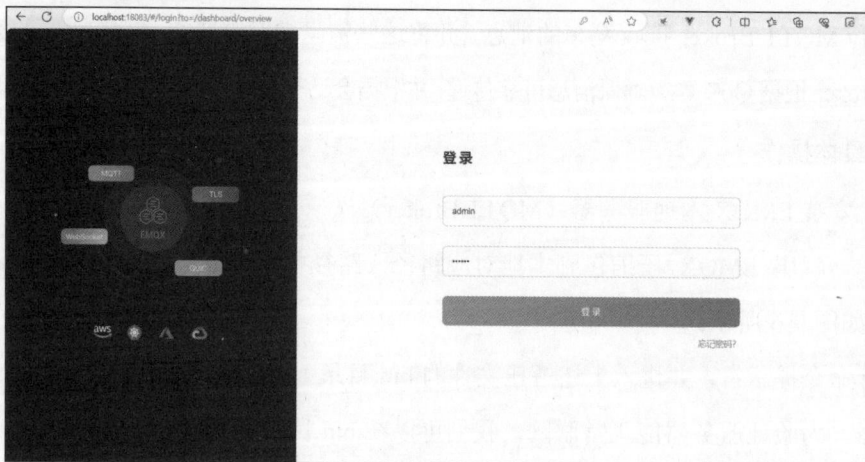

图 9-8　EMQX 登录界面

登录成功后提示修改密码，修改密码后成功进入服务器界面，如图 9-9 所示。

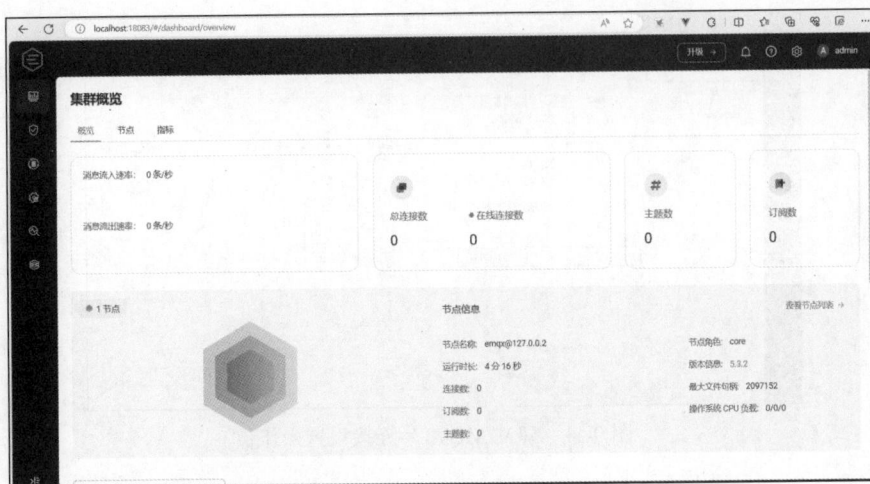

图 9-9   服务器界面

因为当前还没有客户端连接服务器，所以集群概览的"总连接数"与"在线连接数"均为 0。

（2）安装 MQTTX 客户端

双击运行 MQTTX.exe 文件，并将其安装到相应目录。安装完成后打开 MQTTX，单击"新建连接"按钮，如图 9-10 所示。

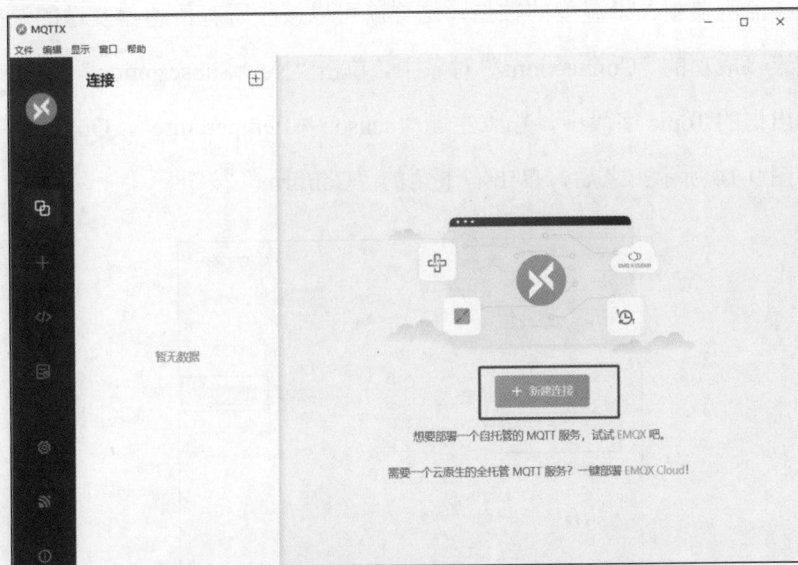

图 9-10   在 MQTTX 界面单击"新建连接"按钮

建立一个 MQTT 连接，具体设置操作如图 9-11 所示。设置好参数后，单击右上角的"Connet"按钮，连接 EMQX 服务。

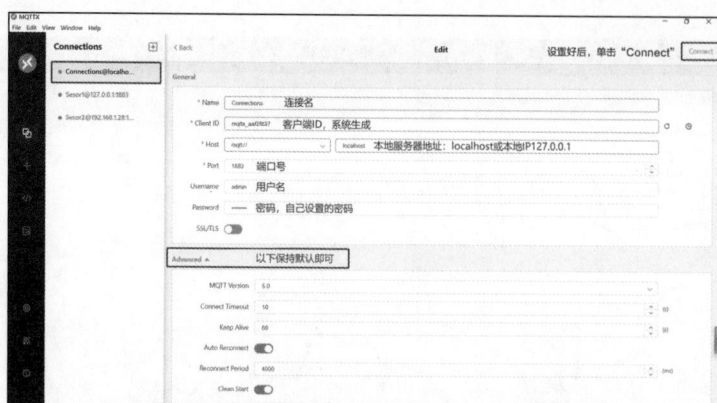

图 9-11　建立 MQTTX 连接设置操作

图 9-12 所示内容表示连接成功（最左侧连接名处若为实体圆圈，则表示连接成功；若未连接成功，则为虚体圆圈）。

图 9-12　MQTTX 连接成功

接下来，在上面创建的"Connections"对象中，订阅一个主题，以便监听相关传感器传递过来的数据，我们设置"sensor/+/temperature"格式的通配符语法，表示监听 sensor 目录下所有子监听器中关于温度的数据，这样就可以接收所有传感器发送的温度数据了。

在已经连接成功的"Connections"对象中，单击"New Subscription"按钮，如图 9-13 所示。在弹出框的 Topic 字段中，输入主题"sensor/＋/temperature"，QoS 保持默认值 0，其他设置如图 9-14 所示。之后，单击右下角的"Confirm"按钮。

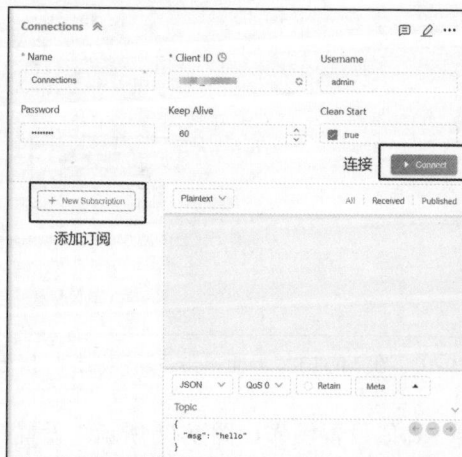

图 9-13　添加订阅

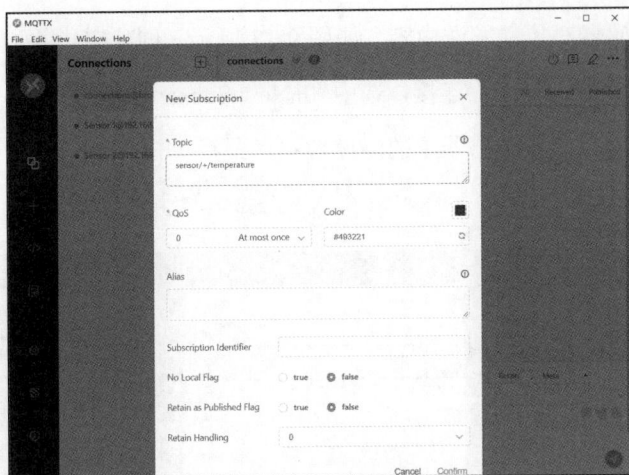

图 9-14 添加订阅设置

订阅成功后，我们会在订阅列表的中间看到新增了一条记录，如图 9-15 所示。

图 9-15 订阅结果

（3）加入传感器并发布 MQTT 消息

首先，添加传感器并设置参数。如图 9-16 所示，单击左侧界面的图标"+"，添加新的连接对象。按图 9-16 所示的参数分别设置传感器 1 和传感器 2 来模拟两个温度传感器，并单击"Connect"按钮，连接服务器。

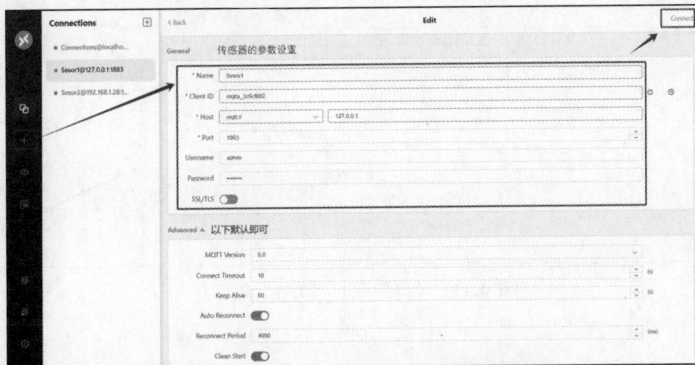

图 9-16 添加新的连接对象并设置参数

其次，创建传感器对象并发送内容。如图 9-17 所示，创建完毕并成功连接服务器后，选择"Sensor1@127.0.0.1:1883"连接，选中"+New Subscription"，在弹出对话框的 Topic 处输入以下代码，表示监听传感器 1 的温度数据，最后单击"Confirm"按钮进行确认。

```
sensor/1/temperature
```

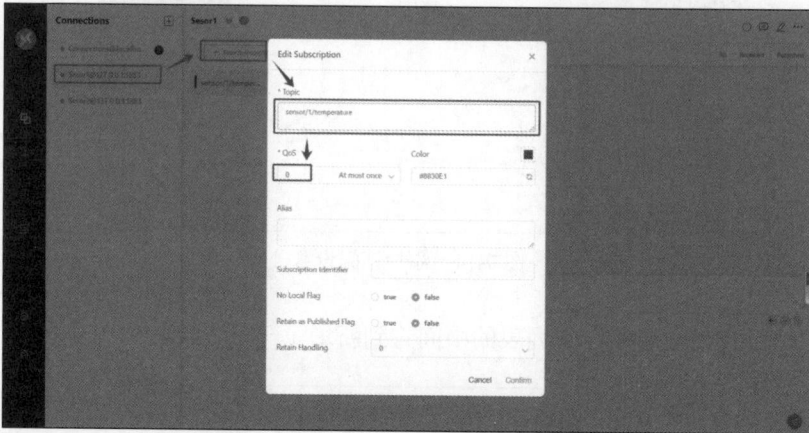

图 9-17　编辑订阅

如图 9-18 所示，在传感器 1 的消息框中输入以下 JSON 格式的消息，然后单击右下方的发布按钮发送消息。

```
{
    "msg": "I am Sensor1:30 度"
}
```

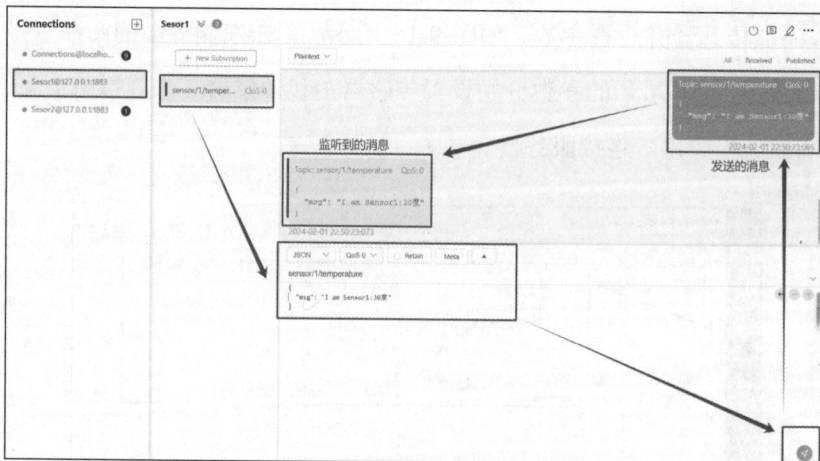

图 9-18　传感器 1 要发布的消息

在图 9-18 中，消息对话框的右上角为当前连接点所发送出去消息的对话内容，中间部分的对话内容为当前连接点监听到自身所发出消息的内容。

参考传感器 1，选择传感器 2 连接并进行同样的设置与操作。

如图 9-19 所示，在页面下方的发布主题中输入"sensor/2/temperature"，在消息框中输入以下 JSON 格式的消息，然后单击右下方的发布按钮发送消息。

```
{
  "msg"："I am Sensor2:60 度"
}
```

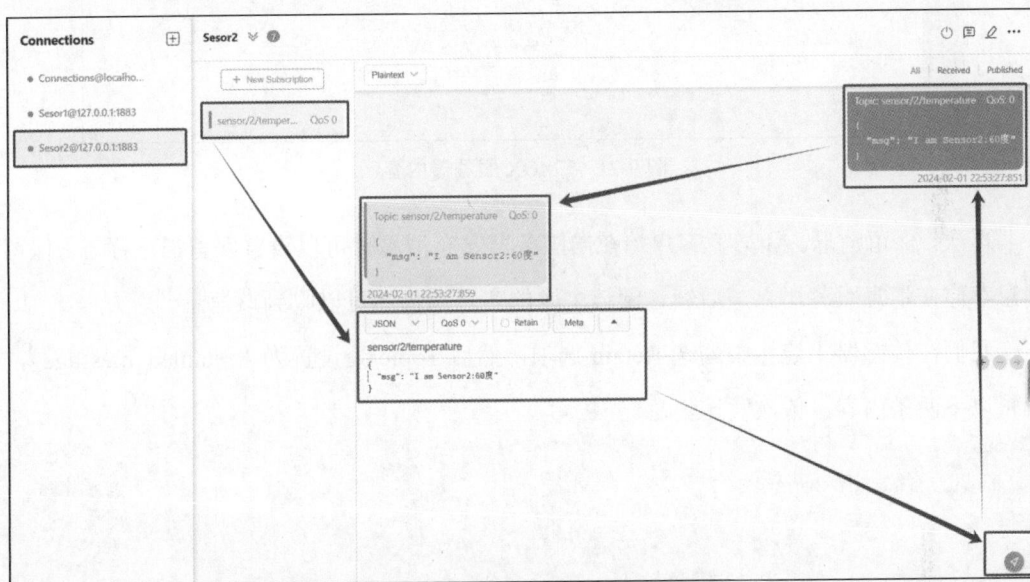

图 9-19　传感器 2 要发布的消息

查看传感器 1 和传感器 2 的消息，如图 9-20 所示。

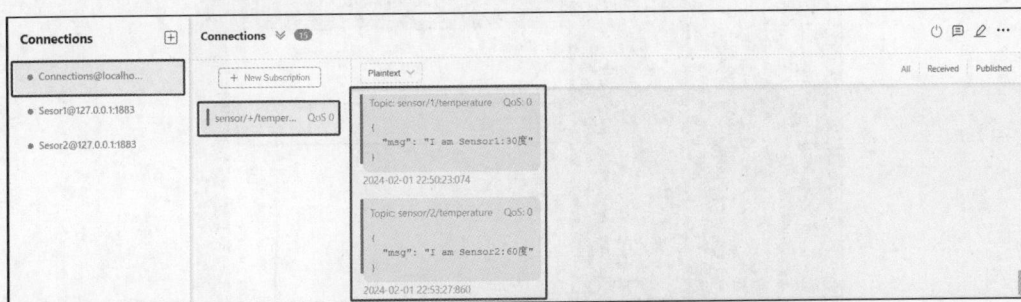

图 9-20　查看传感器 1 和传感器 2 消息

从图 9-20 中可以看到，Connections 接收到了传感器 1 和传感器 2 模拟温度传感器上传的数据。下面查看 EMQX 服务器，得到的内容如图 9-21 所示。

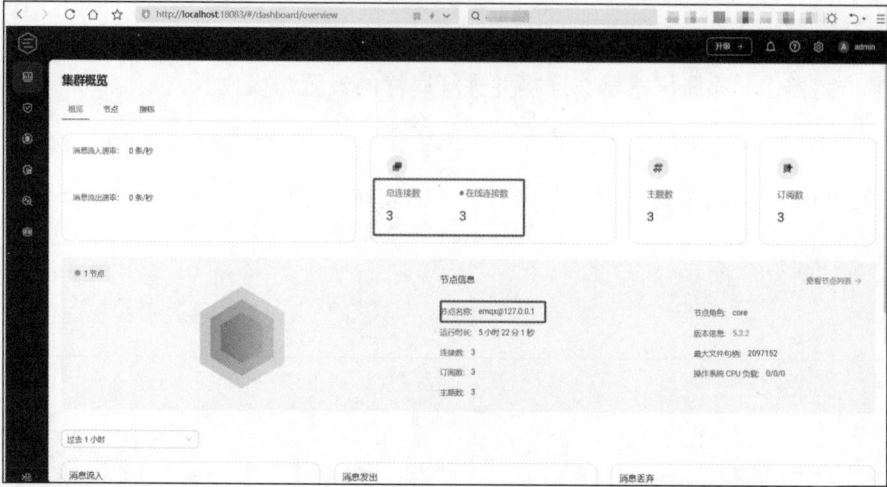

图 9-21　EMQX 服务器内容

再次，保留消息。MQTT 客户端在向服务器发布消息时可以设置保留消息标志。保留消息存储在消息服务器上，后续订阅该主题的客户端仍然可以收到该消息。

我们在传感器 1 连接中勾选 Retain 选项，然后 Topic 处设置为"retained_message"，编辑以下两条内容，依次发送消息。

```
{
    "msg": "I am Sensor1:1"
}
{
    "msg": "I am Sensor1:2"
}
```

如图 9-22 所示，我们在 Connections 中订阅 retained_message 主题。

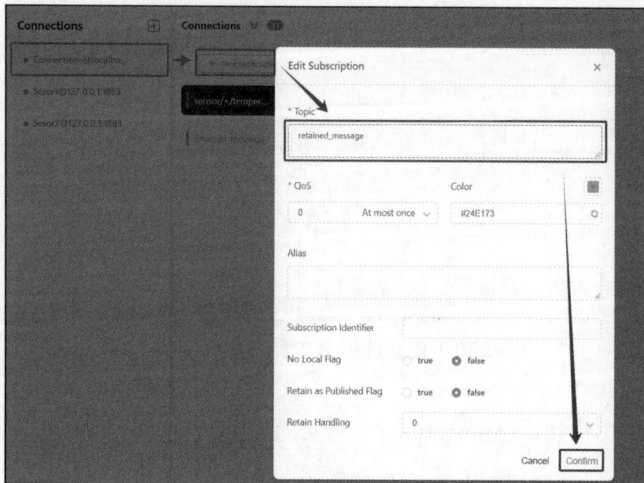

图 9-22　订阅 retained_message 主题

如图 9-23 所示，订阅成功后，Connections 会收到传感器 1 发送的第二条保留消息，这说明服务器只会为 retained_message 主题保留时间最近的一条消息。

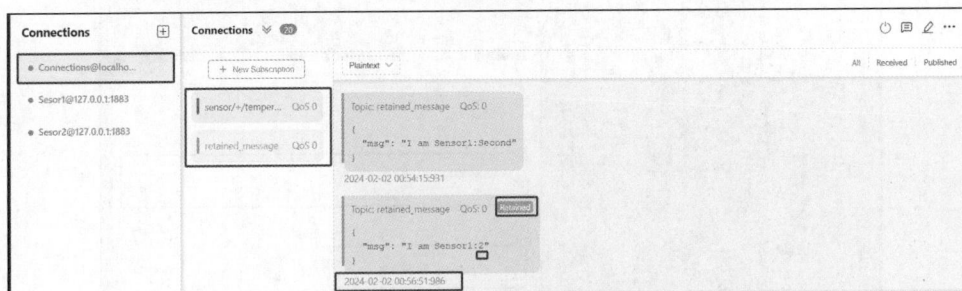

图 9-23　查看订阅消息

最后，清理会话。MQTT 客户端通常只能在在线状态下接收其他客户端发布的消息。如果客户端离线后重新上线，那么它将无法收到离线期间的消息。然而，如果客户端连接时设置清理会话（Clean Session）为"false"，并且使用相同的客户端 ID 再次上线，那么消息服务器将为客户端缓存一定数量的离线消息，并在它重新上线时发送给它。本次演示将使用的公共 MQTT 服务器设置为缓存 5 min 的离线消息，最大消息数为 1 000 条，且不保存 QoS 0 消息。

下面，我们创建一个 MQTT 版本为 3.1.1 的连接，并用 QoS 1 来演示 Clean Session 的使用。

如图 9-24 所示，创建一个名为 MQTT V3 的连接，作为消息的接收方。选择 MQTT 版本为 3.1.1，设置 Clean Session 为 false（关闭状态）。

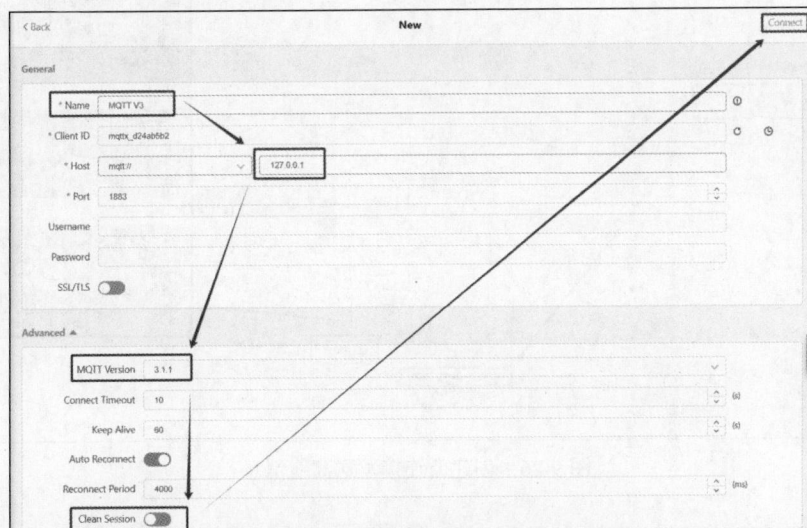

图 9-24　设置 Clean Session

如图 9-25 所示，连接成功后订阅"clean_session_false"主题，并将 QoS 设置为 1。

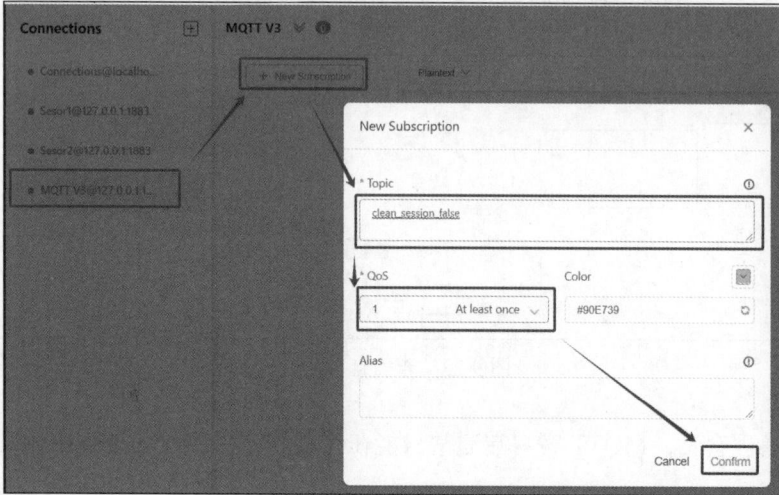

图 9-25　订阅"clean_session_false"主题

如图 9-26 所示，订阅成功后，单击右上角的断开按钮断开连接，然后创建一个名为 MQTT_V3_Publish（其余不显示）连接，作为消息的发送方，MQTT 版本也设置为 3.1.1。连接成功后，向"clean_session_false"主题发布 3 条消息。发送之前，请确保 MQTT V3 的连接已经被断开。

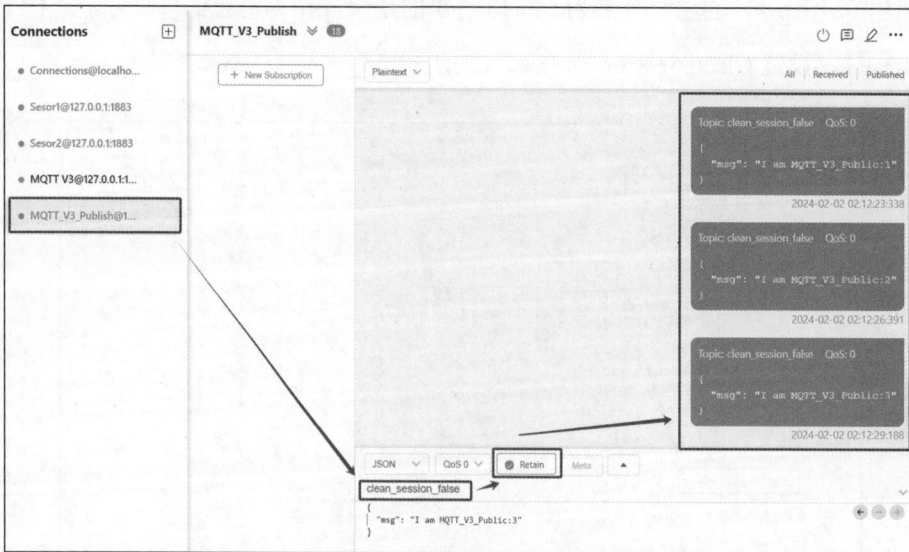

图 9-26　创建新连接发送离线消息

接着，选择 MQTT V3（其余不显示）连接，单击连接按钮重新连接到服务器，这时会收到 3 条离线消息，如图 9-27 所示。可以看出，已成功接收到 3 条离线信息。

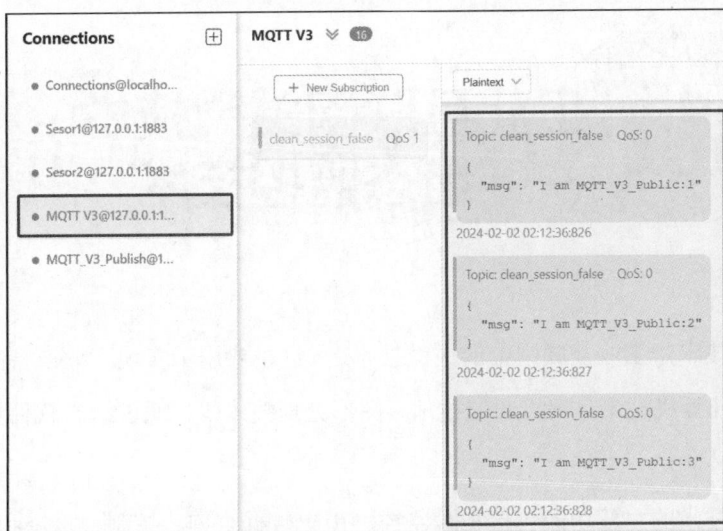

图 9-27　收到离线消息

9.5　习题

1．传感器的应用场景包括哪些？

2．根据不同的工作原理，传感器可以分为哪几类？

3．根据传感器的不同形态，传感器可以分为哪些类型？

4．简述 MQTT 的工作流程。

5．MQTT 提供了几种服务质量（QoS），以便在不同网络环境下保证消息的可靠性？每种服务质量分别代表什么意思？

项目十　工业互联网关键技术——组态监控技术

组态监控技术是工业互联网中的关键技术之一，主要用于实现工业设备的远程监控和管理。它基于计算机技术、网络通信技术、图形处理技术等，通过组态软件实现监控画面的动态显示和控制。

组态监控技术的主要功能包括实时监控、历史数据查询、控制、报警和报表生成等。组态监控技术可以实现对工业设备的远程监控和管理，提高设备的运行效率和稳定性，降低设备的维护成本和故障率。同时，组态监控技术可以为企业提供更加智能化的生产管理方式，提高生产效率和产品质量。

本项目将介绍基于人机交互（human-machine interaction，HMI）的组态监控技术的概念、技术发展体系，以及以监视与控制通用系统（monitor and control generated system，MCGS）为代表的 HMI 组态软件的功能与开发技术。

10.1　项目要求

（1）完成组态监控体系理论知识学习。

（2）完成组态软件安装及基本操作。

（3）完成组态监控系统人机界面开发实践。

10.2　学习目标

☑　技能目标

（1）理解组态监控技术的应用目的与场景。

（2）熟悉常用的组态监控技术体系。

（3）掌握组态软件的安装、使用和开发技术。

☑ **思政目标**

（1）结合国产组态软件的发展历程，引导读者认识核心技术自主创新的重要性，树立投身国产工业软件研发的使命感。

（2）通过工业互联网与"中国智造"的关联，理解组态监控技术在产业数字化转型中的关键作用，增强服务国家工业 4.0 战略的责任感。

（3）以报警功能、设备监控等应用场景为例，强调工业安全对生产和社会稳定的意义，培养严谨负责的职业操守。

☑ **素养目标**

（1）掌握组态软件的设备连接、实时数据库配置、动画设计等核心操作，能独立开发工业监控人机界面。

（2）通过 SCADA 系统架构、数据报警策略设计等案例，培养从数据采集到分析决策的全链条系统思维。

（3）结合物联网、大数据在组态监控中的集成趋势，提升跨技术领域的实践适应力。

10.3 相关知识

10.3.1 组态监控技术概述

1. 组态监控技术的发展背景

在工业自动化领域,组态监控技术经历了漫长的发展历程。在工业自动化的早期阶段,气动单元组合仪表（QDZ）是主要的监控技术形式。这些仪表利用压缩空气来驱动各种机械部件,以实现气动控制系统在化工、石油等行业中得到广泛应用,因为它们具有可靠、耐用的特点。

20 世纪 70 年代,随着微处理器技术的发展,集散式控制系统（distributed control system，DCS）开始出现。图 10-1 展示了 DCS 的结构,它利用微处理器技术实现了对多个控制回路的监测和控制,极大地提高了工业过程的控制能力。

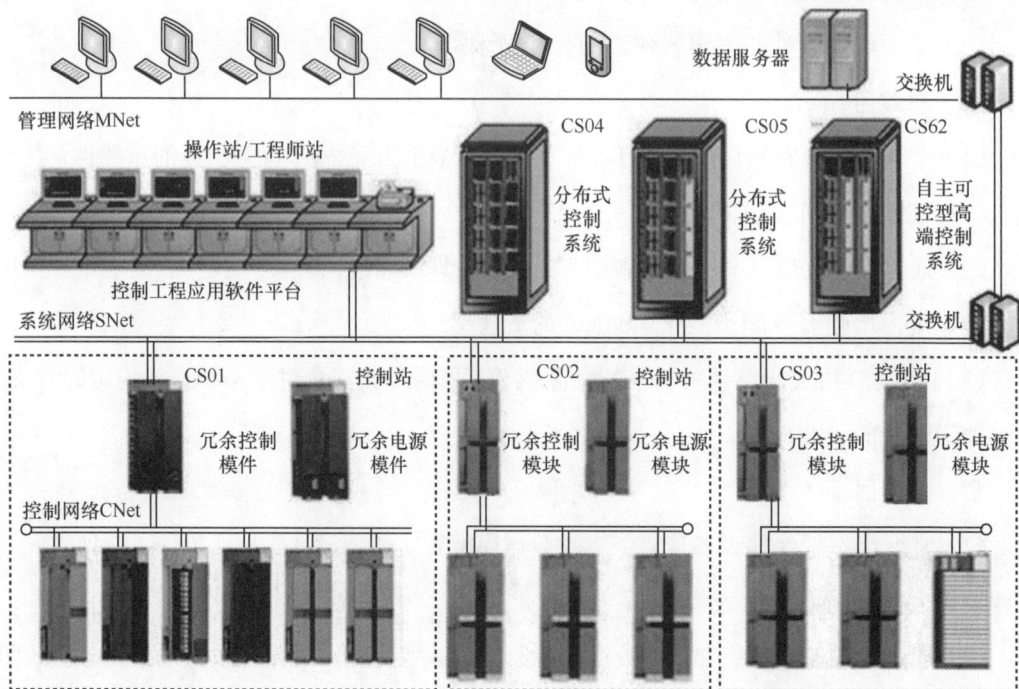

图 10-1   DCS

与此同时，组态软件随着 DCS 的普及而诞生。组态软件允许用户通过图形界面进行系统配置，生成监控画面，这极大地提高了系统的灵活性和适应性。图 10-2 展示了 DCS 组态监控仪表板。

图 10-2   DCS 组态监控仪表板

20 世纪 80 年代，人机界面控制系统开始出现并得到广泛应用。人机界面控制系统的出现使操作者可以更加直观地了解和控制工业过程。通过人机界面，操作者不仅可以快捷监控各种工业过程的状态，还可以方便地进行各种操作和数据分析，从而提高了工作效率和安全性。随着触摸屏的广泛应用，人机界面可以通过组态软件开发定制的监控系统，摆脱了传统的硬件交互组件，增强了扩展性，大大提高了人机界面监控系统在工业控制领域中的应用范围。人机界面触摸屏如图 10-3 所示。

图 10-3 人机界面触摸屏

20 世纪 90 年代，随着基础设施的发展和大规模工控组件的普及，数据采集与监视控制（supervisory control and data acquisition，SCADA）系统开始得到广泛应用。SCADA 系统主要关注远程监控和数据采集，适用于大规模的分布式系统，如电力、交通等，可以实现对远程设备的实时监控和数据采集，提高系统的可靠性和效率。图 10-4 展示了 SCADA 组态监控系统。

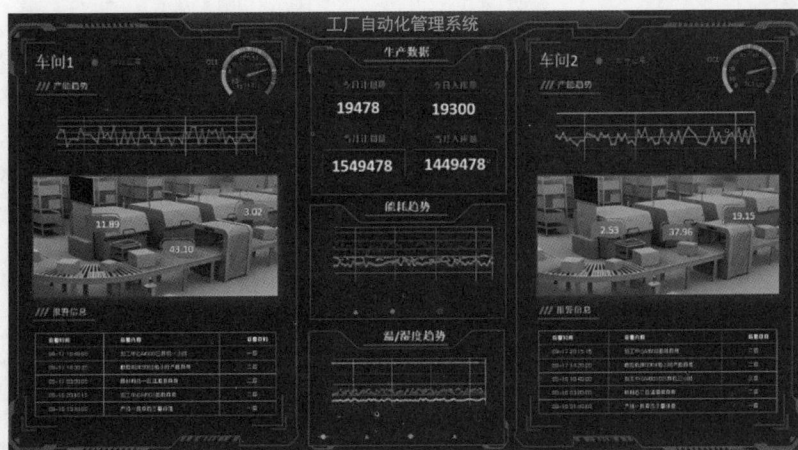

图 10-4 SCADA 组态监控系统

21 世纪 10 年代，物联网技术开始得到广泛应用，为工业自动化监控带来了革命性的变化。通过物联网技术，各种传感器和执行器可以无缝地连接到监控系统中，实现更高效、智能的控制。智能工厂、智能农业等领域广泛应用物联网技术实现设备和系统的互联互通，图 10-5 展示了基于物联网技术的智慧工厂。

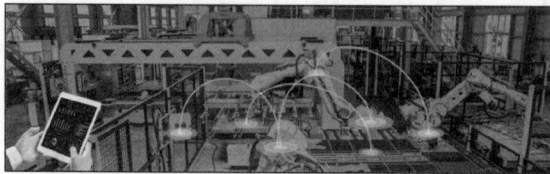

图 10-5　基于物联网技术的智慧工厂

2．组态监控系统的目的和意义

组态监控系统为现代工业生产提供了强有力的技术支持，对提高生产效率、确保生产安全、推动工业自动化发展等方面都具有重要的意义，主要体现在以下几个方面。

实时监控与控制：组态监控系统的主要目的是对工业过程、设备或系统进行实时监控和控制。组态监控系统可以实时监测各种参数和状态，如温度、压力、流量等，并能够及时发现和响应异常情况，确保生产安全和工艺正常运行。

数据采集与存储：组态监控系统能够实时采集和记录工业过程中的各种数据，如传感器信号等，这些数据对后续的分析和优化具有重要的价值。

提高效率与稳定性：组态软件集成了多种系统监控功能，为用户提供友好的人机交互界面，有效解决了以往工业控制软件通用性差的问题，提高了系统的稳定性，并且提升了系统运行效率。

适应性与灵活性：组态监控系统的组态方式灵活，可以快速构建工业自动控制系统监控功能，适应性强，特别适合于各种复杂的过程控制和设备监控。

推动工业自动化发展：组态监控系统的应用有助于实现更智能、更自动化的工业生产过程，对推动工业自动化技术的发展和进步具有重要意义。

3．监控组态软件应用现状

欧美等西方工业发达国家在组态软件的开发和应用上具有先发优势，比较知名的组态软件产品及厂商如下。

InTouch：英国万维（Wonderware）公司开发的一款组态软件，支持多种通信协议和硬件设备，能够实现实时监控、数据记录、报警和安全等功能。InTouch 是最早进入组态监控软件行业的产品之一，也是国外非常有影响力的组态软件产品之一。

iFIX：由美国通用电气公司和日本 FANUC 公司合资组建的 GE FANUC 智能设备公司

所提供，具有丰富的图形界面、强大的脚本语言和强大的分布式架构，能够进行快速组态开发及配置。

视窗控制中心（Windows control center，WinCC）：基于开放式编程接口，西门子公司开发了大量的 WinCC 选件及各种 WinCC 附加件，构建了一个完整的 SCADA 软件生态系统。WinCC 是西门子工业领域的重要组成部分。

Citech：由悉雅特（Citect）公司（后被施耐德电气公司收购）开发的组态软件，是较早进入中国市场的产品。Citech 具有简洁的操作方式，并提供了类似 C 语言的脚本语言进行二次开发。

自 1990 年以来，随着中国工业自动化产业的发展，国产组态软件渐渐活跃在国内市场，并随着中国智造发展路线的不断深入，国产设备技术不断升级，相应的国产组态软件也进入了快速发展阶段。目前主要的国产组态软件及厂商如下。

组态王（KingView）：由北京亚控科技发展有限公司开发。组态王提供了易用的开发环境和丰富的功能，使组态工程师能快速地建立、测试和部署适合当前行业的应用，并且组态王提供了 HTTP/Web Service 接口，支持 Web 发布，便于互联网应用的开发。

MCGS：由北京昆仑通态自动化软件科技有限公司开发。MCGS 系列主要搭配其触摸板产品进行 HMI 组态监控系统的开发，具有稳定性高、开发便捷等优点。MCGS 系列有 MCGS 嵌入版（McgsPro 版）、MCGS 通用版、MCGS 网络版等多个版本。McgsPro 版的开发界面如图 10-6 所示。

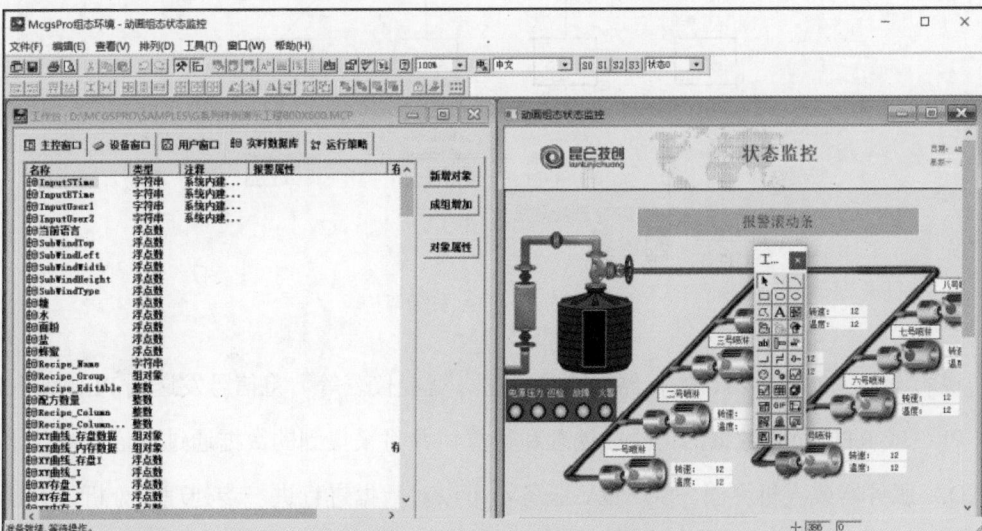

图 10-6　McgsPro 版的开发界面

力控（eForceCon）：由北京三维力控科技有限公司开发，是国内最早出现的组态监控软件之一。它具有分布式实时数据库架构，并支持基于.NET 的 WinForm 窗体技术。

10.3.2 组态监控技术体系

1. SCADA 系统

SCADA 系统是一个对生产过程进行监督操控并采集工控状态数据的系统。它综合利用计算机技术、控制技术、通信与网络技术来实现对测控点分散的各种过程或设备的实时数据采集、本地或远程的自动控制，以及生产过程的全面实时监控，并为安全生产、调度、管理、优化和故障诊断提供了必要和完整的数据及技术手段。

一个典型的 SCADA 系统通常包括 SCADA 服务器、网络设备、采集终端及 I/O 设备、PLC 或 RTU 测控终端、HMI 设备及应用软件等部分，其架构如图 10-7 所示。

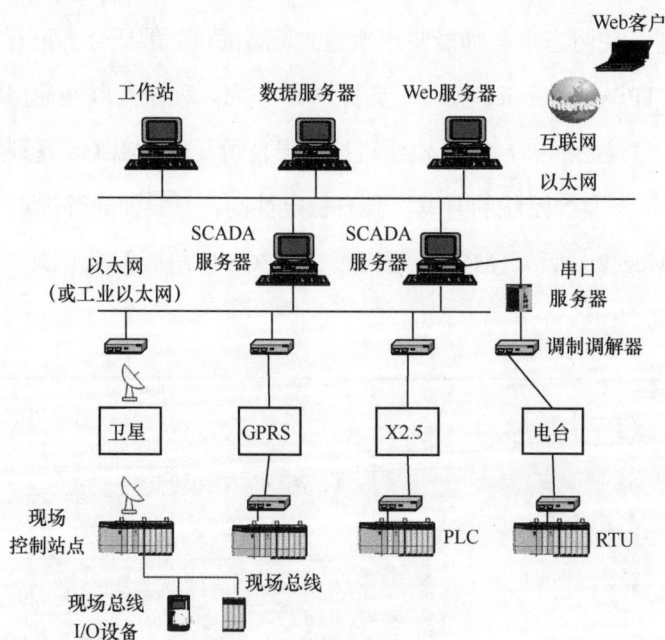

图 10-7 SCADA 系统架构

现场设备（如传感器、执行器、测量设备、智能仪表等）将信号发送到 PLC 或 RTU上。PLC 或 RTU 负责数据的记录、处理和计算，并将采集到的数据通过通信网络传输到SCADA 服务器或人机界面。SCADA 服务器可以对数据进行进一步处理和分析，并通过SCADA 软件对系统中连接的设备进行集中监控。

从结构来说，SCADA 系统中的设备可分为上位机和下位机。上位机与下位机通过通信网络实现数据交换。

上位机侧重监控和管理功能，通常由 SCADA 服务器、工作站（如工程师站、操作员站）、数据库服务器、Web 服务器等构成。这些设备通常采用以太网连接，方便开发人员和操作人员远程管理。出于安全性考虑，为了避免单点故障，上位机系统通常支持配置高可用性架构，即配置多台 SCADA 服务器，在主控服务器发生故障时，系统将切换到另一台服务器进行工作。

下位机通过各种输入设备进行数据采集，同时配置各种输出设备对工业流程进行直接控制。下位机向上位机传输现场采集的数据，同时接收上位机的监测和控制指令。现场总线 I/O 设备、PLC、RTU 等属于下位机。

2．HMI

HMI，或称人机接口，是操作者与机器进行信息交互的窗口。HMI 通过图形技术将工控过程可视化，使操作者能实时监测生产过程中的各项指标，并且可以通过 HMI 界面直接操控连接到现场设备。

HMI 可以是 SCADA 系统上位机的组成部分，也可以独立连接到 PLC 或其他数据采集与控制单元。HMI 的技术体系主要包括硬件和软件两部分。

在工业环境中，HMI 通常与 PLC 等设备配合使用，实现人机交互。通过 HMI，操作者可以监视和控制工业过程，输入命令和设定值，接收警报和其他信息。HMI 可以将过程数据自动记录并保存在数据库中，以便日后查看。此外，HMI 支持历史资料趋势显示、报表的产生与打印等功能，能够帮助操作者更好地了解和掌握工业过程的状态和变化趋势。

10.3.3 组态软件的基本功能

组态软件是一种用于创建人机界面的工具，旨在提供用户友好的操作界面，使操作者能够轻松地与设备或系统进行交互。它通常具备以下基本特性。

图形化界面：组态软件通过图形界面展示设备、工艺和系统的状态信息，以图表、图像和动画等形式直观地呈现数据。

实时性：组态软件能够实时获取和显示控制系统的数据，并及时响应用户的操作。

数据处理：组态软件可以对从设备和传感器采集的数据进行处理和分析，生成报表、趋势图等，并支持实时数据监视和历史数据查询。

跨平台性：组态软件通常支持跨各种操作系统和设备平台，如 Windows、Linux 等。

此外，组态软件在工业自动化领域中起着重要的作用，它具有以下功能。

可视化控制：通过组态软件，人们可以通过直观的图形界面实现对设备和系统的控制操作。组态软件通过按钮、开关、滑动条等控件实现对设备的开关、调节和监视，提高了操作者的工作效率。

数据监控和分析：组态软件能够实时采集和显示设备和工艺的数据，监控工作状态和性能参数。同时，它支持数据的历史记录和趋势分析，帮助人们了解系统的运行情况并能发现潜在问题。

报警和事件处理：组态软件能够监测系统发生的异常情况，并及时向操作者发出警报。针对不同的事件，操作者可以设置相应的处理策略，如自动报警、切换备份设备等，以保证系统的安全性和可靠性。

远程控制和监视：组态软件可以提供远程访问功能，用户可以通过互联网或局域网连接到控制系统，对设备进行远程控制和监视，实现远程管理和故障排除。

信息存储和管理：为了便于数据信息的展现及利用，组态软件将数据信息按特定的数据结构进行组织及管理。例如，实时数据库用于管理实时采集的数据信息，以便数据信息能够周期性更新；历史数据库用于存储系统变量的历史数据记录。

HMI 界面：HMI 界面是监控组态软件的主要外部应用窗口，提供模拟工艺流程图显示、工艺报警监视画面、变量趋势跟踪和历史显示、表格监视、数据统计报表等功能。

远程控制操作：在距离被控对象相对较远的控制室通过上位监控组态软件提供的控制命令，对工艺对象或控制回路执行手动操作。

主流的组态软件功能基本类似，下面以国内较为常用的 McgsPro 版组态软件为例，详细介绍其功能。

（1）设备管理

设备窗口是 McgsPro 的重要组成部分，在设备窗口中建立系统与外部硬件设备的连接关系，使系统能够从外部设备中读取数据并控制外部设备的工作状态，实现对工业过程的实时监控。McgsPro 设备管理界面如图 10-8 所示。

在 McgsPro 中，驱动设备的基本方法是在设备窗口内配置不同类型的设备构件，并根据外部设备的类型和特征，设置相关的属性，将设备的操作方法（如硬件参数配置、数据转换、设备调试等）都封装在构件之中，以对象的形式与外部设备建立数据的传输通道连接。系统运行过程中，设备构件由设备窗口统一调度管理。通过通道连接，设备构件既可以向实时数据库提供从外部设备采集到的数据，供系统的其他部分进行控制运算和流程调度，又能在实时数据库中查询控制参数，实现对设备工作状态的实时检测和过程的自动控制。

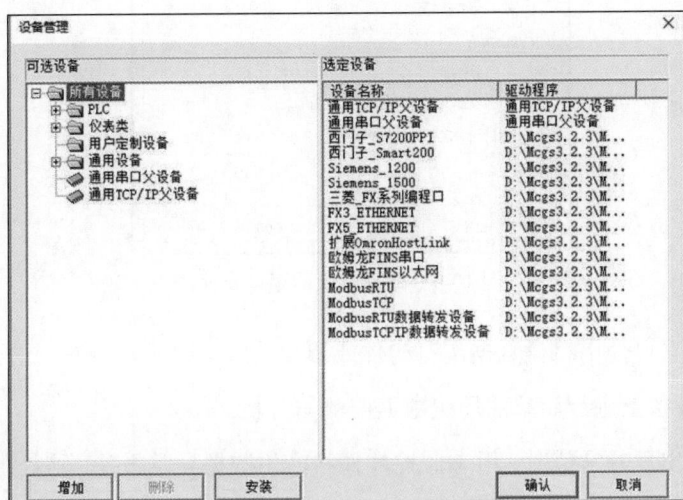

图 10-8 McgsPro 设备管理界面

McgsPro 的这种结构形式使其成为一个"与设备无关"的系统。对于不同的硬件设备，只需要定制相应的设备构件，放置到设备窗口中，并设置相关的属性，系统就可对这一设备进行操作，而不需要对整个系统结构做任何改动。

同时，为了便于软硬件分离的开发模式，McgsPro 组态软件提供了设备模拟功能，让开发和调试过程可以在模拟情景下完成，让开发者可以专注于人机界面本身的开发，大大提高了开发效率。

（2）实时数据库

在 McgsPro 组态软件中，用数据对象来描述系统中的实时数据，用数据对象来代替传统意义上的值变量，将数据对象的集合称为实时数据库。

实时数据库是 McgsPro 组态软件的核心，是应用系统的数据处理中心。系统各部分均将实时数据库作为公用区进行数据交换，实现各个部分的协调运作。

McgsPro 组态软件中数据对象主要有整数、浮点数、字符串和组对象，每种数据类型的属性不同，其用途也不同。

McgsPro 在运行过程中，根据设定的周期或通过脚本调用将指定数据的值写入磁盘文件进行保存，这个过程就是历史数据存盘。图 10-9 展示了数据对象的存盘属性。

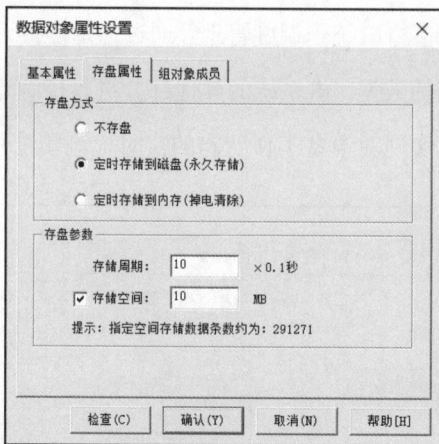

图 10-9　数据对象的存盘属性

历史数据查看可使用存盘数据浏览构件或历史曲线构件进行查看,这样操作人员就可以直接在 HMI 设备上进行简单的历史数据监测与分析。

当数据对象出现异常值时,组态监控软件将产生数据异常报警,这是组态监控软件的核心功能之一。在 McgsPro 组态软件中,每一个数据对象都可以定义对应的报警属性,如图 10-10 所示。

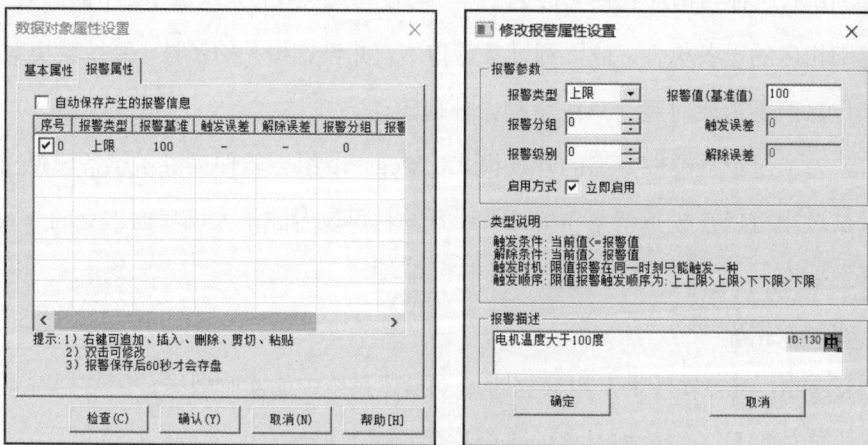

图 10-10　数据对象的报警属性

根据数据类型,我们可以设置多种不同的报警类型,如状态报警、位报警、限值报警、偏差报警、值报警等。

(3)用户窗口

组态监控软件的一项重要工作就是用人机友好的图形界面、拟真的动画效果来描述实际工程问题。在用户窗口中,操作者通过对多个图形对象的组态设置,建立相应的动画连接，用清晰生动的画面反映工业控制过程。

用户窗口是组成 HMI 界面的基本单位。所有的 HMI 界面都是由一个或多个用户窗口组合而成的，用户窗口的显示和关闭由各种功能构件（如动画构件、策略等）来控制。一个组态监控系统中可以包含多个用户窗口，如图 10-11 所示，其中的主控窗口、设备窗口等都是用户窗口。

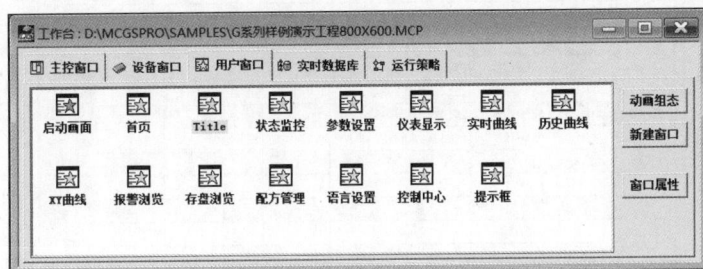

图 10-11　用户窗口

每一个用户窗口相当于一个"容器"，用来放置图元、图符和动画构件等各种图形对象，通过对图形对象的组态设置，建立与实时数据库的连接，来完成图形界面的设计工作。用户窗口内的图形对象是以"所见即所得"的方式来构造的。也就是说，组态时用户窗口内的图形对象是什么样的，运行时就是什么样的，同时打印出来的效果也是什么样的。图 10-12 展示了状态监控窗口。

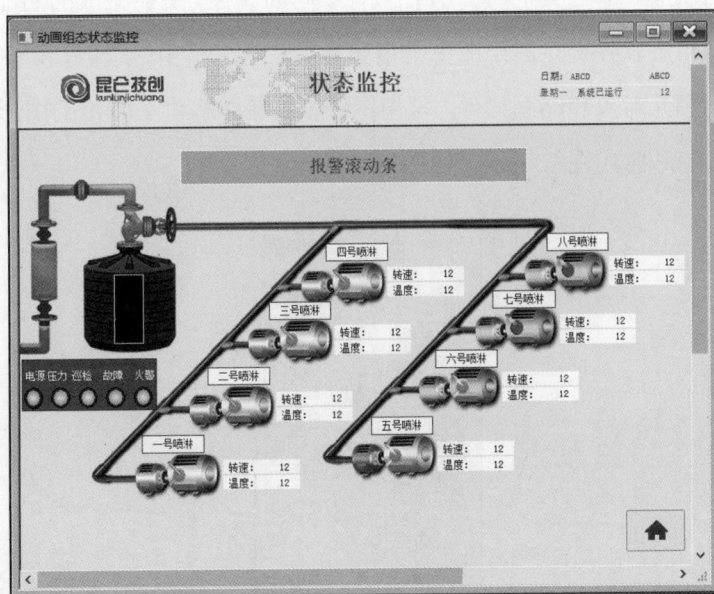

图 10-12　状态监控窗口

用户窗口除了构成图形界面，还可以作为报表中的一页进行打印。将用户窗口视区的大小设置成对应纸张的大小，我们就可以打印出由各种复杂图形组成的报表，例如图 10-13 所示报警浏览中的内容。

图 10-13　打印报表示例——报警浏览

用户窗口组态开发不需要用户自己开发界面组件，而是通过图形构件来进行配置。一般来说，组态软件提供多种组态构件供用户自由搭配，主要分为图元对象、图符对象和动画构件 3 种类型。不同类型的图形对象有不同的属性，所能完成的功能也各不相同。图形对象可以从组态软件提供的绘图工具箱和常用图符工具箱中选取，其中，绘图工具箱中提供了常用的图元对象和动画构件，常用图符工具箱中提供了常用的图形。McgsPro 组态软件绘图工具箱和常用图符工具箱如图 10-14 所示。

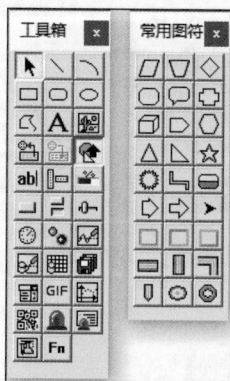

图 10-14　McgsPro 组态软件绘图工具箱和常用图符工具箱

（4）运行策略

经各部分组态配置生成的组态工程，只是一个按顺序执行的监控系统，不能对系统的运行流程进行自由控制，这只能适应简单工程项目的需要。对于复杂的工程，监控系统必须设计成多分支、多层循环嵌套式结构，按照预定的条件，对系统的运行流程及设备的运行状态进行有针对性的选择和精确控制。为了解决这个问题，McgsPro 组态软件引入了运行策略机制。

运行策略是用户为实现对系统运行流程自由控制所组态生成的一系列功能块的总称。运行策略能够按照预设的顺序和条件来操作数据对象，控制用户窗口状态，修改设备运行数据，从而提高控制过程的实时性和有序性。

10.4 项目实验

本实验的主要内容为 McgsPro 组态软件安装与基本操作。

1．软件安装

目前，MCGS 组态软件通常与 MCGS 触摸屏捆绑销售。购买 MCGS 触摸屏会附带一张 McgsPro 组态软件的安装光盘。不过，我们也可以通过 MCGS 官网客服获取最新版的 MCGS 组态软件安装包。

MCGS 组态软件目前有两个主要版本：McgsPro 和 MCGSWeb。McgsPro 适用于基于 Linux 系统的全系 MCGS 触摸屏硬件产品。MCGSWeb 为 MCGS 最新发布的软件，主要功能与 McgsPro 相同，但增加了 Web 组态功能，可以通过计算机浏览器或手机 App 进行访问。McgsPro 组态软件官网界面如图 10-15 所示。

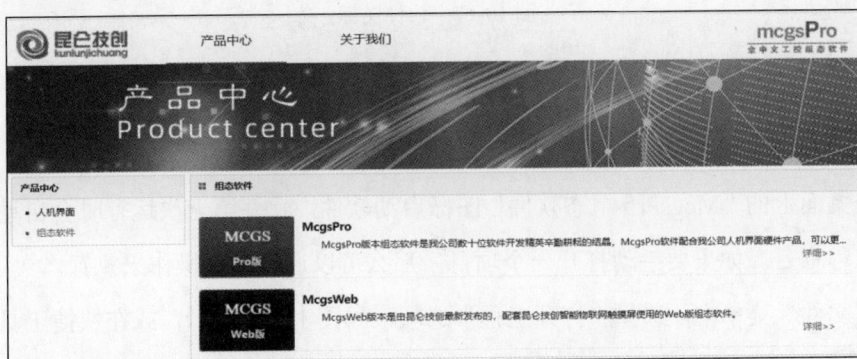

图 10-15 McgsPro 组态软件官网界面

在本实验中，我们将安装 McgsPro 组态软件，主要关注组态软件的组态监控页面的开发、调试与运行。

打开 McgsPro 组态软件安装包，双击 Setup.exe 启动安装程序；在欢迎页面单击"下一步"按钮；查看自述文件，确保安装环境满足要求，然后单击"下一步"按钮；在图 10-16 所示界面选择安装目录，默认路径为"D:\McgsPro"，之后单击"下一步"按钮。

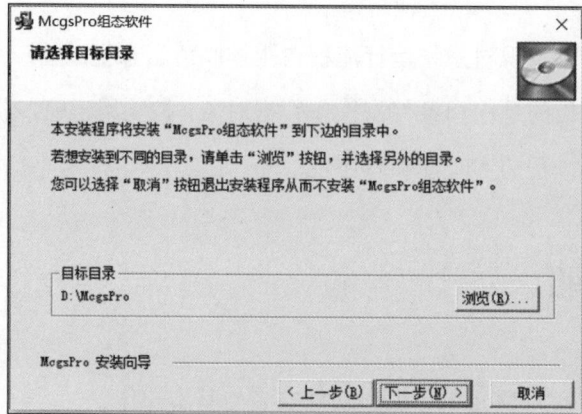

图 10-16　选择安装目录

继续单击"下一步"按钮开始安装，安装过程可能持续几分钟。等到出现安装结束画面，即代表软件已经成功安装，单击"完成"按钮退出安装程序。此时桌面上会出现两个应用程序快捷方式，分别是 McgsPro 组态软件和 McgsPro 模拟器，如图 10-17 所示。

图 10-17　软件图标

2. 基本操作

（1）打开工程

双击桌面上的"McgsPro 组态软件"图标启动软件，软件第一次运行时会自动打开一个示例工程项目。如果要手动打开一个项目，那么可以通过以下操作来执行。

在"文件"菜单中，选择"打开工程"选项，如图 10-18 所示，或在快捷工具栏中单击打开工程按钮。

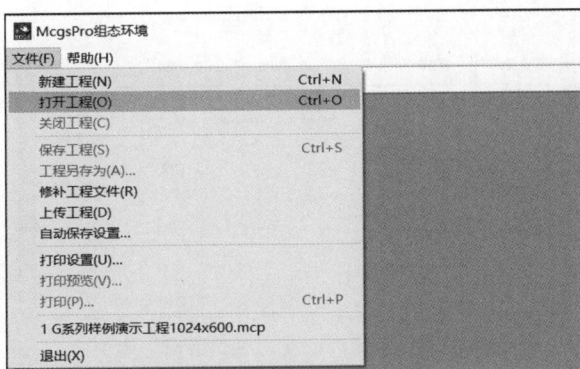

图 10-18　选择"打开工程"

如图 10-19 所示，在软件安装目录（默认为"D:/McgsPro"）下的 Samples 目录中可以找到不同分辨率尺寸的示例工程项目，这些项目使用".MCP"（大小写均可）后缀名命名。选择需要的工程文件，单击"打开"按钮。

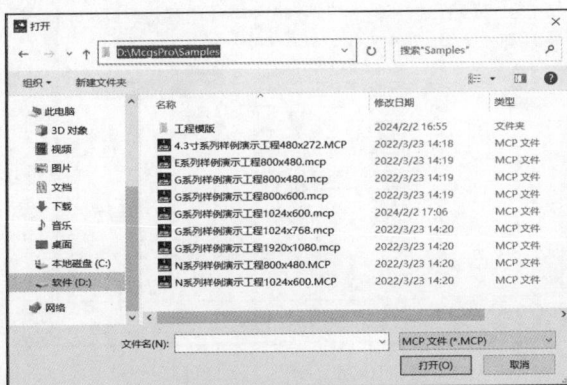

图 10-19　选择工程项目

工程文件被打开后将进入工作台界面。工作台界面由 5 个标签页面组成，分别是主控窗口、设备窗口、用户窗口、实时数据库和运行策略。示例工程项目包含 15 个用户窗口、1 个模拟设备、217 个数据对象及 15 个运行策略，涵盖了 McgsPro 组态软件的大部分功能。

默认打开的页面是用户窗口，其中包含了启动画面、用户界面和一些子界面。黄色五角星标记表示普通界面；绿色五角星标记表示启动界面，即组态软件启动时自动打开的界面。

（2）设置启动窗口

在"首页"窗口图标上单击鼠标右键，选择"设置为启动窗口"选项，如图 10-20 所示。

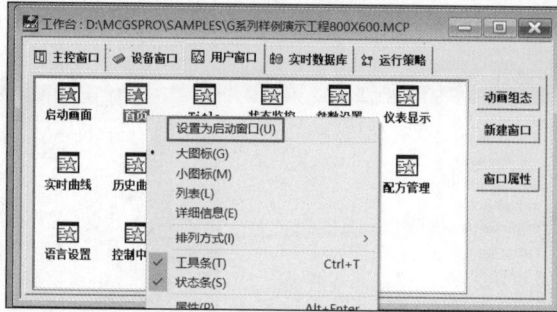

图 10-20　选择"设置为启动窗口"选项

在"主控窗口"页面，打开"主控窗口"配置弹窗，可看到启动窗口已经设置为"首页"窗口；选中启动窗口栏中的"首页"窗口，单击删除按钮，然后选中用户窗口列表中的"启动画面"窗口，单击增加按钮，即可修改启动窗口，如图 10-21 所示。

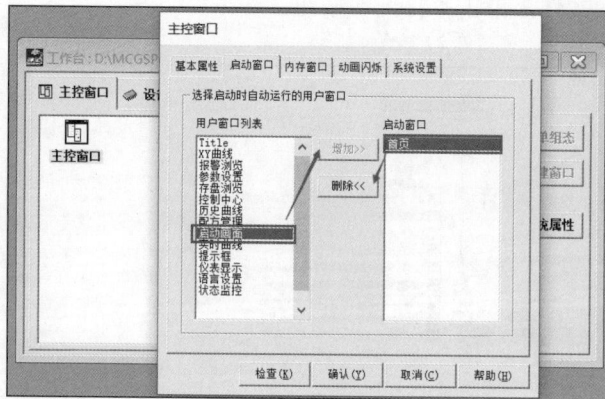

图 10-21　修改启动窗口

（3）实时数据库的基本操作

在工作台中打开"实时数据库"标签页，查看数据对象列表，如图 10-22 所示。

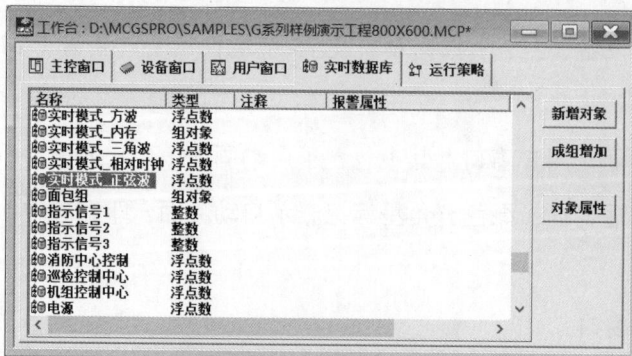

图 10-22　查看数据列表

　　双击数据对象名称或单击"对象属性"按钮，设置数据对象属性。对于整数和浮点数
类型的数据对象，我们可以设置基本属性和报警属性。对于字符串类型的数据对象，我们
只可以设置基本属性，如图 10-23 所示。

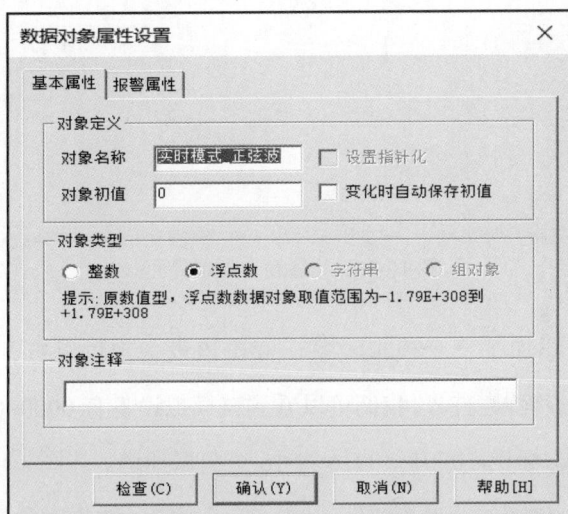

图 10-23　设置数据对象属性

　　对于组对象，我们可以设置基本属性、存盘属性和组对象成员，如图 10-24 所示。

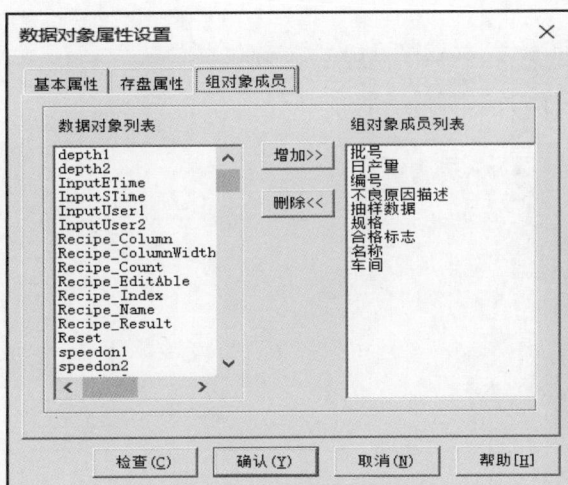

图 10-24　设置组对象属性

（4）设备窗口基本操作

　　在工作台中打开"设备窗口"标签页，双击"设备窗口"图标或单击"设备组态"按
钮，弹出设备窗口配置界面，如图 10-25 所示。

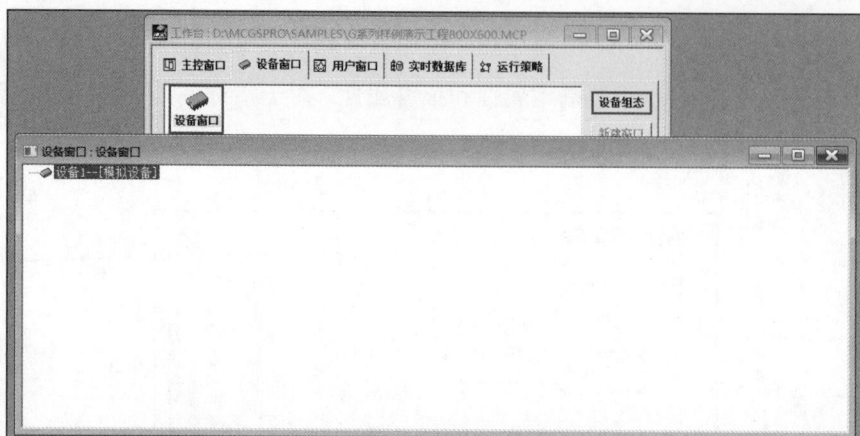

图 10-25　设备窗口配置界面

　　若当前工程已经添加了一个模拟设备，双击该设备则可以打开设备编辑窗口，如图 10-26 所示。在设备编辑窗口，我们可以看到该模拟设备有 0000~0016 共 17 个通道，其中，0000 为通信状态标识，0001～0016 为 16 个数据通道。在图 10-26 中，0001 通道已经绑定了数据对象"实时模式_正弦波"，0002 通道绑定了数据对象"实时模式_方波"，0003 通道绑定了数据对象"实时模式_三角波"，这表示上述 3 个数据对象可以通过该设备对应的 3 个通道获取采集数据的值。

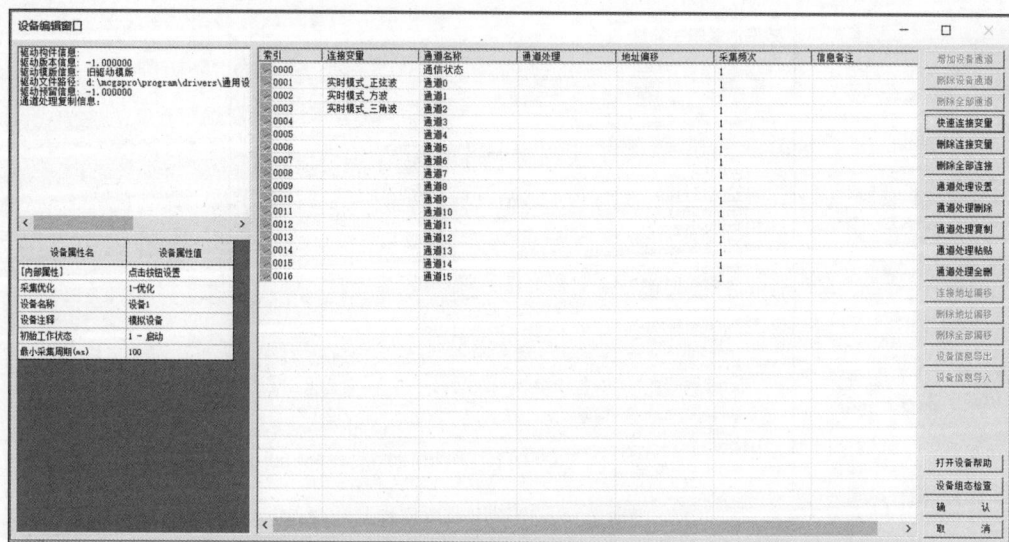

图 10-26　设备编辑窗口

　　由于这里的设备是一个模拟设备，我们可以在模拟设备的内部属性中设置模拟数据的产生。单击设备属性栏中的内部属性的设置按钮，打开内部属性编辑窗口，设置通道 1

的曲线类型为"正弦"，通道 2 的曲线类型为"方波"，通道 3 的曲线类型为"三角"。
单击"确定"按钮关闭内部属性窗口，并单击"确认"按钮保存设置并关闭设备编辑窗，
如图 10-27 所示。

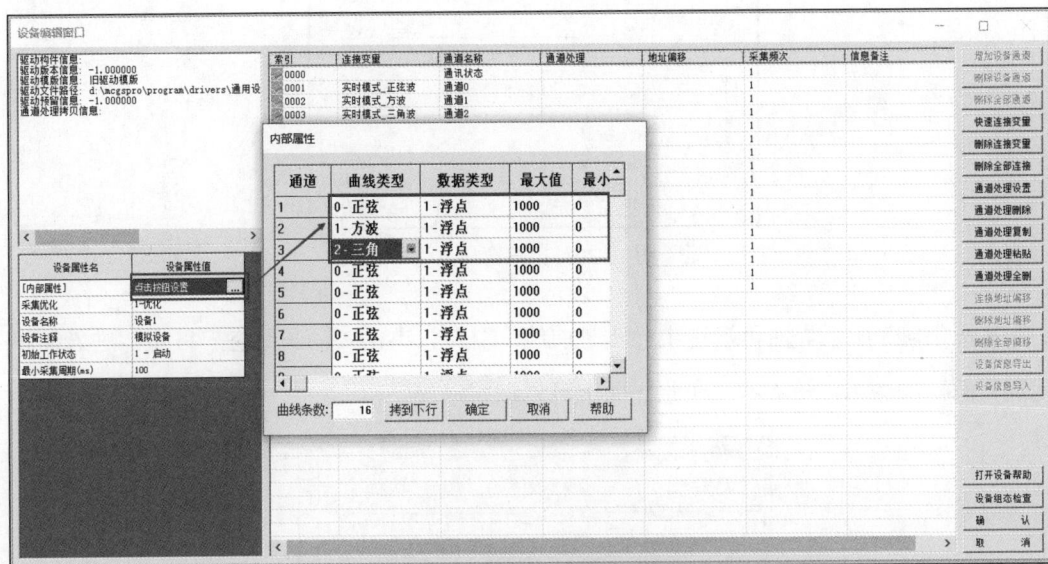

图 10-27　设置模拟数据的产生

完成设备设置后，单击保存窗口按钮。

（5）用户窗口的基本操作

在工作台中单击"用户窗口"标签页进入用户窗口，其中包含 15 个子窗口，如图 10-28
所示。

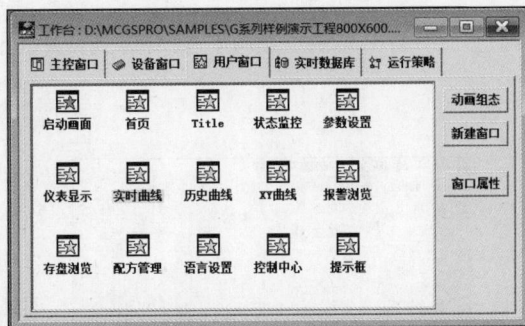

图 10-28　"用户窗口"标签页

选中"实时曲线"窗口，单击"窗口属性"按钮可查看窗口属性。窗口属性包括基本
属性、子窗口属性、启动脚本、循环脚本和退出脚本，如图 10-29 所示。

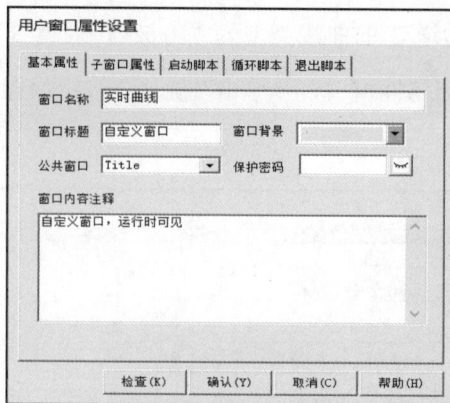

图 10-29　用户窗口属性

在图 10-28 所示界面再次选中"实时曲线"窗口，单击"动画组态"按钮，进入编辑动画界面，如图 10-30 所示。在此界面上可以编辑动画。

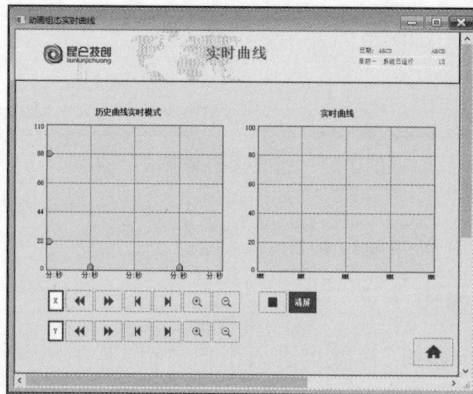

图 10-30　编辑动画界面

在"查看"菜单中勾选"绘图工具箱"选项，则可看到常用的图元构件，如图 10-31 所示。

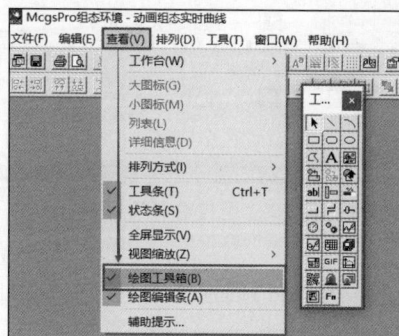

图 10-31　勾选"绘图工具箱"选项

如果需要删除、安装或添加新的动画构件，那么可以在"工具"菜单中选择"动画构件管理"选项，如图 10-32 所示。

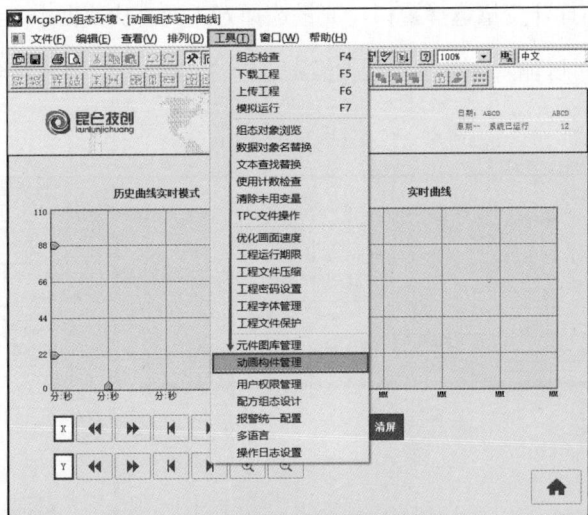

图 10-32　选择"动画构件管理"选项

双击页面中的"实时曲线"构件，可设置"实时曲线"构件的属性，如图 10-33 所示。

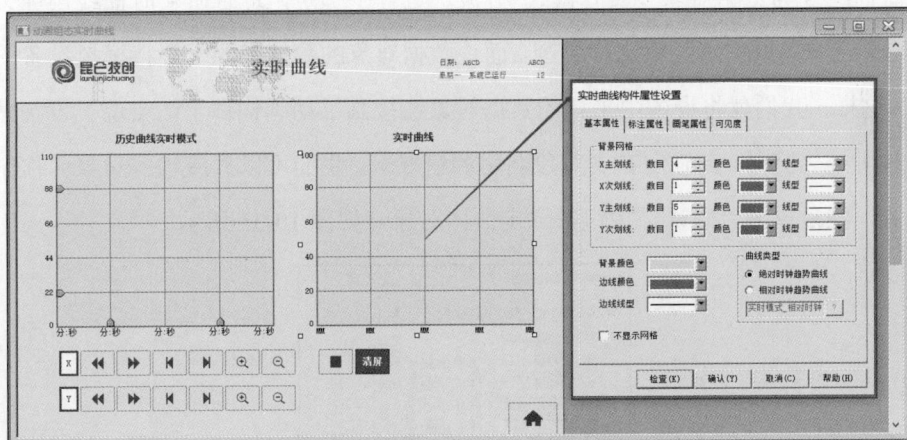

图 10-33　设置"实时曲线"构件属性

实时曲线构建属性设置窗口中包含基本属性、标注属性、画笔属性和可见度 4 个标签页。基本属性可以设置基本样式，如坐标系背景网格、背景颜色、线性和曲线类型等。标注属性可设置 X、Y 标记，如标签格式、文本和值域等。画笔属性可设置曲线样式和绑定数据源。可见度可设置构件的可见或隐藏条件。

打开画笔属性设置页面，可以看到项目中已经包含了两条曲线，曲线 1 和曲线 2 分别连接

到数据对象"实时模式_正弦"和"实时模式_三角",颜色分别设置为红色和蓝色(此为软件显示颜色),线型为细实线。我们可以按照以下的操作步骤添加一条方波曲线:单击曲线 3 数据框后的"?"按钮,打开变量选择窗口,变量选择方式为"从数据中心选择|自定义",数据对象太多的情况下,可以输入关键字进行搜索,选择"实时模式_方波"对象,单击"确认"按钮,如图 10-34 所示。

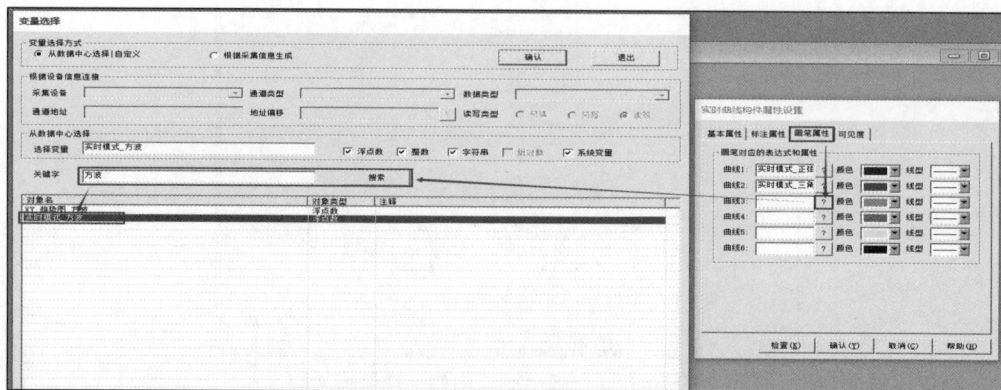

图 10-34 添加方波曲线

此时曲线 3 与数据对象"实时模式_方波"进行了绑定,运行时实时曲线构件会使用"实时模式_方波"的实时数值进行绘图,而该数据对象的数值来源于连接模拟设备的数据通道 3。这样,我们就将设备中采集的数据对象连接到了动画构件上,实现了设备采集数据的实时可视化监测。在确定数据对象名称的情况下,我们可以直接输入对象名称作为曲线表达式,然后单击"确认"按钮来绑定数据对象,如图 10-35 所示。

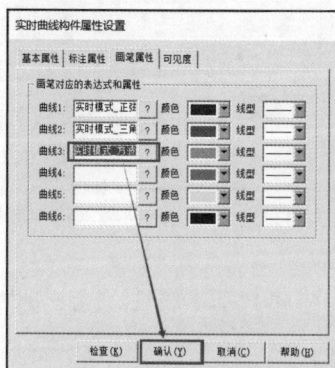

图 10-35 绑定数据对象

由于"实时模式_方波"等数据对象的生成范围为 0~1000,不能保证曲线画面的完整度,我们设置标注属性页面的 Y 轴标注中的最大值为 1200.0,如图 10-36 所示。

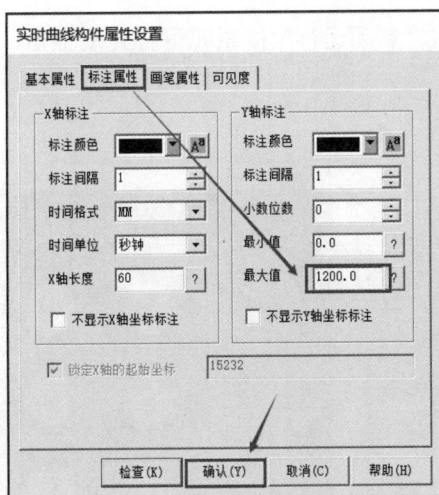

图 10-36 设置 Y 轴标注中的最大值

（6）工程调试与执行

工程开发完成后，打开"文件"菜单，单击"保存工程"选项。工程保存后才可以进行调试与执行操作。

打开"工具"菜单，选择"模拟运行"选项。组态工程的执行可以在连接的触摸屏产品上进行，也可以在 McgsPro 组态软件自带的模拟器中运行。本实验中，我们选择"模拟"运行方式。模拟运行和联机运行一样，我们需要先将工程下载到下位机或者模拟器中，单击"工程下载"按钮进行下载，下载完成后界面会显示"工程下载成功"提示，如图 10-37 所示。

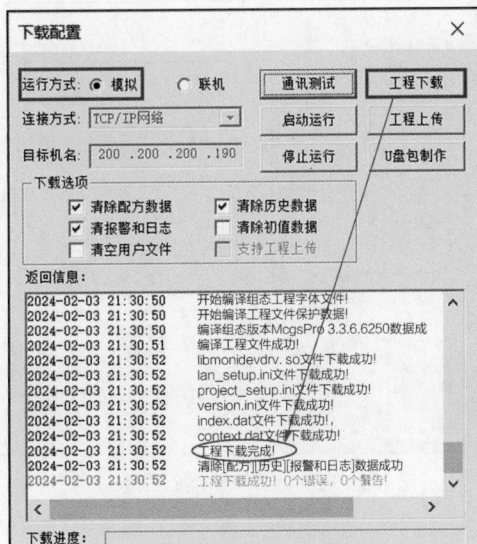

图 10-37 下载工程

工程下载完成后，单击"启动运行"按钮即可打开模拟器，并在模拟器中运行组态工程应用，如图 10-38 所示。

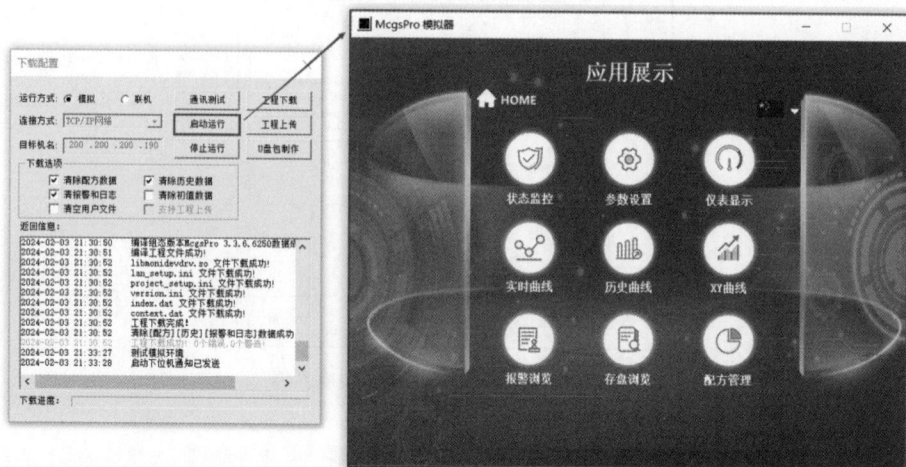

图 10-38　在模拟器中运行组态工程应用

在模拟器中，我们可以模拟应用在触摸屏上的所有操作。单击实时曲线标签进入实时曲线页面，我们可以看到模拟设备生成的正弦波、三角波，以及我们在上一个步骤中添加的方波曲线，如图 10-39 所示。

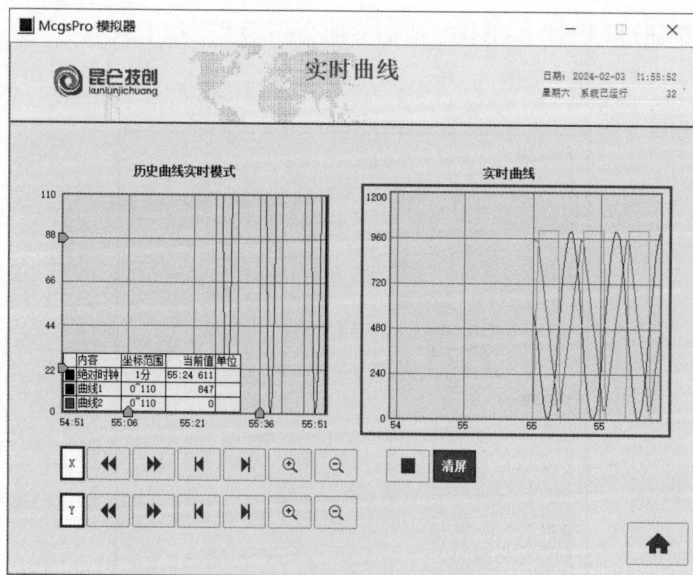

图 10-39　模拟器运行结果

关闭模拟器，或者在"下载配置"界面中单击"停止运行"即可退出执行。

10.5 习题

1. SCADA 与 HMI 有什么区别?

2. DCS 与 SCADA 有什么区别?

3. PLC 和 RTU 在 SCADA 系统中的功能有什么区别?

4. HMI 界面可以连接哪些设备?

项目十一 工业互联网与智能制造

11.1 项目要求

了解制造执行系统（manufacturing execution system，MES）中的不同模块，完成登录、仓库设置和物料入库单等操作，在物料入库单的增加、修改和执行入库期间可以同时完成计量管理、物料产品管理和供应商管理操作。

11.2 学习目标

☑ **技能目标**

（1）理解 MES 的基本概念。

（2）熟悉 MES 的核心模块。

（3）掌握 MES 的管理功能。

☑ **思政目标**

（1）MES 的学习和应用，强调精益求精、追求卓越的工匠精神，鼓励读者在智能制造领域不断追求卓越。

（2）MES 的质量管理模块，有助于培养读者的质量意识，使他们明白质量是企业生存和发展的生命线。

（3）通过 MES 的学习，推广智能制造理念，鼓励读者关注智能制造技术的发展和应用，为制造业的转型升级贡献力量。

☑ **素养目标**

（1）读者能够掌握 MES 的核心模块和功能，熟练使用 MES 进行生产管理和决策支持。

（2）MES 产生的大量生产数据，可以培养读者的数据分析与决策能力，使他们能够根据数据优化生产流程和提高生产效率。

（3）MES 涉及多个领域的知识，培养读者的跨学科整合能力，使他们能够综合运用不同领域的知识解决复杂问题。

11.3 相关知识

11.3.1 工业互联网系统发展蓝图

现在很多制造企业、工业服务企业、软件开发企业很关注工业互联网领域。例如，制造企业在资源、设备和工业经验方面的有天然的优势，依托这些优势，海尔、三一重工等制造业龙头企业建立了面向制造业解决方案的工业互联网平台，以整合行业资源，深化供应链上下游企业的合作。又如，电信运营商、华为、腾讯、阿里巴巴等企业拥有自己的互联网云平台，可以与工业生产企业合作，针对不同的工业场景，打造更多的定制化产品解决方案。图 11-1 展示了企业智能化应用场景。

图 11-1　企业智能化应用场景

11.3.2 工业互联网与智能制造系统的发展

1. 智能制造的发展

20 世纪 90 年代，美国通用电气公司提出了敏捷制造。敏捷制造是指制造企业采用现代通信手段，通过快速配置各种资源（包括技术、管理和人员等），以有效和协调的方式响应用户需求，实现制造的敏捷性。敏捷制造具有生产更快、成本更低、劳动生产率更高、机器生产速度快等优点，但其缺点是实施成本高。

我国智能制造研究始于 1986 年，杨叔子院士开展了人工智能与制造领域中的应用研究工作。工业和信息化部在《智能制造发展规划（2016—2020 年）》中定义智能制造是基于新一代信息通信技术与先进制造技术深度融合，贯穿于设计、生产、管理、服务等制造活动的各个环节，具有自感知、自学习、自决策、自执行、自适应等功能的新型生产方式。实际上，智能制造是制造业价值链各个环节的智能化，融合了信息与通信技术、工业自动化技术、现代企业管理、先进制造技术和人工智能技术五大领域技术的全新制造模式，实现了企业的生产模式、运营模式、决策模式和商业模式的创新。

我国新的智能制造发展规划特别强调要以数字化、网络化、智能化为主线，为实现四大转变提出了可落地的八大具体措施。其中，数字化、网络化、智能化既是发展主线，也是中国制造企业实现智能制造的路径。制造企业要实现智能化，首先就要实现数字化、网络化，最终才能逐步实现智能化。智能制造的层次和关键技术如图 11-2 所示。

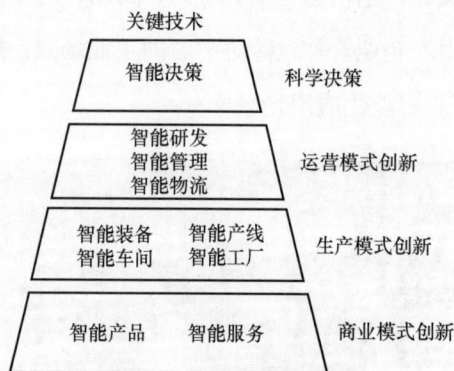

图 11-2　智能制造的层次

在智能制造的关键技术中，智能产品与智能服务可以帮助企业带来商业模式的创新；智能装备、智能产线、智能车间到智能工厂，可以帮助企业实现生产模式的创新；智能研发、智能管理与智能物流则可以帮助企业实现运营模式的创新；而智能决策则可以帮助企业实现科学决策。智能制造的 10 个关键技术之间是息息相关的，制造企业应当渐进式、理性地推进这 10 个关键技术的应用。

智能制造的最终实现主要依靠两个基础：工业制造技术和工业互联网。工业互联网是充分发挥工业装备、工艺和材料潜能，提高生产效率、优化资源配置效率、创造差异化产品和实现服务增值的关键。工业互联网以机器、原材料、控制系统、信息系统、产品及人之间的网络互联为基础，通过对工业数据的全面深度感知、实时传输交换，以达到数据端到端的流通。通过快速计算和高级建模分析，工业互联网实现智能控制、运营优化和生产组织方式变革。

2. 智能制造系统的发展

智能制造中会依赖很多工业互联网系统，表 11-1 列出了这些系统。

表 11-1 智能制造依赖的工业互联网系统

系统	英文全称	中文全称	核心模块
ERP	enterprise resource planning	企业资源计划	采购、销售、仓库、财务
SRM	supplier relationship management	供应商关系管理	供应商、采购订单
CRM	customer relationship management	顾客关系管理	客户、销售订单
WMS	warehouse management system	仓库管理系统	出库、入库、库存、盘存
TMS	transportation management system	运输管理系统	汽车管理、货物追踪、运输派送
OMS	order management system	订单管理系统	订单
MES	manufacturing execution system	制造执行系统	工厂建模、设备管理、生产管理、质量管理、物料管理
APS	advanced planning and scheduling	高级计划与排程	生产计划
PLM	product lifecycle management	产品生命周期管理	产品构型、产品研发管理、文档管理
OA	office automation	办公自动化	入职、升职、离职、出差
HR	human resources	人力资源	组织、招聘、考勤、培训、绩效、薪酬

这些系统对部分读者而言可能比较陌生，图 11-3 展示了这些系统的业务范围和系统之间的关系。

系统是为了解决业务问题而诞生的。以图 11-3 为例，支持层的 OA 系统是为了实现审批流，将所有待办事项、待审核事项按照顺序审核的方式落地。具体的审核事项可以是生产中的事项，如工单审核、生产调配审核；也可以是质量检查中的事项，如批次产品质量检查、不合格品返修。支持层的 HR 系统主要提供组织及用户信息，并管理好用户权限，是所有其他系统使用的基础。

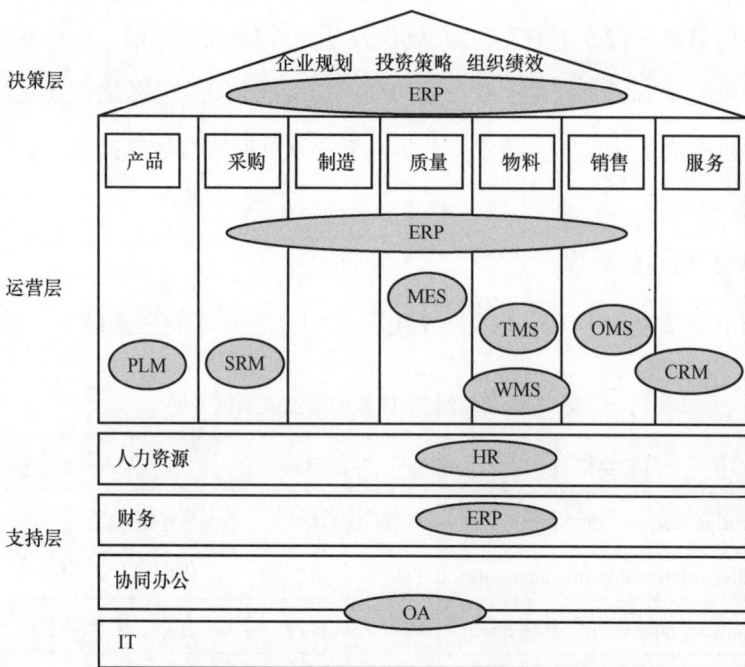

图 11-3　智能制造中常用系统的关系

信息化、智能化的生产制造企业需要一个从采购端—生产端—销售端全流程闭环的信息流和业务流，生产制造业务流程如图 11-4 所示。

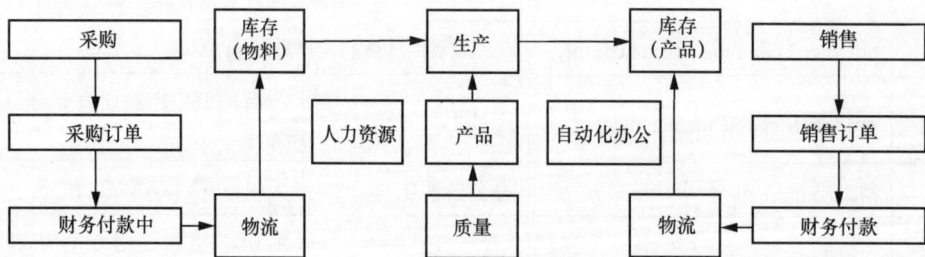

图 11-4　生产制造业务流程

以上的信息化过程表明，信息化建设中应该以生产制造为中心，挖掘信息建设的深度，以完整业务链条运转挖掘信息化建设的广度。同时，完整的业务链条可能会有许多个不同的公司和团队来完成。

生产制造是一个业务核心；采购、销售、库存连接起来的进销存是一个业务核心；产品研发设计流程是一个业务核心，这也是信息化三驾马车的来源。系统建设以业务为核心，设计完整的业务流程，然后强化各个环节自身的闭环，从而落地为具体而有效的支撑工具。

下面介绍几个重要系统和常用软件。

（1）ERP 系统

ERP 系统是制造企业的核心管理软件。ERP 的概念是由 Gartner 公司于 20 世纪 90 年代提出的，能够适应离散和流程行业的应用。ERP 经历了物资需求计划（material requirement planning，MRP）、闭环 MRP（考虑企业的实际产能）、MRP-Ⅱ（制造资源计划，结合了财务与成本，能够分析企业的盈利）等发展过程。

ERP 是一个实现信息集成的管理系统，是企业内部的所有业务部门直接与企业外部合作伙伴之间交换和分享信息的系统。ERP 的基本思想是以销定产，协同管控企业的产、供、销、人、财、物等资源，帮助企业按照销售订单以及基于产品的制造物料清单、库存、设备产能和采购提前期、生产提前期等因素，来准确地安排生产和采购计划，进行及时采购、及时生产，从而降低库存和资金占用，实现业务运作的闭环管理。

从应用上来看，ERP 有生产资源计划、制造、财务、销售、采购等功能，可能还包括质量管理、实验室管理、业务流程管理、产品数据管理、分销与运输管理、人力资源管理等，覆盖了企业大部分的业务流程。

（2）MES

MES 是一个车间级的管理系统，负责承接 ERP 系统下达的生产计划，根据车间需要制造的产品或零部件的各类制造工艺，以及生产设备的实际状况进行科学排产，并支持生产追溯、质量信息管理、生产报工、设备数据采集等闭环功能。

对于读者，ERP 和 MES 的概念有时候会混淆。ERP 的业务覆盖范围很广，但其侧重点为企业资源规划（为什么做的问题），不能对生产环节进行精细化管控（该怎么做的问题）。而其中的关于精益化生产的部分就归 MES 负责了。

MES 在应用方面带有很强的行业特征，不同行业、不同企业的 MES 应用会有很大的差异。表 11-2 列举了几个重点行业的 MES 需求差异。

表 11-2　重点行业的 MES 需求差异

行业	MES 需求
电子	强调上料防错、强制制程、产成品及在制品生产追溯、过程质检实时性要求高
食品饮料	生产过程能满足相关法律法规、称量管理、严格实现生产过程的正/反向追溯、生产环境监控、关键设备监控
钢铁	一体化计划管理、生产连续性要求下的作业调度、生产设备实时监控及维护、能源计量

续表

行业	MES 需求
石化	对油品的加工移动过程进行监控管理、安全生产、生产环境监控、配方管理
汽车	混流生产排程、实时生产进度掌控、实时配送、生产现场的可视化
机械	排产优化、柔性化的任务调度、物料追溯、上下游系统的数据集成
服装	多维度的编码管理、灵活的生产计划管理、面辅料管理、缝纫等专业设备管理
医药	配方管理、跟踪与追溯、日期及环境管理
烟草	生产工艺与配方管理、批次跟踪、全程可追溯的质量控制

近年来,制造运营管理(manufacturing operation management,MOM)逐渐被业界所关注。MOM 覆盖范围是制造运行管理内的全部活动,包含生产运行、维护运行、质量运行、库存运行四大部分。MOM 是对 MES 的进一步扩展,是制造管理理念升级的产物,更是符合集成标准化、平台化的发展趋势。

(3)PLM 系统

PLM 是一种支持产品全生命周期的信息创建、管理、分发和应用的一系列解决方案,它能够集成与产品相关的人力资源、流程、应用系统和信息。通过 PLM 与 ERP、MES 及其他运营管理系统的集成,企业可实现统一的产品数据在生命周期不同阶段的共享和利用。PLM 软件的核心功能如图 11-5 所示。

协同管理	物料管理	物料清单	文档管理	工具集成	流程管理	项目管理	其他功能
制造商	编号管理	物料清单结构	文档分类	办公软件集成	流程分类	项目流程	权限管理
供应商	物料属性	物料清单视图	图号管理	二维CAD	表单自定义	项目计划	高级搜索
客户	物料状态	替代料	文件预览	三维CAD	节点自定义	项目预算	报表中心
客户管理	制造商产品编号	库存消耗	知识库	电子ECAD	规则引擎	工时统计	应用集成

图 11-5　PLM 软件的核心功能

(4)CRM 系统

CRM 的概念于 20 世纪 90 年代末由 Gartner 公司提出,经过后续不断发展,已被大众熟知并接受,现在已经成为很多企业所必备的系统。图 11-6 展示了一种 CRM 系统界面。

图 11-6 CRM 系统界面

（5）SCM 系统

SCM 系统主要针对企业供应链进行管理，涉及对供应、需求、原材料采购、市场、生产、库存、订单、分销发货等的管理，包括了从生产到发货、从供应商到顾客的每一个环节。SCM 应用是在 ERP 的基础上发展起来的，它将公司的制造过程、库存系统和供应商产生的数据合并在一起，从一个统一的视角展示产品建造过程的各种影响因素。供应链是企业赖以生存的商业循环系统，是企业电子商务管理中最重要的课题。

（6）常用软件

在智能制造领域，常用软件包括 DCS、质量管理系统（quality management system，QMS），计算机辅助工艺规划（computer aided process planning，CAPP），计算机辅助工程 (computer aided engineering，CAE）等，图 11-7 和图 11-8 展示了 CAPP 和 CAE 软件界面。

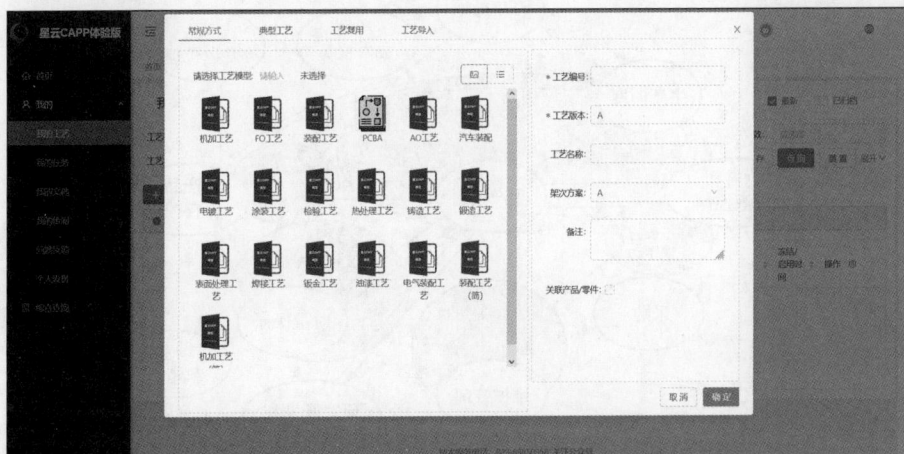

图 11-7 CAPP 软件截图

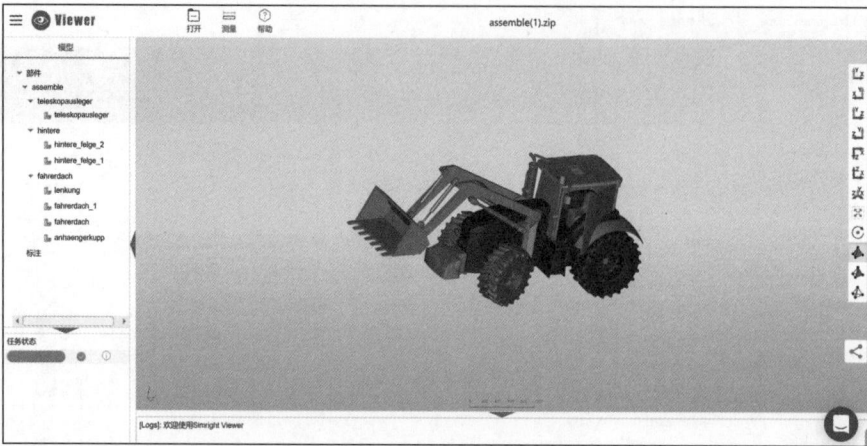

图 11-8 CAE 软件界面

11.3.3 MES

1. MES 简介

从 20 世纪 90 年代末期至今，随着全球市场竞争的加剧，制造企业需要更加灵活和快速地响应市场变化的能力。MES 开始逐渐向市场驱动型方向发展，其各种功能板块需要以适用于各行各业具体的实际需要为导向与目标，最终要以利润为驱动。

前文介绍了智能制造领域的一系列系统，其中提到了 MES。MES 一般是指帮助企业管理、监控生产制造整体过程，用于提升生产计划准确性、提高现场管理效率，助力企业降本提效的一个管理系统。在图 11-9 所示制造运行管理模型中，MES 所做的工作位于中间虚线的内圈中，即对应生产运行管理、库存运行管理、维护运行管理、质量运行管理。

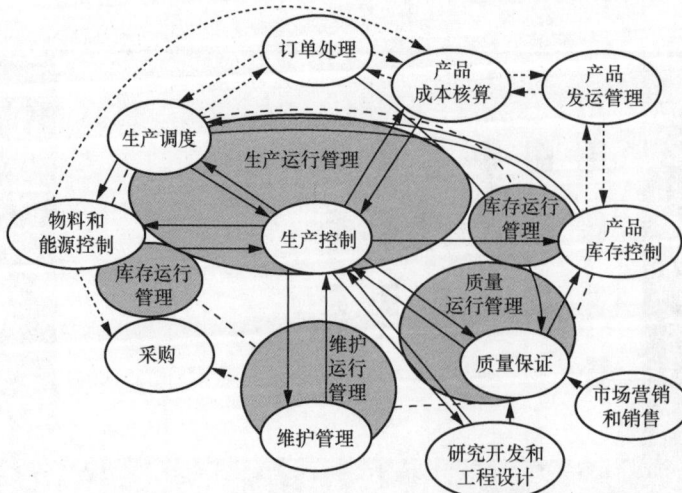

图 11-9 制造运行管理模型

2．MES 对智能制造的赋能

下面针对 MES 对智能制造赋能的部分场景进行详细描述。

（1）MES 赋能场景—— 收料检验

工厂要加工产品，首先是要有原料，通过原料的组装加工生产出半成品或成品，再交给客户。原料进到工厂，不能直接使用，要进行来料质量控制（incoming quality control，IQC）检验。IQC 检验的侧重点是对来料质量进行检验，这是因为来料质量控制的功能较弱。

如果没有 MES 的话，那么需要管理人员给叉车人员打电话，让叉车司机把原料卸载下来。通过 MES 可以直接在车载平板计算机上向叉车司机发送调度指令，动态生成搬运路径，叉车司机会根据调度指令进行卸载。卸载完成后，叉车司机在个人数字助手（personal digital assistant，PDA）上点击卸载完成。

有了 MES，叉车司机扫描原料标识，并点击卸载完成。系统会自动生成一个 IQC 检验调度指令，同时会发送到 IQC 人员的手持 PDA 终端中。IQC 人员在手持 PDA 终端接收到指令后，会依据原料的位置信息，找到原料，根据原料类型，并自动进行可接受质量水平（acceptable quality level，AQL）匹配（AQL 是一种指示产品在制造过程中由于缺陷所带来的影响范围及缺陷容许级别的指标）。不同的原料检验的比例是不同的，有的 100%检验，有的 10%检验，MES 可以根据原料自动选择 AQL，然后对原料进行 IQC 检验，实时录入，并在 IQC 检验完成的原料最小包装单位上粘贴 QCPass 标签和条形码。QCPass 标签包括物料的批号信息，批号与厂商信息关联，可以实现追溯与先进先出的管控。

同时，针对 IQC 人员的实时录入，MES 会有一个实时 IQC 看板，显示实时的检验单进度、不良统计和呆滞料统计等。呆滞料，也称为呆料或滞料，是指储存期限超过预定的时间范围，并且其库存周转率极低的物料。

IQC 检验完毕后，系统会生成一个调度单，发送给车载叉车调度系统。

（2）MES 赋能场景——原料入库上架

IQC 检验完毕后，车载叉车调度系统会接受调度单，生成指导路线（因为有的厂区和仓库比较大，所以需要生成指导路线），执行调度单。

车载叉车把原料运到仓库后进行卸载，卸载完毕后，仓库管理人员在手持 PDA 终端上点击完毕，然后仓库管理人员进行上架活动。仓库管理人员用手持 PDA 接受上架指令，然后 PDA 会提供建议储位。仓库管理人员手持 PDA 刷储位 ID 条码，再刷原料外箱批次条码。

与收料检验类似，原料入库也有一个原料入库看板。看板中包含了待检验单据，待入库单据，入库达成率等信息。该看板与 IQC 看板可以进行数据共享。

（3）MES 赋能场景——备料发料

工厂中的生产都是按照生产计划执行的，其中包括生产什么产品、用哪些原料、备多少料、发多少料、用什么设备等。同时，仓库还会提供一个备料发料看板，其包括待备料单据、待发货单据、出库达成率等。

依据生产计划，MES 会推送备料单据到 PDA，PDA 指示备料所在储位及路线。用户扫描物料批号以完成备料。

备料完成，会进入厂内物流阶段，这时 MES 会调度无人叉车或自动导引车（automated guided vehicle，AGV）搬运物料至指定地点。

（4）MES 赋能场景——生产过程管控

在厂内物流管控环节，MES 会按需或按计划调度 AGC 进行搬运。在自动引导过程中，MES 支持磁条、二维码、即时定位与地图构建（simultaneous localization and mapping，SLAM）的应用，同时提供最优路径、防撞、仿真等功能。

这个场景涉及的环节比较多，例如使用机械臂把物料放置在生产线，会有一系列的自动化设备对物料进行处理，以及后续的一系列机械臂、人工的组装行为和电子标签线边仓等。线边仓是位于生产线附近的存储区域，用于存放直接供应生产线所需的物料和组件。这种布局设计的目的是减少物料搬运的时间和距离，提高生产效率和灵活性。线边仓通常是精益生产系统中的一个关键组成部分。例如，在准时生产模式中，线边仓确保所需的物料能够及时供应给生产线，从而减少库存和等待时间。

在生产过程管控中，过程产品会通过固定扫码器扫描产品条码自动登录对应工位的投入信息和产出信息。投入信息就是原料、产品或半成品等的唯一标识，同时包括时间、地点、责任人、物料类型等信息。产出信息与投入信息类似，通过产出与投入的差值就可以知道这个工位的固定生产周期、效率等。工位产出后的产品可能会进入线边仓，进入线边仓的同时也会依据上一工位出站扫描、当前线边站的匹配进行入库操作。生产过程中的产品可能存在组装过程，也是依次扫描条码，记录组装的物料，然后给新的组装产品提供新的唯一的产品 ID。这个过程可以进行溯源，并能够避免组装物料错误。

3. MES 的功能模块

MES 的功能模块包括生产计划管理、生产过程控制与监督、质量管理和设备管理。

（1）生产计划管理

生产计划管理是 MES 的核心功能模块之一。它帮助企业进行生产计划的制订和调整，确保生产过程的合理性和生产效率。该模块包括生产排程和物料需求计划功能。

生产排程是将订单或工单转化成实际要生产的产品的过程，包括车间排程和设备排程。MES 通过预测生产时间来制订生产排程，有效利用资源和人力，并减少等待时间，缩短交货期。

物料需求计划是根据生产计划，对生产所需原材料进行需求估算，以保证及时供应。MES 可以帮助企业创建、管理和优化物料需求计划，及时将需求传递给供应商，以保证生产计划能顺利执行。

（2）生产过程控制与监督

生产过程控制与监督也是 MES 的核心功能模块之一。它帮助企业实现生产过程的控制和监督，确保产品质量和生产效率。该模块包括生产状态跟踪、异常处理、数据分析功能。

生产状态跟踪可以帮助企业对生产过程进行监督和控制，实现实时追踪和报告生产进程。MES 通过生产操作数据采集和自动化，实现生产过程状态的获取和跟踪。

生产过程中出现异常情况需要及时处理，以减少影响和损失。MES 可以自动处理和记录异常事件（如设备故障、物料短缺、工序不合格等），从而快速有效地解决问题，避免影响生产进度。

数据分析功能可以从生产过程中提取数据，分析生产状况，了解生产效率和质量，发现潜在风险，并提供与生产相关的报告和指标。MES 通过数据分析，为企业提供决策支持，改善生产流程，提高生产效率和质量。

（3）质量管理

质量管理是 MES 的一个重要功能模块。它帮助企业实现对生产质量的监督和管理，以保证产品质量和用户满意度。该模块包括质量检测、质量分析、质量跟踪功能。

质量检测可以帮助企业对生产过程进行监督和控制，及时发现并处理不良产品和不合格产品，从而保证产品质量和工厂生产效率。MES 可以自动收集生产数据，实时监视工作流程，并自动生成相关的质量报告。

通过质量分析，MES 可以提供生产活动的统计分析和趋势分析，发现可能会影响质量的问题，并制订相应的改进计划。这些分析可以帮助企业更准确地预测质量问题，并及时提出有效的解决方案。

为了保证生产质量，MES 可以帮助企业对质量问题进行精细跟踪。通过跟踪原材料、工序等生产环节，企业可以及时发现质量问题，并采取相应的措施，降低产品的不良率。

（4）设备管理

设备管理是 MES 的另一个重要功能模块。它帮助企业对生产设备进行管理和维护，从而确保设备的正常运行和延长设备的使用寿命。该模块包括设备监控、预防性维护、设备安全功能。

设备维护可以确保设备正常运行。MES 可以实现对设备的实时监督和控制，也可以实现设备状态的监视、诊断、修理和报告。通过这些功能，企业可以及时发现故障，快速修复设备，并避免停产所造成的损失。

预防性维护可以延长设备的使用寿命，减少设备故障和停机时间。MES 可以帮助企业创建和优化设备维护计划，及时进行预防性维护，降低维护成本，并提高生产效率。

设备安全是企业保障员工人身安全和生产设备安全的重要措施。MES 可以帮助企业实现设备安全监控和管理（如设备锁定、设备检测和设备紧急故障报警等），以确保生产安全。

随着信息技术的不断发展，MES 在智能制造中扮演着越来越重要的角色。它通过大数据、云计算、物联网等技术实现对生产过程的智能化控制和管理，提高生产效率和质量。

MES 是现代制造业中不可缺少的软件系统。企业在选择 MES 时需要考虑自身需求、系统稳定性、易用性、功能全面性和数据精准度等因素，以保证企业的生产工艺优化、流程优化和资源利用率的提高。

11.4 项目实验

本实验的任务是通过 MES 实现仓储管理功能，所用系统为 MES 生产执行管理系统，其界面如图 11-10 所示。

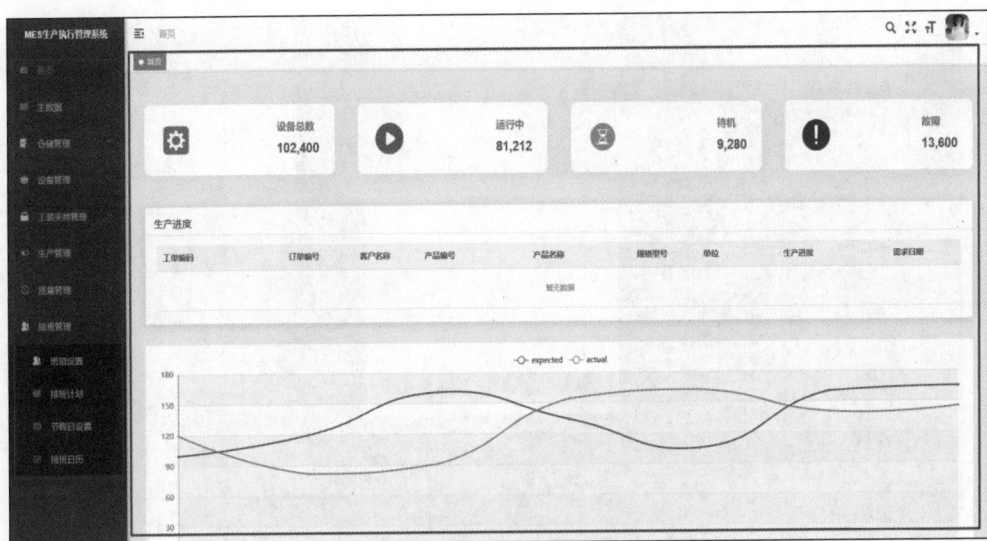

图 11-10 MES 生产执行管理系统界面

物资的库存量对工厂产品生产具有重大影响。MES 提供完整的仓储管理功能，可满足工厂各个业务环节涉及的物资出入库及库存跟踪需求。

仓库系统中涉及的业务在处理流程上分为两个阶段：单据起草和执行入库。单据起草负责生成对应的业务单据，同时可与工作流绑定，实现业务单据的多级审批。起草完成且审批通过的单据可执行入库，在执行入库时，系统才会生成相应的库存操作记录，并更新库存量（在部分场景下需要实时地将出入库记录传递给 ERP 或 WMS）。系统设置了一个默认线边库，用于统计整个工厂在制物资的库存情况。仓储管理流程如图 11-11 所示。

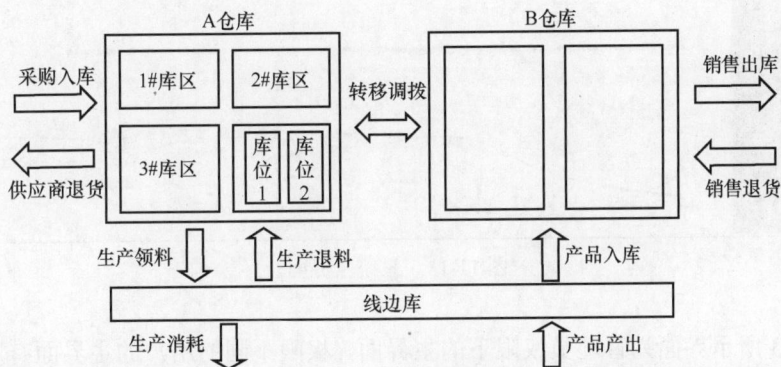

图 11-11 仓储管理流程

（1）登录功能

在浏览器中输入对应的 IP 地址和端口（本地默认 localhost:80）打开登录界面，如图 11-12 所示。

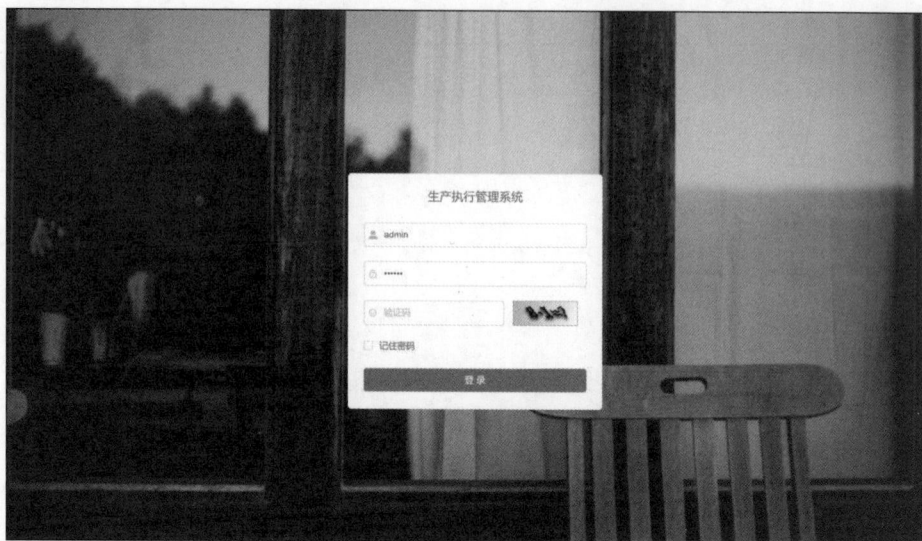

图 11-12　登录界面

输入用户名、密码和对应验证码的计算结果，单击登录即可进入系统。系统主界面如图 11-13 所示。

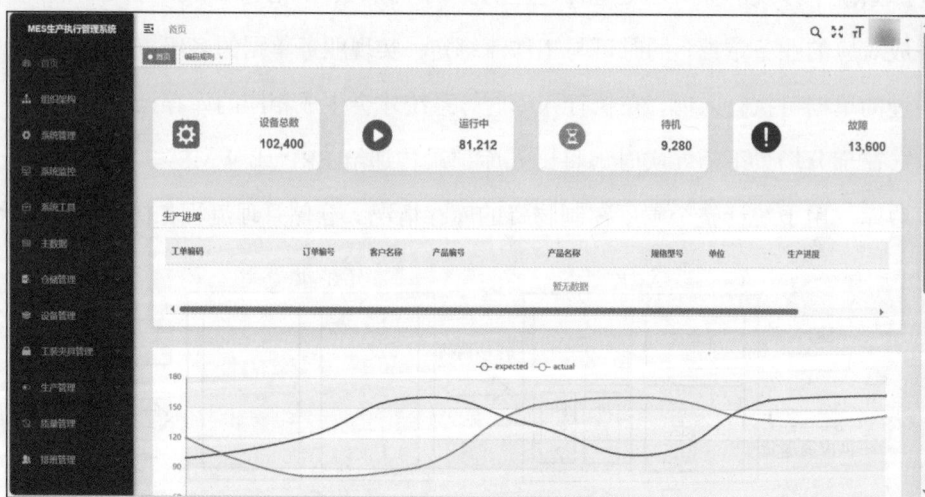

图 11-13　系统主界面

图 11-13 所示界面为管理员权限下的主界面，权限不同的用户的主界面有所不同。其中的"系统管理"→"编码规则"界面需要管理员权限。

（2）仓库设置

单击菜单栏"仓储管理"→"仓库设置"进入仓库信息维护功能界面，如图 11-14 所示。

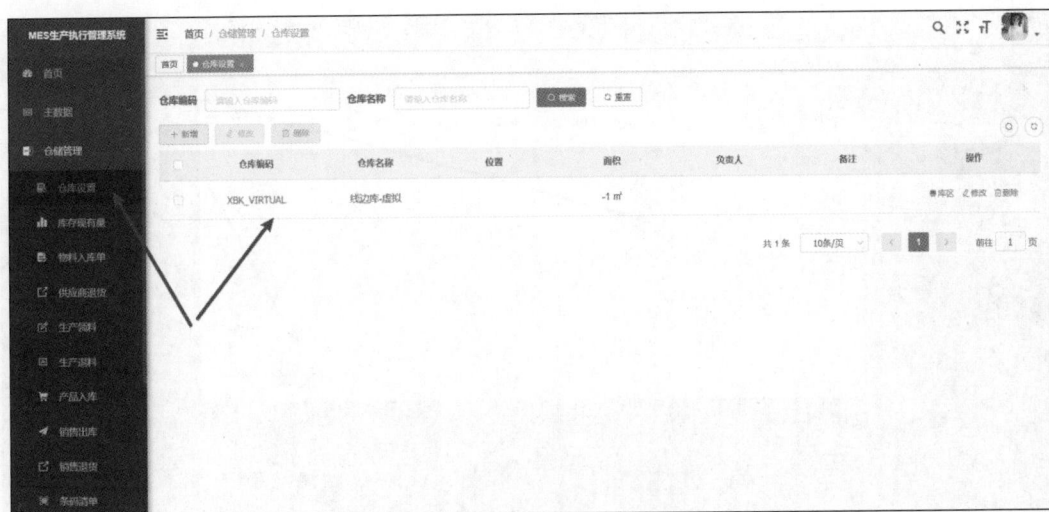

图 11-14　仓库信息维护功能界面

目前系统只有默认的虚拟线边库。为完成原料和成品存储，这里单击"新增"按钮新增原料库。在图 11-15 所示界面，"仓库编码"选择自动生成，输入仓库名称、位置、面积、负责人和备注信息后单击"确定"按钮，即可新增原料库的设置。

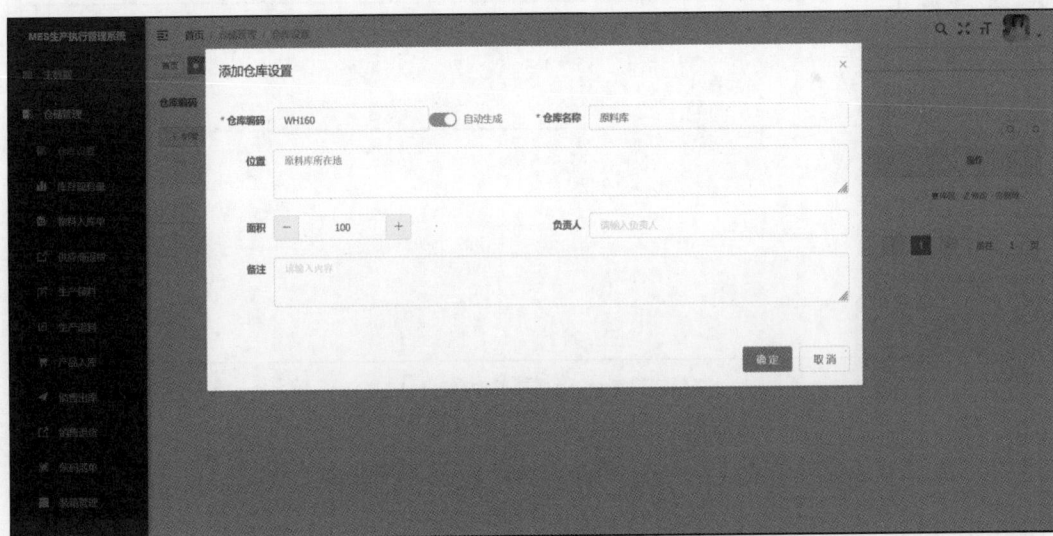

图 11-15　新增原料库

同样地，按上述操作新增成品库。

系统默认的线边库面积为-1，现在修改线边库的面积等信息，按图 11-16 所示标注修改线边库的面积为 50。

此时的仓库设置如图 11-17 所示。

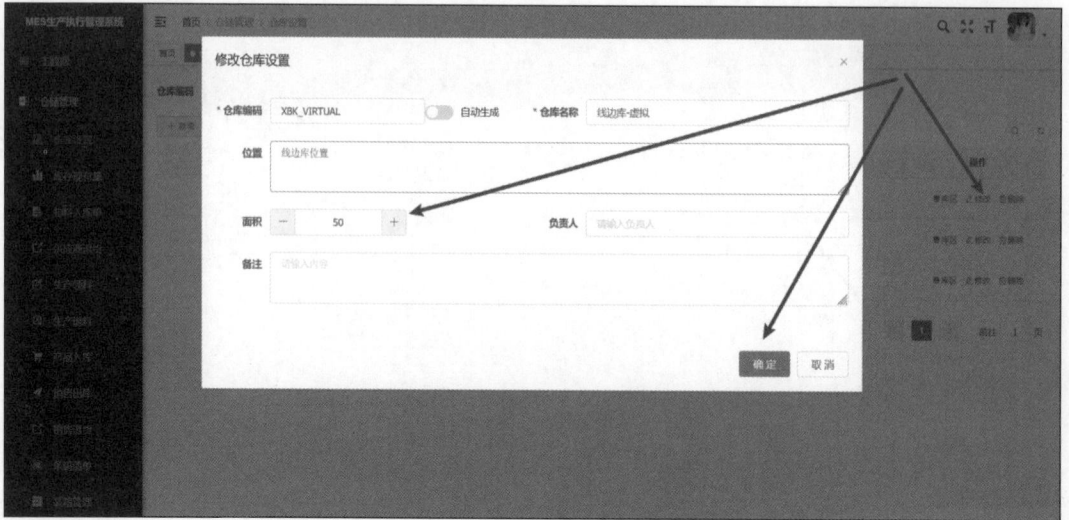

图 11-16　修改线边库面积

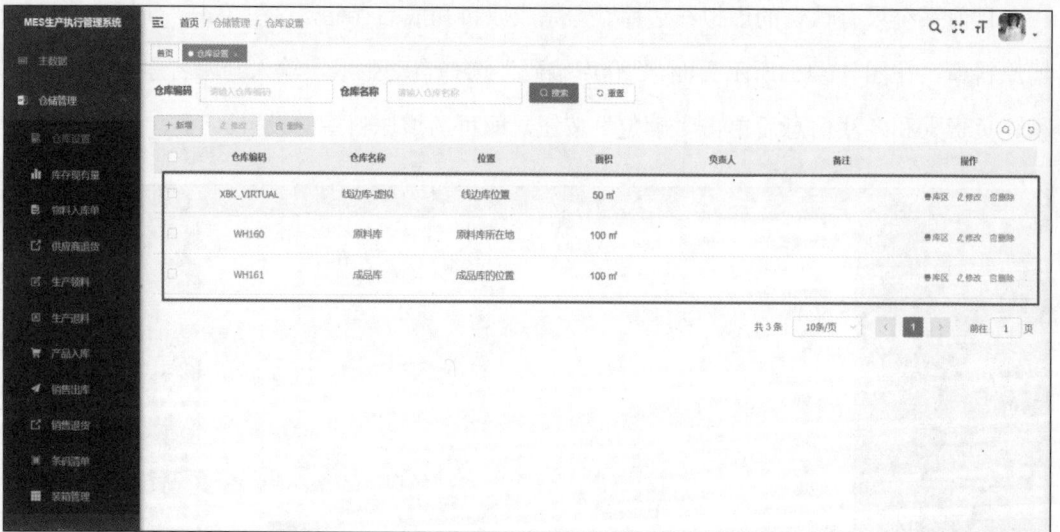

图 11-17　仓库设置

系统默认需要用户根据工厂的实际仓库情况，配置三级的仓库信息：仓库、库区、库位。如果工厂在管理过程中并未区分库区、库位，那么可为每个仓库配置了一个默认的库区，每个库区配置一个默认库位即可。单击操作列的"库区"即可进入对应的配置页面。

单击原料库的"库区"，系统默认原料库中没有库区。单击"新增"按钮，这里的"库区编码"选择自动生成，输入库区名称、面积和备注信息，在原料库中新增库区，如图 11-18 所示。

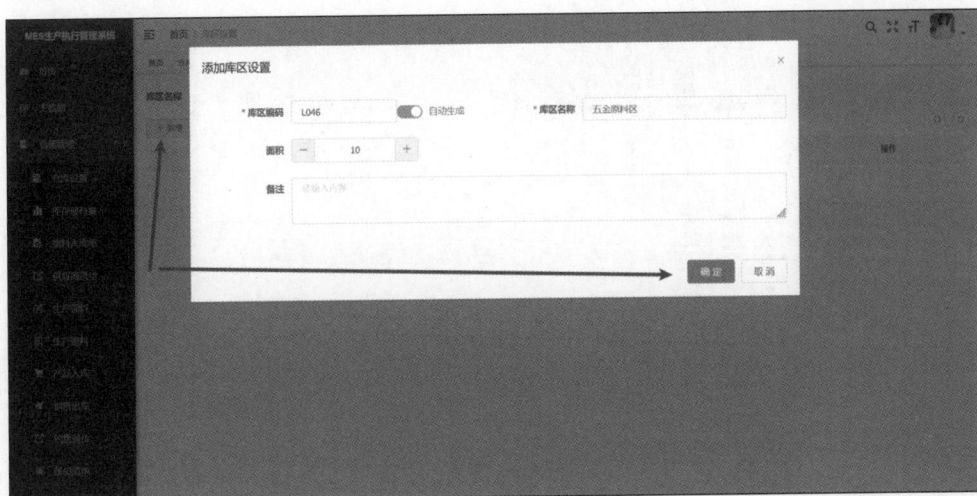

图 11-18　在原料库新增库区

此时原料库的库区信息如图 11-19 所示。

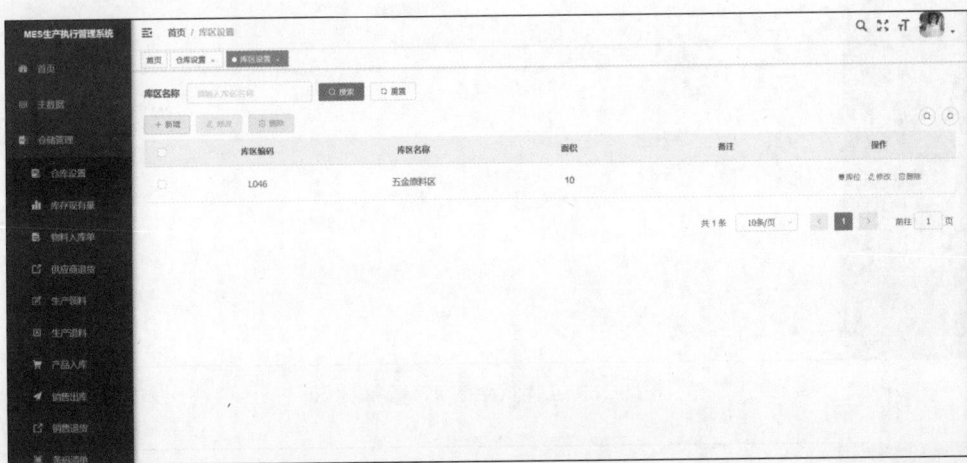

图 11-19　原料库的库区信息

单击操作列的"库位"即可进行进入对应的配置页面。新创建的库区是没有默认的库位的。单击"新增"按钮,可以配置新的库位,若为立体货架,则可设置库位的 x、y、z 标识。这里的"库位编码"选择自动生成,输入库位名称、面积、最大载重量、是否启用、库位的 x、y、z 标识以及备注,如图 11-20 所示。

新增库位后,可以看到立体货架的 x、y、z 标识,如图 11-21 所示。

仓库编码、库区编码、库位编码的自动生成功能需要提前在"系统管理"→"编码规则"功能中分别配置规则编号为 WAREHOUSE_CODE、LOCATION_CODE、AREA_CODE 的编码规则,如图 11-22 所示。该界面需要管理员权限。

图 11-20　新增库位

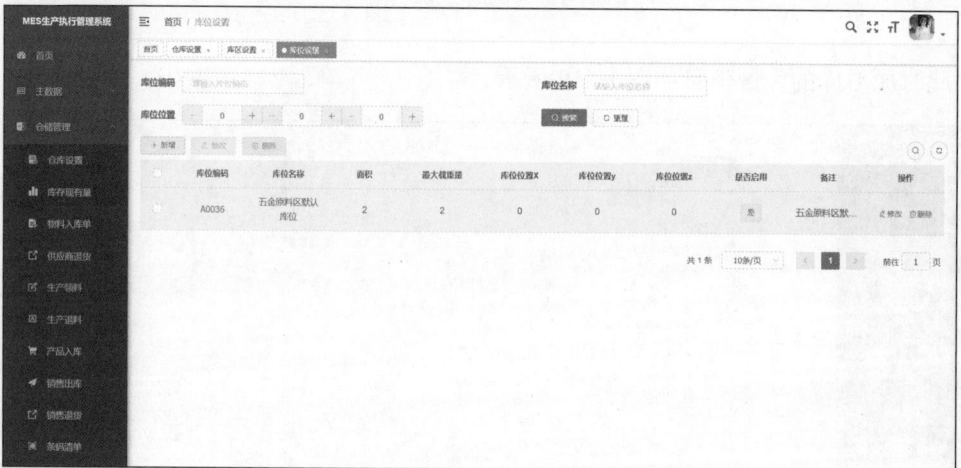

图 11-21　立体货架的 x、y、z 标识

图 11-22　编码规则界面

（3）物料入库单

单击菜单栏"仓储管理"→"物料入库单"进入物料采购入库记录功能界面，如图 11-23 所示。

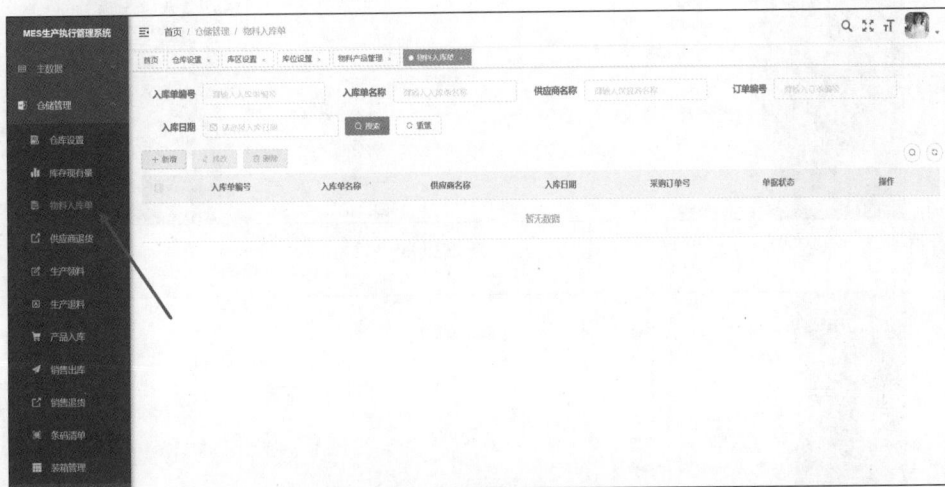

图 11-23　物料入库单功能界面

当原材料采购新增入库时，起草的入库单为头行结构。单击"新增"按钮，头部需要指定入库单编号、入库单名称、入库日期、供应商，如图 11-24 所示。

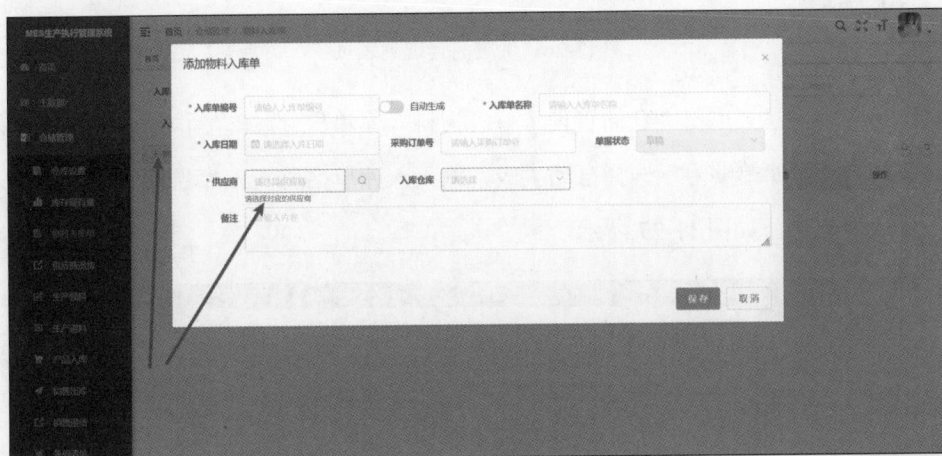

图 11-24　采购新增入库

供应商是必选项。若系统中无供应商信息，则需要先进入"主数据"→"供应商管理"中添加一个供应商信息。这里的"供应商编码"选择自动生成，输入供应商名称、供应商简称、是否启用、备注等信息，如图 11-25 所示。

此时的供应商管理列表如图 11-26 所示，表明已经完成供应商的添加。

图 11-25　新增供应商

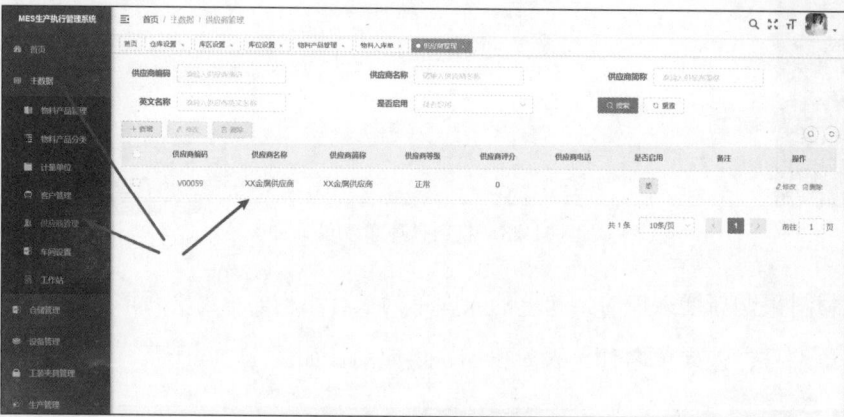

图 11-26　供应商管理列表页

有了供应商信息，单击"仓储管理"→"物料入库单"，选择"新增"，填写物料入库信息。这里的"入库单编号"选择自动生成，输入入库单名称、入库日期、供应商、入库仓库、备注等信息，如图 11-27 所示。

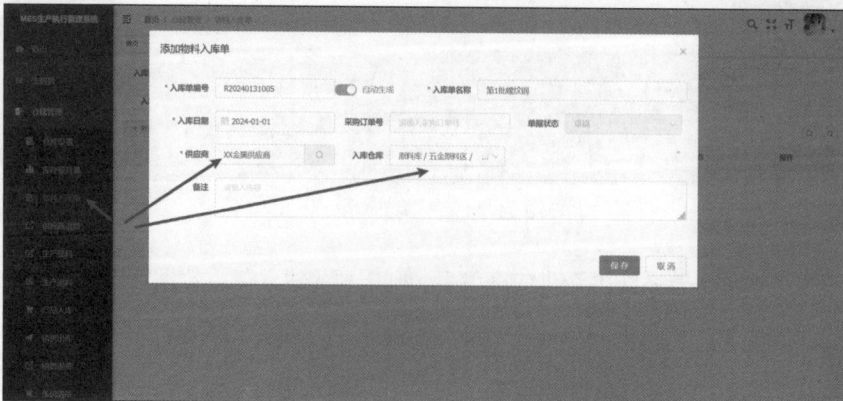

图 11-27　新增物料入库

头部信息保存成功后，此时的物料入库单列表界面如图 11-28 所示。

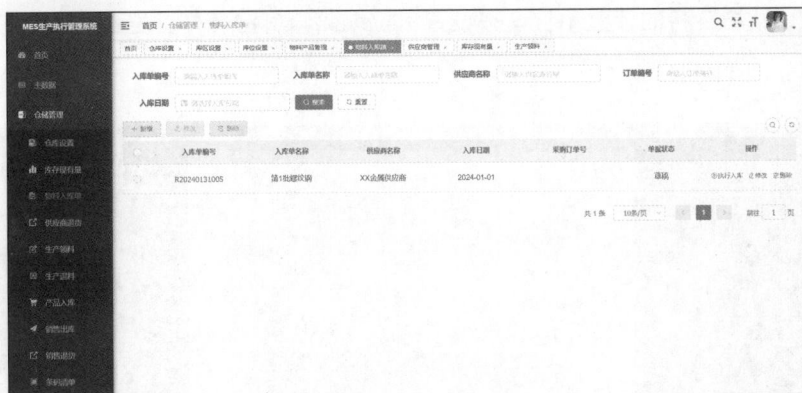

图 11-28　物料入库单列表界面

单击"修改"按钮，可继续添加行信息，用于指定此次入库的具体物料信息，可以选择库的物料、入库数量、入库仓库，如图 11-29 所示。

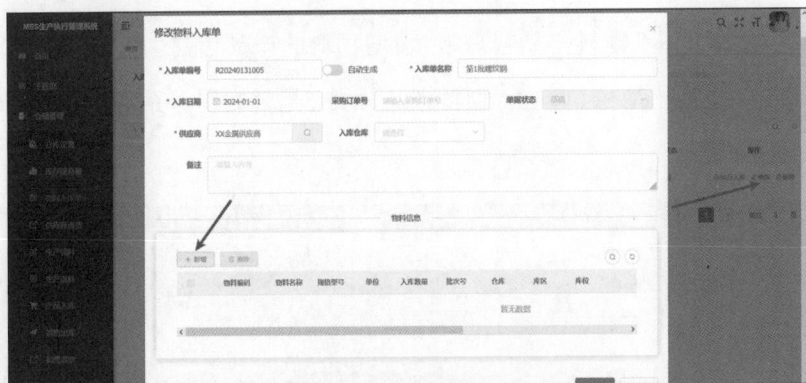

图 11-29　修改物料入库单

选择"新增"，会弹出添加物料入库单行界面，如图 11-30 所示。

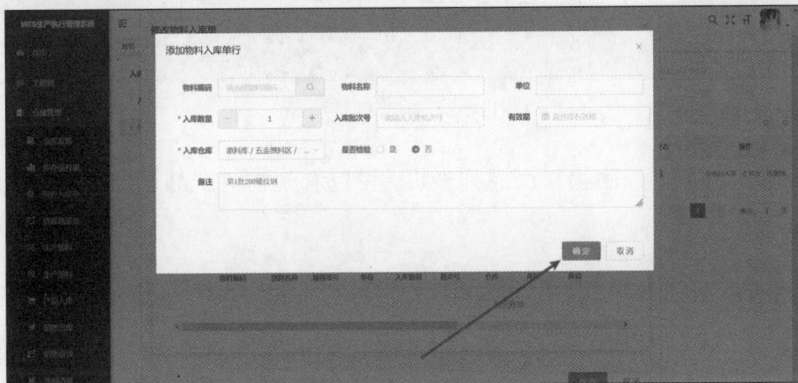

图 11-30　添加物料入库单行界面

此时会发现需要选择物料编码，而物料编码需要有物料单位，因此选择"主数据"→"计量单位"，新增物料的计量单位，并设置单位编码、单位名称、是否为主单位、是否启用和备注，如图 11-31 所示。

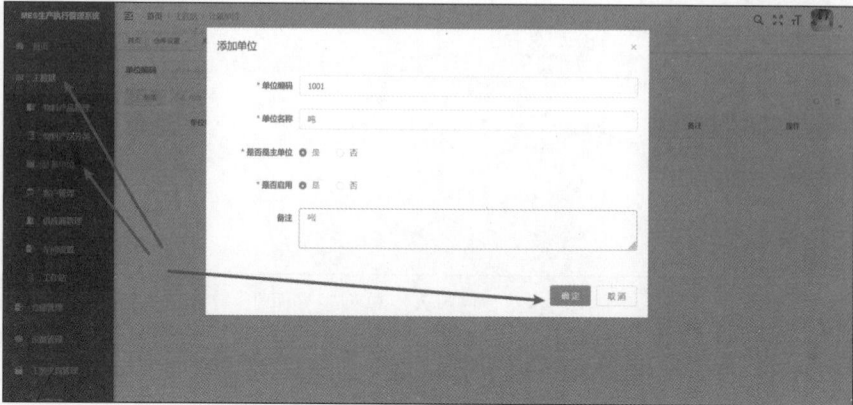

图 11-31　新增物料计量单位

选择"主数据"→"物料产品管理"，新增物料的产品信息，物料编码选择自动生成，输入物料名称、规格型号、单位、物料产品分类、是否启用、备注等信息，如图 11-32 所示。

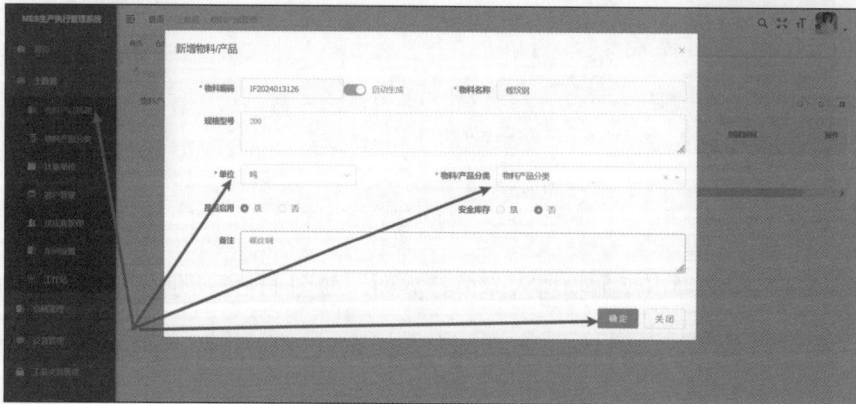

图 11-32　新增物料产品

单击"确定"按钮，返回物料产品列表页，可以看到物料产品已经被添加，如图 11-33 所示。

单击"仓库管理"→"物料入库单"→"修改"→"新增"，选择上面添加的物料编码后，物料名称和单位自动填充，输入入库数量、入库仓库、是否检验、备注等信息，添加对应信息后，如图 11-34 所示。

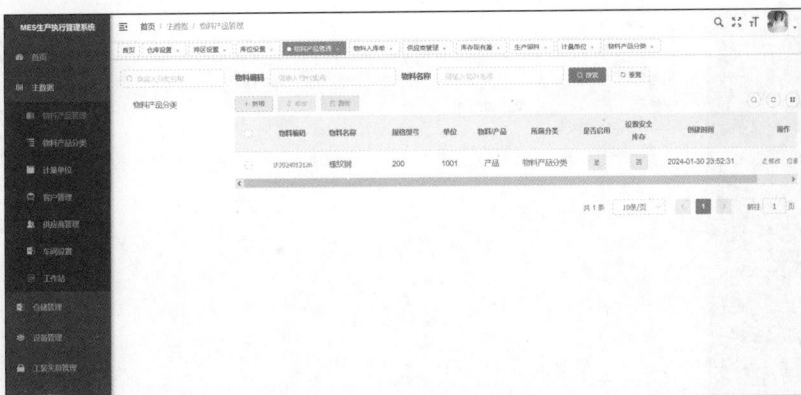

图 11-33　物料产品列表

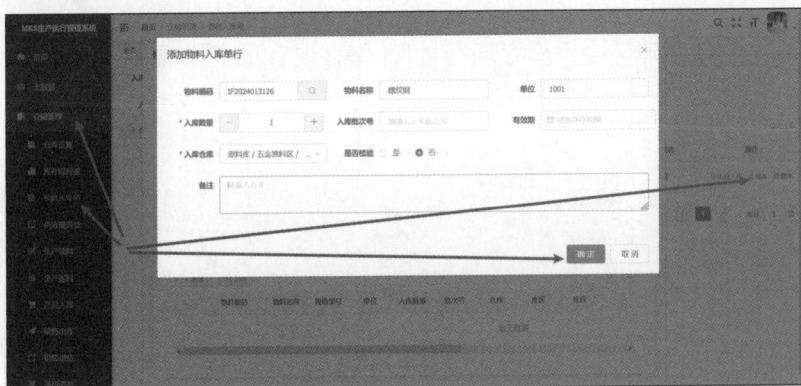

图 11-34　添加物料入库单行

单击"确定"按钮，物料入库单行出现在物料信息中，如图 11-35 所示。

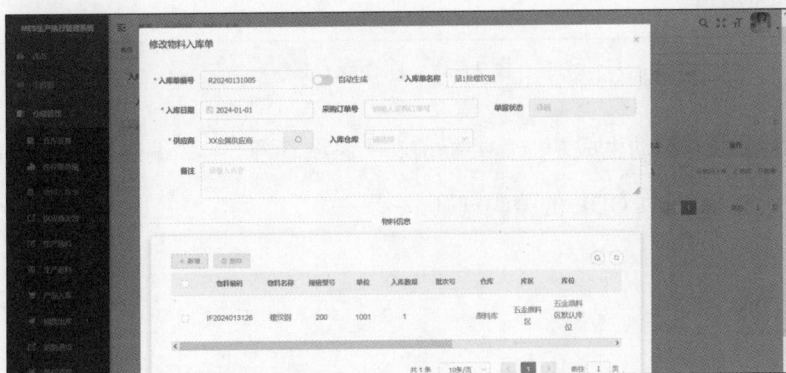

图 11-35　物料入库单

在该页面中适当拖动滚动条，我们可以看到"保存"按钮，单击"保存"按钮。单据保存成功后即可在列表界面的操作列单击"执行入库"，进行实际的入库操作。执行成功后单据状态更改为"已完成"，系统自动增加指定仓库指定物料的库存量，如图 11-36 所示。

图 11-36　执行入库

此时单击"仓储管理"→"库存现有量"，库存现有量中体现刚才执行入库的物料，如图 11-37 所示。

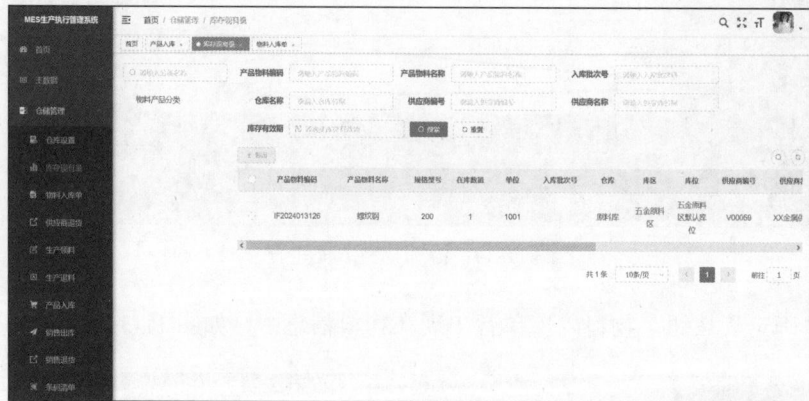

图 11-37　库存现有量

采购入库单编号自动生成功能需要提前在"系统管理"→"编码规则"功能中配置规则编号为 ITEMRECPT_CODE 的编码规则。

11.5　习题

1．工业互联网包含了哪四大体系？

2．智能制造中会依赖哪些工业互联网系统？

3．什么是 MES？

4．MES 的功能模块有哪些？